AF890599

ABHANDLUNGEN DER AKADEMIE
DER WISSENSCHAFTEN DER DDR

Veröffentlichungen
der
Wissenschaftlichen
Räte

W 3
1985

Effektivität der Volkswirtschaft in der intensiv erweiterten Reproduktion

Akademie-Verlag · Berlin

ABHANDLUNGEN
DER AKADEMIE DER WISSENSCHAFTEN DER DDR
Abteilung Veröffentlichung der Wissenschaftlichen Räte
Jahrgang 1985

Gemeinsame Tagung des Wissenschaftlichen Rates
für die wirtschaftswissenschaftliche Forschung
bei der Akademie der Wissenschaften der DDR
und seines Wissenschaftlichen Rates für Fragen
der Vervollkommnung der Planung und wirtschaftlichen
Rechnungsführung am 29. 1. 1985

Effektivität der Volkswirtschaft in der intensiv erweiterten Reproduktion

Akademie-Verlag · Berlin 1985

Herausgegeben im Auftrag des Präsidenten
der Akademie der Wissenschaften der DDR
von Vizepräsident Prof. Dr. Heinz Stiller

Verantwortlich für dieses Heft:
Akademiemitglied Prof. Dr. sc. oec. Dr. h. c. Helmut Koziolek
Vorsitzender des Wissenschaftlichen Rates
für die wirtschaftswissenschaftliche Forschung
bei der Akademie der Wissenschaften der DDR

Redaktionsschluß: 15. März 1985
ISSN 0302-8054
Erschienen im Akademie-Verlag, DDR-1086 Berlin,
Leipziger Str. 3–4
© Akademie-Verlag Berlin 1985
Lizenznummer: 202 · 100/71/85
Printed in the German Democratic Republic
Gesamtherstellung: TASTOMAT, 1275 Eggersdorf,
Landhausstraße
LSV 0345
Bestellnummer: 754 625 4 (2001/85/3/W)
01600

Inhaltsverzeichnis

* schriftlich eingereichte Beiträge

1. Schwerpunkte*

* Die Schwerpunkte wurden erarbeitet von:
Prof. Dr. Gerhard Scholl, Prof. Dr. Georg Ritzschke, Dr. Werner Urbansky und Dr. Franz Slawik.

Wege zur Erhöhung der Effektivität der Volkswirtschaft unter den Bedingungen der intensiv erweiterten Reproduktion

Ziel der Ratstagung

Erstens. Die neue Etappe der Verwirklichung der ökonomischen Strategie der SED macht es erforderlich, Anforderungen und Maßstäbe zu begründen, die sich aus der umfassenden Intensivierung an die Erhöhung der Produktivität und Effektivität der Volkswirtschaft und die weitere Vervollkommnung ihrer Planung und Messung ergeben. Zugleich sollen Aufgaben an die weitere theoretische Arbeit abgeleitet und sichtbar werden, die sich aus den Beschlüssen zur Leitung und Planung und wirtschaftlichen Rechnungsführung, zur Erneuerung der Produktion, zu Investitionen und Grundfonds sowie zur Planungsordnung 1986–1990 ergeben.

Zweitens. Im Rahmen der Vorbereitung des XI. Parteitages der SED sollen als Beitrag zur Erfüllung des Volkswirtschaftsplanes 1985 und zur Ausarbeitung des Fünfjahrplanes 1986–1990 Quellen und Wege der Produktivitäts- und und Effektivitätssteigerung behandelt werden, die sich vor allem aus wichtigen qualitativen Entwicklungsprozessen unserer Volkswirtschaft ergeben. Entsprechend den Orientierungen der 9. Tagung des Zentralkomitees der SED handelt es sich um einen qualitativ neuen Schritt zur höheren Veredlung, um die Ausschöpfung aller Wege zur besseren Nutzung der Primärenergie-, der Roh- und Werkstoffbasis und zur Entwicklung neuer Werkstoffe aus einheimischen Rohstoffen, um Substitutionsprozesse und Veränderungen in der Produktionsstruktur, um die breite und effektive Anwendung moderner Schlüsseltechnologien und die Modernisierung der Grundfonds sowie um Vergesellschaftungsprozesse, verbunden mit der weiteren Vertiefung der wissenschaftlich-technischen und ökonomischen Zusammenarbeit mit der UdSSR und den anderen Mitgliedsländern des RGW zur Durchsetzung des wissenschaftlich-technischen Fortschritts und zur konsequenten Umstellung der Volkswirtschaft auf den Weg der Intensivierung.

Drittens. Im Interesse einer höheren Wirksamkeit der wirtschaftswissenschaftlichen Forschung sollen Ergebnisse der Produktivitäts- und Effektivitätsforschung vorgestellt und Anforderungen an die weitere theoretische Arbeit herausgearbeitet werden. Dies dient zugleich der weiteren Arbeit am Zentralen Forschungsplan der marxistisch-leninistischen Gesellschaftswissenschaften der DDR 1986–1990.

1. Neue, höhere Anforderungen werden an die Steigerung der Effektivität und ihre Planung und Messung unter den Bedingungen der intensiv erweiterten Reproduktion gestellt

1.1. Die intensiv erweiterte Reproduktion ist zur bestimmenden Grundlage für das Wachstum unserer Volkswirtschaft geworden. Damit gelang es, eine Wende von prinzipieller Bedeutung einzuleiten.

Das Wesen der neuen Etappe der Verwirklichung der ökonomischen Strategie besteht darin, dem Prozeß der Intensivierung umfassenden Charakter zu verleihen, stabile Grundlagen für die intensive Entwicklung auf lange Sicht zu schaffen und durch neue Technologien und neue Produkte zum Wirtschaftswachstum aus höherer Effektivität zu gelangen. Diesen Weg gilt es weiter zu beschreiten. Hieraus ergeben sich weitreichende Anforderungen und neue Maßstäbe an Niveau, Tempo und Breitenwirkung der Produktivitäts- und Effektivitätssteigerung in allen Bereichen der Volkswirtschaft. Zu realisieren sind wesentliche Effektivitätsfortschritte bei allen Ressourcenarten und in allen Phasen des Reproduktionsprozesses.

Die Effektivität ist Ausdruck und Ergebnis des komplexen Wirkens aller Intensivierungsfaktoren, die durch höhere ökonomische Wirksamkeit von Wissenschaft und Technik durchdrungen sein müssen.

Auf der Tagesordnung steht, wie Erich Honecker auf der 9. Tagung des Zentralkomitees der SED begründete, die Möglichkeiten der wissenschaftlich-technischen Revolution mit aller Konsequenz für den Fortschritt der Produktivkräfte zu erschließen. Das entscheidet über die Zukunft der DDR als modernes Industrieland mit entwickelter Landwirtschaft und starken Positionen auf den internationalen Märkten. Das entspricht den Notwendigkeiten der weiteren Gestaltung der entwickelten sozialistischen Gesellschaft.

Dabei wächst die grundsätzliche Bedeutung der Leninschen Feststellung, nach der die höhere Arbeitsproduktivität letztendlich für den Sieg der neuen Gesellschaftsordnung den Ausschlag gibt.

1.2. Im wesentlichen geht es bei allen Aufgaben zur Verwirklichung der neuen Etappe der ökonomischen Strategie darum, den wissenschaftlich-technischen Fortschritt zu beschleunigen und seine ökonomische Verwertung zu erhöhen. Deshalb steht bei der Herausarbeitung und Realisierung der Wege zur Erhöhung der Effektivität und Produktivität im Mittelpunkt, die Schlüsselstellung der ökonomischen Wirksamkeit von Wissenschaft und Technik in der Verknüpfung von Erzeugnis- und Technologieentwicklung voll durchzusetzen.

Der Prozeß läßt sich im wesentlichen so kennzeichnen, daß

- bei allen Intensivierungsfaktoren Fragen der erhöhten ökonomischen Wirksamkeit von Wissenschaft und Technik die entscheidende Rolle spielen, denn nur so lassen sich stabile, durchgreifende Wirkungen auf Dauer erreichen, z. B. bei der Senkung des Produktionsverbrauchs;
- bedeutend stärker als bisher mit der Erhöhung des Erneuerungsgrades und der sozialistischen ökonomischen Integration effektivere Produktions- und Exportstrukturen zu schaffen sind;
- die Erneuerung der Produktion mit der besseren Nutzung des vorhandenen Nationalreichtums, vor allem der Modernisierung der Grundfonds verbunden sein muß;
- neue Wege zur Effektivitätssteigerung durch die planmäßige Erschließung der Breitenwirkung moderner Schlüsseltechnologien, wie der Mikroelektronik und des Ausbaus der Biotechnologie, zu gehen.

1.3. Die Erhöhung der Effektivität, die umfassende Intensivierung sind nicht Selbstzweck, sondern Mittel zur weiteren Realisierung der Hauptaufgabe unter den Bedingungen der verschärften internationalen Klassenauseinandersetzung.

Bei der Lösung der neuen, höheren Anforderungen an die Steigerung der Effektivität stützen wir uns auf Arbeitsergebnisse und Erfahrungen, die sich in der Praxis bewährt und vielfältige schöpferische Initiativen für eine starke Dynamik in der Realisierung der ökonomischen Strategie der 80er Jahre ausgelöst haben. Dazu gehören die mobilisierende Wirkung der Hauptaufgabe in ihrer Einheit von Wirtschafts- und Sozialpolitik, die Bildung und Ausgestaltung der Kombinate, die Qualifizierung von Leitung, Planung und wirtschaftlicher Rechnungsführung. Sie führten zu einem bedeutenden Aufschwung des sozialistischen Wettbewerbs, zu einem Fortschritt in großer Breite.

Ausgehend von der bewährten Einheit von Wirtschafts- und Sozialpolitik als Triebkraft für hohe Leistungsbereitschaft und hohe Leistungen der Werktätigen kommt es gerade unter den Bedingungen der neuen Etappe der Verwirklichung der ökonomischen Strategie darauf an, ökonomische und soziale Komponenten der Leistungs- und Effektivitätsentwicklung stets als Einheit zu betrachten und durch Herstellung enger Wechselbeziehungen zwischen diesen Komponenten weitere Aktivitäten zur Leistungssteigerung, insbesondere durch den sozialistischen Wettbewerb, auszulösen. Dabei berücksichtigen wir die enge Verflechtung von Produktion, Wissenschaft und Bildung, die Wechselbeziehungen aller Bereiche des sozialistischen Lebens

1.4. Die Aufgabe, der Intensivierung umfassenden Charakter zu verleihen, schließt die intensive Nutzung des Nationalreichtums ein. Das erfordert weitere Schritte bei der Ökonomisierung der Elemente des Nationalreichtums und seiner planmäßigen Einbeziehung in den volkswirtschaftlichen Kreislauf und bedingt effektivere Nutzung unserer eigenen inneren Ressourcen, angefangen bei den einheimischen Rohstoffen, den Produktionsfonds und Beständen bis zum Wissenschafts- und Bildungsfonds und der sozialen Infrastruktur. Das schließt ein, die Herstellung enger Wechselbeziehungen zwischen den produzierenden Bereichen, den Zweigen und Territorien. Es gilt vor allem, mit Hilfe des schöpferischen Potentials unseres Volkes die Produktion umfassend zu intensivieren und so das hohe Leistungswachstum fortzusetzen.

Eine Grundbedingung für die Erschließung innerer Potenzen des Wachstums ist die Realisierung des langfristigen Programms der Entwicklung der Zusammenarbeit zwischen der DDR und der UdSSR auf dem Gebiet von Wissenschaft, Technik und Produktion für den Zeitraum bis zum Jahre 2000. Das Ziel ist, die vor den Volkswirtschaften beider Länder stehenden Aufgaben mit hoher Effektivität und maximalem Zeitgewinn zu lösen, die Forschungs- und Produktionskooperation zu den modernsten Technologien und Erzeugnissen schwerpunktmäßig zu organisieren. Zugleich sichert die ökonomische Zusammenarbeit mit der UdSSR die perspektivischen Bezüge von Rohstoffen, Energieträgern und wichtigen Ausrüstungen. Das erfordert, die Exportverpflichtungen und die Aufgabe zur wissenschaftlich-technischen Zusammenarbeit konsequent zu erfüllen und die mit den Leistungsvergleichen zwischen unseren Ländern gegebenen Möglichkeiten umfassender und wirksamer zu nutzen.

1.5. Der Zeitfaktor erlangt in der intensiv erweiterten Reproduktion zunehmend an Gewicht. Die Verkürzung der zeitlichen Abläufe der Reproduktion wird in wachsendem Maße zur ökonomischen Potenz der lebendigen Arbeit. Die Ökonomie der Zeit erweist sich in mehrfacher Hinsicht als Gradmesser der Intensivierung und damit als Effektivitätsfaktor.

Wichtige Seiten des Zeitfaktors sind die Verkürzung des Zyklus Wissenschaft – Technik – Produktion – Absatz, die Beschleunigung des Kreislaufes der Reproduktion, die bessere zeitliche Ausnutzung der vorhandenen Grundfonds und die Erhöhung der Kontinuität der Produktion. Zugleich stellt das Gesetz der Ökonomie der Zeit höhere Anforderungen an die Flexibilität und planmäßige Disponibilität.

Ein wichtiger Faktor der Gesamteffektivitätssteigerung ist die Tempobeschleunigung der Gesamtreproduktion. Die Produktivitäts- und Effektivitätssteigerung erfordert nicht nur Zeitgewinne in einzelnen Reproduktionsphasen, sondern die Tempobeschleunigung des gesamten Reproduktionskreislaufes.

1.6. Mit der Bildung und Entwicklung der Kombinate sind die Voraussetzungen geschaffen worden, den jetzt erforderlichen neuen Schritt bei der Intensivierung zu gehen. Die Kombinate verfügen über die notwendigen Potenzen, um auf der Grundlage des Planes ihre erweiterte Reproduktion auf dem Wege der Intensivierung zu organisieren.

Im Kombinat werden die Vorzüge der gesellschaftlichen Großproduktion besonders wirkungsvoll realisiert. Es bestehen alle Voraussetzungen, um flexibel auf Veränderungen des Bedarfs zu reagieren und die Produktion mit höchster Effektivität zu organisieren, was Spitzenleistungen bei den Zulieferungen einschließt.

In den Kombinaten ist der Kreislauf der intensiv erweiterten Reproduktion weitgehend geschlossen. Daraus resultiert die Verantwortung und Möglichkeit, selbst hohe wissenschaftlich-technische Leistungen zu organisieren, sie effektiv für die Produktion zu nutzen und langfristig die Grundlagen für hohe Produktivität und Effektivität zu schaffen.

Gleichzeitig erfordert und ermöglicht die Bildung und Entwicklung der Kombinate eine höhere Qualität der zentralen staatlichen Leitung und Planung, die sich vor allem in einer aktiveren planmäßigen Einflußnahme auf die entscheidenden Prozesse des Wachstums durch umfassende Intensivierung ausdrückt.

1.7. Die konsequente Anwendung und Durchsetzung der Intensivierungsmaßstäbe ist eine wesentliche Voraussetzung zur Sicherung eines hohen Wachstums durch Verbesserung des Verhältnisses von Aufwand und Ergebnis. Die Intensivierungsmaßstäbe stellen objektiv begründete Erfordernisse zur Erhöhung der Effektivität dar. Sie sind im Kern Effektivitätsmaßstäbe. Mit ihnen werden Mindestanforderungen an die Erhöhung der Effektivität gestellt. Die Intensivierungsmaßstäbe sind in allen Bereichen zum Ausgangspunkt der Planung zu nehmen. Sie müssen im Mittelpunkt der Leistungsvergleiche, Effektivitätsrechnungen und der Bilanzierung stehen.

Die Intensivierungsmaßstäbe sind durch Effektivitätsnormative zu untersetzen. Hauptbedingung für die Effektivitätsnormative ist, daß sie aus gesamtvolkswirtschaftlichen Rechnungen zu Wachstum, Effektivität, Proportionalität und Ressourcen abgeleitet werden. Sie müssen zugleich die Verbindung zu den technisch-ökonomischen Normativen und Normen der Betriebe, Kombinate und Ministerien gewährleisten.

1.8. Die umfassende Intensivierung stellt neue Anforderungen an die Planung und Messung der Effektivität. Normative, qualitative Kennziffern und Berechnungen zur Effektivität müssen bereits in der konzeptionellen Phase der Planung angewandt werden.

Die qualitativen Kennziffern – insbesondere Kennziffern der Leistungsbewertung, aber auch Kennziffern wie Arbeitsproduktivität, Selbstkostensenkung, Devisenerlös, Rückflußdauer, Erneuerungsgrad – erhalten einen höheren Stellenwert in der Planung sowie der Entscheidungsfindung und Abrechnung. Die aufgaben- und erzeugnisbezogenen Effektivitätsrechnungen sind wirksamer zu gestalten und umfassender für die Auswahl der effektivsten Varianten der Erneuerung und Modernisierung, der Prozesse der Substitution, Veredlung, des effektivsten Einsatzes der Roh- und Werkstoffe, der Gestaltung der Produktions- und Exportstruktur anzuwenden. Das erzeugnis- und aufgabenkonkrete Vorgehen ergänzt die kombinatsbezogene Arbeit und hebt sie in der zentralen staatlichen Planung auf eine neue, höhere Stufe, da dieses Vorgehen ein tieferes Eindringen in die Leistungs- und Effektivitätsreserven und die Ableitung von konkreten, auf Erzeugnisse und Technologien bezogene Maßnahmen ermöglicht.

Zugleich erfordert die umfassende Intensivierung die Verbesserung der Messung und Planung der volkswirtschaftlichen Gesamteffektivität.

Eine wichtige Aufgabe zur Aufdeckung und Nutzung von Effektivitätsreserven in der Volkswirtschaft ist die breite Anwendung von Leistungsvergleichen. Der Leistungsvergleich ist eine grundlegende Methode der politischen Führung ökonomischer Prozesse, eine ständig anzuwendende Methode der sozialistischen Wirtschaftsführung, um planmäßig Reserven zur Leistungs- und Effektivitätssteigerung aufzudecken und zu nutzen. In der Praxis bewähren sich vielfältige Arten von Leistungsvergleichen, ausgehend von der jeweiligen spezifischen Aufgabenstellung, zum Beispiel Gesamtvergleiche von Wirtschaftseinheiten, Teilvergleichen für Intensivierungsschwerpunkte, territoriale Vergleiche und internationale Vergleiche. Die zu lösende Aufgabe besteht darin, Leistungsvergleiche mit größerer Flächenwirkung anzuwenden, den Erfahrungsaustausch, das Heranführen an Bestwerte und das Wirksammachen im Plan mit größerer Breite, gestützt auf den sozialistischen Wettbewerb, zu gewährleisten.

1.9. Zur vollen Durchsetzung der umfassenden Intensivierung der Volkswirtschaft ist die Einheit von materieller und finanzieller Planung besser zu beherrschen, sind die Ware-Geld-Beziehungen und ihre Kategorien in der Leitung, Planung und wirtschaftlichen Rechnungsführung wirksamer ausnutzen.

Auf der Grundlage der bereits beschlossenen Maßnahmen kommt es darauf an,

- die Bewertung der Leistungen und der Effektivität weiter zu vervollkommnen;
- in den Bereichen und auf den Ebenen wirksamer die Finanz- und Geldkategorien für die rationellere Gestaltung des Reproduktionsprozesses zu nutzen;
- die Rechnungsführung und Kontrolle, den Kampf um Sparsamkeit weiter zu verstärken;
- wirtschaftliche Rechnungsführung und ökonomische Stimulierung wirksamer auf die Durchsetzung der umfassenden Intensivierung, insbesondere durch die Beschleunigung des wissenschaftlich-technischen Fortschritts und die Erhöhung seiner Effektivität, auszurichten.

Dabei geht es vor allem um die Sicherung einer den Maßstäben der umfassenden Intensivierung entsprechende Erhöhung der Arbeitsproduktivität, Qualität, des Gewinns und Senkung der Selbstkosten in Übereinstimmung mit der rationellen Nutzung bzw. Einsparung an Fonds und Beständen.

2. Die umfassende Intensivierung erfordert die Erschließung neuer Effektivitätsreserven und schafft zugleich hierfür neue Bedingungen

2.1. Der Volkswirtschaftsplan 1985 und die Vorbereitung des Fünfjahrplanes 1986–1990 stellen hohe Ansprüche an Produktivitäts- und Effektivitätsentwicklung entsprechend den Anforderungen der umfassenden Intensivierung. Der Plan 1985 mit seinen hohen Anforderungen ist das Arbeitsprogramm der SED und aller Werktätigen für die Vorbereitung des XI. Parteitages. Bei der Vorbereitung des Fünfjahrplanes 1986–1990 spielen die Notwendigkeiten der weiteren Gestaltung der entwickelten sozialistischen Gesellschaft, insbesondere die Fortsetzung des Kurses der Hauptaufgabe in seiner Einheit von Wirtschafts- und Sozialpolitik, die entscheidende Rolle. Wie Erich Honecker auf der 9. Tagung des Zentralkomitees der Sozialistischen Einheitspartei Deutschlands feststellte, verlangt und fördert das eine dynamische und effektive Entwicklung der Produktivkräfte. Im Interesse der weiteren allseitigen Stärkung des Sozialismus gilt es Schritt zu halten mit der schnellen Entwicklung der wissenschaftlich-technischen Entwicklung im internationalen Maßstab, einschließlich der Bereitstellung der notwendigen Mittel für die Landesverteidigung.

2.2. Ausgehend von den Schwerpunkten des wissenschaftlich-technischen Fortschritts in der gesamten Volkswirtschaft sowie in jedem einzelnen Zweig und Kombinat findet ein Prozeß der Erneuerung der Produktion statt, der ständig voranzutreiben ist. Entscheidend für die Volkswirtschaft ist, mit der raschen Erneuerung der Produktion das höhere Effektivitäts- und Qualitätswachstum zu sichern, das für die volkswirtschaftliche Leistungsentwicklung auf lange Sicht notwendig ist. Jedes Jahr muß ein Drittel der Produktion – und mehr – mit dem Ziel höherer Qualität und Effektivität erneuert werden, wobei unterschiedliche Bedingungen zu berücksichtigen sind.

Der Prozeß der Erneuerung ist durch die Orientierungen der 9. Tagung des ZK der SED und der seminaristischen Beratung des Zentralkomitees mit den Generaldirektoren der Kombinate in Leipzig durch folgende Anforderungen charakterisiert:

- Das Erzeugnissortiment ist mit einem höheren Anteil neuer Erzeugnisse an der Gesamtproduktion und am Export attraktiver zu gestalten, um die Effektivitätsentwicklung zu beschleunigen.
- Erzeugnisse mit neuem, höherem Gebrauchswert, die wirksam zur besseren Versorgung der Bevölkerung beitragen und auf den Weltmärkten größere Erlöse bringen, sind zu entwickeln.
- Der Erneuerungsprozeß ist eine ständige Aufgabe, um entsprechend den internationalen Entwicklungstendenzen die Ablösung einer Erzeugnisgeneration durch die andere zu gewährleisten.
- Der Erneuerungsprozeß ist zu beschleunigen; die Zeiten des Umschlags des Erzeugnissortiments sind zu verkürzen.
- Gradmesser für die Erneuerung der Produktion sind steigende ökonomische Ergebnisse.

Im Mittelpunkt der Leistungs- und Effektivitätsentwicklung steht der Erneuerungsprozeß der Produktion und seine Ökonomie, wobei die Kombinate Zentren der volkswirtschaftlichen Erneuerungsprozesse sind.

2.3. In der Effektivitätsbewertung der Neuproduktion ist von folgenden volkswirtschaftlichen Maßstäben auszugehen:

- Der Anteil der Produktion neuer Erzeugnisse am Export muß größer sein als die Exportquote der Warenproduktion insgesamt.
- Der Anteil von Erzeugnissen mit dem Gütezeichen „Q“ an der Neuproduktion muß wesentlich schneller wachsen als die Entwicklung der Produktion.

  Bei gestaltungswichtigen Erzeugnissen ist für die Bewertung auch das Prädikat „Gestalterische Spitzenleistung“ mit heranzuziehen.
- Die Kostensenkung der Neuproduktion muß in jedem Kombinat wesentlich die durchschnittliche Kostensenkung übertreffen.

2.4. Die Erneuerung der Produktion erfordert einen wissenschaftlich-technischen Vorlauf auf hohem Niveau und ein ständiges Einfließen wissenschaftlich-technischer Lösungen mit hoher Effektivität und Qualität. Das verlangt, von vornherein technologische Entwicklungen in den Neuerungsprozeß einzubeziehen. Nur so werden Voraussetzungen geschaffen, den Bedarf der Bevölkerung, der Volkswirtschaft und auf den Weltmärkten besser zu befriedigen.

Entsprechend den vom Politbüro des Zentralkomitees der SED bestätigten Hauptrichtungen und Schwerpunkten von Naturwissenschaft und Technik im Zeitraum 1986 bis 1990 und darüber hinaus bis zum Jahre 2000 sowie den grundsätzlichen Themen der wissenschaftlich-technischen Zusammenarbeit der DDR und der UdSSR und mit den anderen Mitgliedsländern des RGW im nächsten Planjahrfünft gilt es in den nächsten Jahren:

- einen qualitativ neuen Schritt zur höheren Veredlung der Produktion zu tun, indem einheimische Braunkohle umfassender und wirtschaftlicher als Energieträger und Rohstoff genutzt wird, die Veredlung der Rohbraunkohle zu hochwertigen Chemieprodukten erfolgt, die chemische Industrie sich stärker zur Veredlungschemie entwickelt, der Anteil veredelter Erzeugnisse in der Schwarz- und Buntmetallurgie von gegenwärtig etwa 70 % auf 90–93 % im Jahre 1990 ansteigt;
- auf der Grundlage wissenschaftlich-technischer Lösungen die Roh- und Werkstoffbasis der Volkswirtschaft zu sichern und effektiv zu gestalten, indem die einheimischen Rohstoffe verstärkt auf eine effektive Weise gewonnen und genutzt werden, in noch stärkerem Maße Sekundärrohstoffe ökonomisch vorteilhaft und im Interesse des Umweltschutzes in die Volkswirtschaft zurückgeführt werden;
- in relativ kurzer Frist eine weitere Stufe in der Entwicklung, Produktion und Anwendung der Mikroelektronik als entscheidendes Kettenglied für die nächsten Schritte in Richtung auf Höchsttechnologien und weitere Veredlung zu erreichen, indem eine Tempobeschleunigung erfolgt, der Umfang der Produktion gesteigert und das Sortiment bei höherem technologischem Niveau verbreitert wird. Damit muß im volkswirtschaftlichen Maßstab eine wesentliche Steigerung zur Arbeitsproduktivität erreicht werden;
- die wissenschaftlich-technischen Arbeiten zur Anwendung der Biotechnologie als Entwicklungsrichtung wesentlich zu beschleunigen, weil damit volkswirtschaftlich bedeutende Effekte durch Intensivierung technologischer Prozesse, durch Gewinnung und rationelle Nutzung von Rohstoffen, Material- und Energieträgern, eine hohe Arbeitsproduktivität und kostengünstige Produktion bei der Herstellung hochwertiger, hochveredelter Produkte für das Inland und den Weltmarkt erreicht werden kann;
- automatisierte Fertigungsabschnitte zu schaffen, die den technologischen Fortschritt künftig immer mehr

beeinflussen. Dabei ist eine Schlüsselfrage, den erforderlichen tiefgreifenden Wandel in der Produktionsstruktur, vor allem im Maschinenbau und in der Elektrotechnik/Elektronik, in kürzeren Fristen und mit höherer Effektivität zu vollziehen.

Wissenschaftlich-technisch bedingte volkswirtschaftliche Strukturveränderungen leiten sich auch aus der Entwicklung der Kooperation und der Mechanisierung in der Landwirtschaft, der weiteren Industrialisierung im Bauwesen, im Transport- und Nachrichtenwesen in den Dienstleistungsbereichen sowie aus der technischen Modernisierung und Vervollkommnung der Infrastruktur ab.

2.5. In der neuen Etappe der Verwirklichung der ökonomischen Strategie wächst die Bedeutung steigender Wirksamkeit von Investitionen für eine höhere Akkumulationskraft, für eine Steigerung der Arbeitsproduktivität, der Nettoproduktion und des Nationaleinkommens. Von wachsender Bedeutung ist die Investitionstätigkeit vor allem für das Einfließen der Ergebnisse von Wissenschaft und Technik in die Produktion, das mit hoher Effektivität erfolgen muß. Auf der Grundlage der vom Politbüro des ZK der SED für den Bereich der Investitionen und der Grundfondsreproduktion beschlossenen Maßnahmen kommt es darauf an,

- Investitionen grundsätzlich als Mittel höherer Effektivität einzusetzen,
- die wissenschaftlich-technischen Aufgaben und die Investitionen stets von vornherein als einheitlichen Prozeß zu gestalten und diesen Prozeß bei hoher Effektivität zu beschleunigen,
- die vorhandenen Investitionen auf die Modernisierung vorhandener Grundfonds zu konzentrieren und dabei die industriemäßige Wiederaufbereitung von Maschinen und Ausrüstungen sowohl bei den Herstellern als auch im Rationalisierungsmittelbau der Anwender stärker zu nutzen,
- den eigenen Rationalisierungsmittelbau schneller zu entwickeln, ihn zum Hauptträger der geplanten Ausrüstungsinvestitionen, zum Zentrum modernster Technologien und der Modernisierung zu machen,
- die Wirtschaftlichkeit des Bauens durch Verkürzung der Bauzeiten, Senkung des Bauaufwands und eine bessere Bauqualität entschieden zu erhöhen.

2.6. Der sich rascher vollziehende Prozeß der Erneuerung ist mit der weiteren Vergesellschaftung, der Veränderung der Spezialisierung, Konzentration, Kooperation und Kombination verbunden, die eine Vielzahl von Verflechtungsbeziehungen in der Volkswirtschaft beeinflussen.

Diese Prozesse gehen in wachsendem Maße auch mit der Gewinnung von Ressourcen für andere volkswirtschaftliche Einsatzgebiete einher, z.B. Einsatz von Werktätigen für neue, effektivere Tätigkeiten. Die Gewinnung von Ressourcen für neue Aufgaben betrifft im zunehmenden Maße auch materielle Ressourcen.

Die gewonnenen Arbeitskräfte sind zu nutzen

- für die Erhöhung der Schichtauslastung,
- für die Leistungssteigerung des eigenen Rationalisierungsmittelbaus,
- für die Erhöhung der Konsumgüterproduktion,
- für die Ablösung von Importen.

2.7. Für die planmäßige Beherrschung der genannten Prozesse zur Erhöhung der Produktivität und Effektivität spielt der subjektive Faktor eine wachsende Rolle. Das gilt insbesondere für die breite Mobilisierung der Werktätigen im Rahmen des sozialistischen Wettbewerbs, der auf einer neuen Stufe durchgeführt wird. Dabei geht es darum, aufbauend auf den im 35. Jahr des Bestehens unserer Republik im sozialistischen Wettbewerb errungenen großen Erfolgen, den Kampf um hohe Leistungen weiterhin umfassend in der Volkswirtschaft zu organisieren und noch wirksamer auf die Schwerpunkte der umfassenden Intensivierung auszurichten.

Die Leistungsbereitschaft der Werktätigen wird vor allem von der Politik der Hauptaufgabe beeinflußt. Die bedeutenden sozialen Ergebnisse beruhen auf der Entwicklung von Produktivität und Effektivität und wirken zurück auf die Leistungsbereitschaft der Werktätigen. Diese Wechselwirkung immer wieder auf höherer Stufe herzustellen, ist und bleibt ein wichtiges politisches Anliegen. Das erfordert, weiterhin spürbare Fortschritte bei der Produktion und Versorgung der Bevölkerung mit Konsumgütern in Dienstleistungen und im Wohnungsbau zu erzielen. Nicht zuletzt hängt das Leistungsverhalten davon ab, wie es gelingt, die Leitung, Planung und wirtschaftliche Rechnungsführung noch stärker auf die Förderung der Initiativbewegung auszurichten. Das gilt auch für die Planung und Messung der Effektivität und stellt höhere Anforderungen an die Forschung.

3. Die umfassende Intensivierung wirft neue Fragen der Produktivitäts- und Effektivitätsforschung auf, die unserer besonderen Aufmerksamkeit bedürfen

3.1. Ein Schwerpunkt der wirtschaftswissenschaftlichen Forschung besteht darin, die Spezifik der Beziehungen zwischen Wachstum, Effektivität und Proportionalität unter den Bedingungen der umfassenden Intensivierung theoretisch weiter auszuarbeiten und für die weitere Realisierung der Hauptaufgabe nutzbar zu machen.

Dazu gilt es, einen theoretischen Beitrag zum Wachstum, zur Effektivität und Proportionalität entsprechend dem ressourcensparenden, arbeitszeitsparenden, kostensenkenden und gebrauchswerterhöhenden Typ der intensiv erweiterten sozialistischen Reproduktion zu leisten.

Es geht um Wachstum, Effektivität und Proportionalität, das

- die weitere Realisierung der Hauptaufgabe auch unter den Bedingungen der verschärften internationalen Klassenauseinandersetzung sichert;
- der Durchsetzung der Intensivierungsmaßstäbe entspricht;
- auf der besseren Nutzung der inneren Potenzen unseres Landes beruht und den weiteren Ausbau der sozialistischen ökonomischen Integration sichert;

- dauerhafte, stabile Lösungen vor allem durch beschleunigten wissenschaftlich-technischen Fortschritt bei hoher ökonomischer Verwertung gewährleistet;
- auf Veränderungen in der Produktions- und Exportstruktur beruht, die mit dem Bedarf im Inland und auf den Außenmärkten sowie mit den Entwicklungsbedingungen unserer Volkswirtschaft übereinstimmen;
- die Gewinnung mit dem Wiedereinsatz von Ressourcen mit hoher Effektivität verbindet,
- die Erfordernisse der Landesverteidigung sichert.

3.2. Die wirtschaftswissenschaftliche Forschung sieht ihre Aufgabe vor allem darin, Wege zur Erhöhung der Effektivität, zur Sicherung der Einheit von Wachstum, Effektivität und Proportionalität entsprechend den Erfordernissen der umfassenden Intensivierung herauszuarbeiten und planmäßig realisieren zu helfen. Dabei stehen aufgaben-, erzeugnis- und vorhabenskonkrete Wege im Vordergrund, die den Prozeß der Erneuerung der Produktion, der Veredlung der eingesetzten Rohstoffe und Materialien, der Wandlungen in der Produktions- und Exportstruktur einschließlich der sozialistischen ökonomischen Integration beschleunigen und effektiver gestalten helfen. Das erfordert verstärkt analytisch-konzeptionelle Untersuchungen als Grundlage für die Herausarbeitung der effektivsten Varianten des wissenschaftlich-technischen Fortschritts und der Produktions- und Exportstruktur. Dazu sind die erzeugnis-, aufgaben- und vorhabensbezogenen Effektivitätsrechnungen weiter zu qualifizieren und aktiv zu nutzen, um Varianten zu begründen, die den Fortschritt in der Arbeitsproduktivität, der Grundfonds- und Investitionsökonomie, der Energie- und Materialökonomie in bezug auf Gewinn, Kosten und Rentabilität sowie in der Außenwirtschaftseffektivität, insbesondere bei der ökonomischen Wirksamkeit von Wissenschaft und Technik, sichern. Das schließt die rationelle Gestaltung der Verflechtungsbeziehungen, der Spezialisierung, Konzentration, Kombination und Kooperation ein und ist so eng mit der Bilanzierung verbunden.

3.3. Entscheidend für die Effektivität von aufgaben- und erzeugnisbezogenen Maßnahmen ist das volkswirtschaftliche Gesamtergebnis. Deshalb ist es unerläßlich, Effektivitätssteigerung stets aus Erfordernissen der Gesamtentwicklung der Volkswirtschaft abzuleiten und die Effekte von Einzelmaßnahmen am volkswirtschaftlichen Gesamtergebnis und Gesamtaufwand zu messen.

Unter dem Gesichtspunkt der gesamtvolkswirtschaftlichen Wachstums-, Effektivitäts- und Proportionalitätserfordernisse treten solche Beziehungen stärker in den Vordergrund, wie
- die Beziehungen zwischen Wachstum, Nationaleinkommen, Kosten und Mehrprodukt;
- die Beziehungen zwischen vergegenständlichter und lebendiger Arbeit und die Veränderungen in der Wertstruktur;
- die Beziehungen zwischen materiellen und finanziellen (geldmäßigen) Prozessen;
- die Beziehungen zwischen den Bereichen der materiellen Produktion und anderen Bereichen;
- die Beziehungen zwischen den Zweigen und den Territorien;
- die Beziehungen zwischen den sozialen, ökonomischen und wissenschaftlich-technischen Komponenten der Effektivität.

Diese und andere Beziehungen gilt es stärker zu analysieren und Vorschläge für ihre bessere Nutzung im Interesse größerer Fortschritte in der Intensivierung zu unterbreiten.

3.4. Ein Schwerpunkt der wirtschaftswissenschaftlichen Forschung besteht darin, die Instrumente und Methoden der Planung und Messung der Effektivität weiter zu vervollkommnen.

Dazu gehören u. a.:
- die verstärkte Einbeziehung von Leistungs- und Effektivitätsüberlegungen und -rechnungen bereits im Prozeß der Planvorbereitung;
- die Ausarbeitung und Anwendung von Effektivitätsmaßstäben und -normativen auf der Grundlage der Intensivierungsmaßstäbe;
- die wirksamere Verknüpfung von komplexen Leistungs- und Effektivitätsrechnungen mit Analysen zu den Einflußfaktoren für Effektivitätsfortschritte und die Ableitung von Maßnahmen zur Erhöhung der Effektivität;
- die stärkere Entwicklung und Nutzung von Effektivitätsrechnungen für Vorhaben, Erzeugnisse und Aufgaben;
- die Herstellung engerer Wechselbeziehungen zwischen den Effektivitätsermittlungen im Rahmen der volkswirtschaftlichen Gesamtrechnung, im Rahmen der Verantwortungsbereiche, für Vorhaben, Maßnahmen und Erzeugnisse;
- die Herstellung enger Beziehungen zwischen Effektivitätsrechnungen und der Bilanzierung;
- die weitere Qualifizierung von Kriterien und Kennziffern für die Planung der Neuerungsprozesse;
- die Weiterarbeit an der Gesamtbewertung der Effektivität;
- die weitere Qualifizierung der analytisch-konzeptionellen Basis für die Begründung von Leistungs- und Effektivitätszielen (z. B. weiterer Ausbau langfristig vergleichbarer Zeitreihen);
- die verstärkte Anwendung rechnergestützter Lösungen.

Eine wichtige Grundlage für die Lösung dieser Aufgaben ist der Erfahrungsaustausch mit der UdSSR und anderen Mitgliedsländern des RGW.

3.5. Schließlich kommt es darauf an, Leitung, Planung und wirtschaftliche Rechnungsführung auf der Grundlage der bereits gefaßten Beschlüsse noch wirksamer die umfassende Intensivierung auszurichten. Das erfordert auch weitergehende Überlegungen zur Stimulierung z. B. zur Entwicklung der Zusammenarbeit zwischen den Kombinaten, zur Herstellung rationeller Kooperationsbeziehungen zwischen Zulieferern und Anwendern, für die effektive Fertigung auch geringer Stückzahlen entsprechend dem Bedarf.

2. Referate

Siegfried Wenzel

Fragen der umfassenden Intensivierung in Auswertung der 9. Tagung des Zentralkomitees der SED

1. Zum Stand der Verwirklichung der umfassenden Intensivierung in der Volkswirtschaft

In seiner Rede auf der 9. Tagung des ZK der SED ging Erich Honecker bei der Analyse der Entwicklung der Volkswirtschaft davon aus, daß „die intensiv erweiterte Reproduktion heute zur bestimmenden Grundlage für das Wachstum unserer Volkswirtschaft geworden ist... Den Weg der umfassenden Intensivierung weiter zu beschreiten, und zwar auf lange Sicht, das macht den Inhalt der neuen Etappe der Verwirklichung unserer ökonomischen Strategie aus"[1].

Bekannt sind auch die verstärkten Anstrengungen in der UdSSR, den Prozeß der umfassenden Intensivierung in der Wirtschaft zum Anliegen des gesamten Volkes werden zu lassen.

Der Übergang zur umfassenden Intensivierung, zum allseitig ressourcensparenden Typ der Reproduktion ist heute sowohl möglich als auch unabdingbar, um den für den Kurs der Hauptaufgabe in ihrer Einheit von Wirtschafts- und Sozialpolitik erforderlichen Leistungs- und Effektivitätsanstieg zu gewährleisten.

Die allseitig intensiv erweiterte Reproduktion ist der für den Aufbau der entwickelten sozialistischen Gesellschaft adäquate Typ der Reproduktion.

Er ermöglicht eine Nutzung der beim bisherigen Aufbau des Sozialismus geschaffenen materiell-technischen Basis, um ein solches Wachstum zu gewährleisten, das sowohl die weitere systematische Entwicklung der Arbeits- und Lebensbedingungen der Werktätigen als Grundanliegen des Sozialismus und die weitere Stärkung der materiell-technischen Grundlagen der sozialistischen Wirtschaft als auch die Erfordernisse der Verteidigung und Sicherheit unter den gegebenen außenpolitischen und außenwirtschaftlichen Bedingungen sichert.

Dieser Typ der Reproduktion gewährleistet eine solche volkswirtschaftliche Arbeitsproduktivität, die es ermöglicht, nicht nur im Tempo, sondern auch im Niveau die Arbeitsproduktivität vergleichbarer Industrieländer, wie BRD und Frankreich, zu erreichen.

Mit der allseitig intensiv erweiterten Reproduktion reagieren wir auf die veränderten inneren und äußeren Reproduktionsbedingungen. Dabei berücksichtigen wir die Ressourcenverknappung, den steigenden gesellschaftlichen Aufwand, der für die Gewinnung der Rohstoffe und Materialien unter den gegebenen natürlichen Bedingungen erforderlich ist. Sie ist gleichzeitig auch ein entscheidender Faktor der vernünftigen und ökonomisch effektiven Reproduktion der Umweltbedingungen und sie ermöglicht, wie auf dem 6. Philosophiekongreß formuliert wurde, Ökonomie und Ökologie in Übereinstimmung zu bringen.

Die intensiv erweiterte Reproduktion ist in der DDR zur bestimmenden Grundlage für das Wirtschaftswachstum geworden; das wird durch folgende Fakten belegt:

- Das Nationaleinkommen, als der konzentrierte Ausdruck der Gesamtleistungen der Volkswirtschaft, wuchs von 187,1 Milliarden Mark im Jahre 1980 auf rund 222 Milliarden Mark im Jahre 1984 (Preisbasis 1980), was einer durchschnittlich jährlichen Zuwachsrate 1981–1984 von 4,4 % entspricht.
  Im Jahre 1984 betrug die Wachstumsrate des Nationaleinkommens 5,5 %. Es wurde damit der höchste absolute Zuwachs seit Bestehen der Republik erreicht. Für 1985 sieht der Plan mit 4,4 % wiederum ein hohes Wachstumstempo vor.
- Von grundsätzlicher Bedeutung für die Einschätzung der volkswirtschaftlichen Tendenzen seit dem X. Parteitag der SED ist, daß das Wachstum der Arbeitsproduktivität erhöht wurde und dieser Prozeß sich weiter beschleunigt. 1981 bis 1983 wurde die Arbeitsproduktivität auf Basis Nettoproduktion im Jahresdurchschnitt um 5,7 % erhöht, während 1984 ein Zuwachs von 7,7 % erreicht wurde.
  Etwa rund 85 % der Produktionssteigerung der Industrie, und in der gleichen Größenordnung des Nationaleinkommens, wurde durch das Wachstum der Arbeitsproduktivität erreicht. Im Jahre 1984 waren das bekanntlich rund 90 %.
  Die volkswirtschaftliche Arbeitsproduktivität ist gegenwärtig höher als in Italien und mit der Großbritanniens etwa auf gleicher Höhe.
  Die Schwedter Initiative bestätigte, daß in Größenordnungen Arbeitskräfte für die Lösung neuer Aufgaben gewonnen werden können. Automatisierung und Intensivierung bilden eine Einheit, die mit der Gewährleistung der Vollbeschäftigung eine grundlegende Errungenschaft der sozialistischen Planwirtschaft zum Ausdruck bringt.
- Ein grundlegendes Merkmal der Intensivierung besteht darin, daß das Produktionswachstum bei sinkendem Energie- und Materialverbrauch realisiert wird.
  Die Produktionsverbrauchsintensität des Nationaleinkommens (Produktionsverbrauch je Einheit Nationaleinkommen) konnte 1983 gegenüber 1980 um 7,3 % (jährlich um 2,5 %) gesenkt werden.
  1984 ist sie um weitere 3 % gegenüber 1983 gesunken.

Von 1981 bis 1984 ist der spezifische Verbrauch volkswirtschaftlich wichtiger Energieträger, Roh- und Werkstoffe im jährlichen Durchschnitt um 6% gesenkt worden.
Das ist eine qualitative Wende auf diesem Gebiet, nachdem im Zeitraum 1976–1980 bei gleichem oder geringerem Wachstumstempo noch ein jährlicher Zuwachs in Höhe von 1,3% zu verzeichnen war. Diese Lösung findet auch international Beachtung.

- Zu diesen qualitativen Faktoren gehört, daß sich im gleichen Zeitraum auch der spezifische Transportaufwand erheblich verringerte.
  Durch Rationalisierung und Optimierung des gesamten volkswirtschaftlichen Transportgeschehens konnte die Binnengütertransportmenge in t 1984 gegenüber 1980 auf rund 86%, das heißt absolut bedeutend vermindert werden; darunter der Straßengütertransport auf 77%, der Werkverkehr auf 75%, während die transportierte Menge bei der Eisenbahn auf 111%, bei der Binnenschiffahrt auf 106% anwuchs; also gleichzeitig ein bedeutender, besonders energieökonomischer Strukturwandel wirksam wurde.
- Die Ergebnisse der Plandurchführung beweisen, daß eine wesentliche Verbesserung der Grundfonds- und Investitionseffektivität und Wirksamkeit erreicht werden konnte und es möglich ist, Investitionsvorhaben in kürzester Frist zu realisieren und produktionswirksam zu machen.
  Auch in der Investitions- und im weiteren Sinne der Grundfondspolitik hat ein Umschwung zur Intensivierung eingesetzt. Die Investitionsplanung und -durchführung ist an höhere Effektivitätsmaßstäbe gebunden und wird wesentlich straffer durchgeführt. Sie ist demzufolge von einer wesentlich höheren Qualität als vorher.

Dabei gehört zu den wesentlichen Erfahrungen dieser Entwicklung, daß das Entscheidende dabei nicht das Volumen, sondern vor allem die Qualität, das wissenschaftlich-technische Niveau der Akkumulation und die Beherrschung des Zeitfaktors, das heißt, die Verwirklichung kürzester Vorbereitungs- und Realisierungsfristen, darstellt.

Es ist in diesem Zusammenhang sehr bedeutsam, wenn von den 226 Milliarden Mark Ausrüstungen, die Ende 1983 im Bereich der Industrieministerien vorhanden waren, mehr als ein Drittel nicht älter als 5 Jahre und insgesamt 60% nicht älter als 10 Jahre sind. Der Automatisierungsgrad der Ausrüstungen ist seit 1980 von 47% auf über 51% gestiegen. Über 20% der Ausrüstungen sind heute mit flexibler automatisierter Steuerung ausgestattet. Ihre zeitliche Auslastung verbesserte sich; so bei den wichtigen Produktionsausrüstungen von 15,0 Stunden je Kalendertag (1980) auf nunmehr 16,1 Stunden.

Die Ergebnisse beweisen nachdrücklich, daß die intensiv erweiterte Reproduktion tatsächlich zur bestimmenden Grundlage für das Wachstum unserer Volkswirtschaft geworden ist.

Es gibt unter Ökonomen sozialistischer Länder Diskussionen über Voraussetzungen und Bedingungen der Verwirklichung der umfassenden Intensivierung, wie z.B., daß die Umstellung auf die Intensivierung zunächst einmal die Schaffung bestimmter materieller Voraussetzungen erfordere; ein Strukturwandel der Produktion, besonders bei Investitionsausrüstungen, im Maschinenbau und der Elektrotechnik/Elektronik, durchgesetzt werden müsse und für die umfassende Modernisierung und Rekonstruktion zusätzliche Akkumulationsmittel bereitgestellt werden müßten.

Diese Gedanken haben eine gewisse Berechtigung. Falsch ist aber doch offensichtlich die Auffassung des Nacheinanderschaltens, die Auffassung von einer mit der Umgruppierung der Kräfte verbundenen Atempause und den damit verbundenen Wachstumsverlusten.

Aus den praktischen Erfahrungen der Verwirklichung der Politik unserer Partei ergibt sich die Erkenntnis, daß sich die Sicherung hohen Wachstums und die Durchsetzung des intensiven Typs der erweiterten Reproduktion unter den gegebenen ökonomischen Bedingungen der 80er Jahre gegenseitig bedingen bzw. zur Voraussetzung haben.

Die vorliegenden Fakten der Entwicklung der Volkswirtschaft der DDR belegen, daß es nur auf der Basis der zunehmenden Verwirklichung der intensiv erweiterten Reproduktion möglich ist, nicht nur das Tempo zu halten, sondern noch zu beschleunigen.

Es bringt den tiefen wissenschaftlichen Gehalt und die Kontinuität der Politik unserer Partei in allen Sphären des gesellschaftlichen Lebens, darunter in der Ökonomie, klar zum Ausdruck, wenn man sich daran erinnert, daß bereits in der Rede Erich Honeckers 1980 in Gera zu dieser Frage klar formuliert wurde, daß Wachstum für den Sozialismus unverzichtbar ist. Das wurde auf den nachfolgenden Plenartagungen unserer Partei unterstrichen und nachgewiesen, wie richtig es war, auf die Veränderungen der außenwirtschaftlichen Bedingungen offensiv mit dem Kampf um hohe Leistungen, um eine höhere Arbeitsproduktivität zu reagieren.

Gerade in dieser Konzeption drückt sich die Logik der Politik der Hauptaufgabe in ihrer Einheit von Wirtschafts- und Sozialpolitik aus, wie sie bereits auf dem VIII. Parteitag der SED 1971 beschlossen und in den 10 Schwerpunkten der ökonomischen Strategie des X. Parteitages weiterentwickelt wurde. Das wiederum war eine entscheidende Basis für die gewaltige Entwicklung der Masseninitiative der Werktätigen und des sozialistischen Wettbewerbs unter Führung der Gewerkschaft, die besonders im 35. Jahr unserer Republik bisher nicht gekannte Ausmaße annahmen und die gesellschaftliche Entwicklung und die Lösung der vom Leben gestellten komplizierten Probleme wesentlich beschleunigten.

Günter Mittag stellte dazu fest: „Dieser Übergang zur Intensivierung war und ist der einzige Weg, um das weitere Wirtschaftswachstum, ohne das es keinen gesellschaftlichen Fortschritt gibt, zu gewährleisten.“[2]

2. Die Hauptrichtungen der neuen Etappe der Verwirklichung der ökonomischen Strategie zur Realisierung der umfassenden Intensivierung auf lange Sicht

Die neue Etappe der Verwirklichung der ökonomischen Strategie der 80er Jahre erfordert die komplexe, in sich abgestimmte und höchstmögliche Nutzung und Wirkung aller intensiven Wachstumsfaktoren.

Für die umfassende Intensivierung genügt es nicht mehr, diesen oder jenen Intensivierungsfaktor in den Mittelpunkt zu stellen bzw. besonders zu forcieren. Die neue Qualität erfordert eine Strategie der aufeinander abgestimmten umfassenden Nutzung aller qualitativen Wachstumsfaktoren und Kriterien der intensiv erweiterten Reproduktion. Das gilt sowohl für die Volkswirtschaft insgesamt als auch für jeden Zweig, für jedes Kombinat, für jeden Betrieb, für jede Genossenschaft.

Welches sind die Hauptrichtungen, und was ist dabei von besonderer Bedeutung?

1. Hauptfaktor für die weitere Erhöhung der Effektivität und die Gestaltung des Intensivierungsprozesses ist die Verbindung des wissenschaftlich-technischen Fortschritts mit den Vorzügen des Sozialismus und die beschleunigte Nutzung der wissenschaftlich-technischen Erkenntnisse im Produktionsprozeß und die Verwendung der Produktionsergebnisse.

In der DDR ist ein bedeutendes wissenschaftlich-technisches Potential geschaffen worden. An erster Stelle kann die Tatsache genannt werden, daß die Werktätigen unserer Republik über ein auch international gesehen hohes Qualifikationsniveau verfügen.

Die breit angelegte Ausbildung von der Allgemeinbildung bis zur speziellen Fachausbildung schafft günstige Voraussetzungen, so daß im Berufsleben auf die Anforderungen des wissenschaftlich-technischen Fortschritts konstruktiv reagiert werden kann.

Im Jahre 1984 sind in der DDR 64 % der Werktätigen Facharbeiter und Meister und 21 % haben einen Hoch- oder Fachschulabschluß. Das sind insgesamt 85 % aller Werktätigen mit hochqualifizierter Ausbildung.

Man wird an die Feststellung von Marx erinnert, daß „... die Entwicklung des gesellschaftlichen Individuums ... als der große Grundpfeiler der Produktion und des Reichtums erscheint“[3], oder der im Kapital bei den Faktoren der Steigerung der Arbeitsproduktivität an erster Stelle „das Geschick der Arbeiter“[4] nannte.

Die DDR setzt jährlich 4 bis 5 % – 1985 rund 5 % – des Nationaleinkommens für die Entwicklung von Wissenschaft und Technik ein. Die bessere und wirksamere ökonomische Verwertung dieser umfassenden Voraussetzung ist deshalb eine wichtige Aufgabe.

Ein wichtiger und in seiner Bedeutung zunehmender Maßstab der Wirksamkeit von Wissenschaft und Technik ist der Erneuerungsgrad der Industrieproduktion. Der Plan 1985 sieht bisher 22 % vor.

Auf der 9. Tagung der ZK des SED wurde auf einen Erneuerungsgrad von über 30 % orientiert. Hier ist also noch beträchtlich zuzulegen; und zwar auch schon gegenüber den Zielstellungen des Planes 1985.

Ein wesentlicher Punkt ist, daß die wissenschaftlich-technischen Ergebnisse einen echten Neuheitsgrad aufweisen müssen, und daß es gelingt, diese wissenschaftlich-technischen Ergebnisse schnell und in der Breite ökonomisch wirksam zu machen.

Wie das zu erreichen ist, wurde von Erich Honecker auf der 9. Tagung des ZK der SED so formuliert: „Alle verantwortlichen Leiter sollten solche Forschungsziele festlegen, die Lösungen verlangen, welche über Bekanntes deutlich hinausgehen und unserem Land für längere Zeit gute wirtschaftliche Ergebnisse bringen.“[5]

Das bedeutet, die Anforderungen bis hin zu jedem einzelnen müssen erhöht werden. Maßstab muß dabei das internationale Niveau sein und nicht die Freude an kleinen oder auch größeren Verbesserungen des eigenen Niveaus. Allein das Ergebnis zählt. Das beginnt vor allem bei den Pflichtenheften, die noch viel stärker am internationalen Maßstab gemessen werden müssen und in den Mittelpunkt der Arbeit zu rücken sind.

2. Mit der Orientierung der 7. Tagung des ZK der SED, durch neue Technologien und neue Produkte zu höherer Effektivität zu gelangen, ist die Aufgabe gestellt, den technologischen Fortschritt in seiner ganzen Breite für die noch schnellere Steigerung der Effektivität der gesellschaftlichen Produktion einzusetzen.

Das erfordert neben der Vervollkommnung der herkömmlichen Technologien gleichzeitig die Konzentration der wissenschaftlich-technischen Arbeit und die schnelle Einführung ihrer Ergebnisse auf die für die nächsten Jahre entscheidenden Schlüsseltechnologien; denn vor allem mit den Schlüsseltechnologien wird das technologische Niveau der Produktion umfassend erhöht und ein Produktivitäts- und Effektivitätszuwachs auf lange Sicht erreicht.

Unter den Bedingungen der DDR stehen die Mikroelektronik, die Robotertechnik, die Anwendung elektronischer Rechentechnik bis hin zu CAD/CAM (automatisierte rechnergesteuerte Konstruktion, Projektierung und Produktion) im Mittelpunkt. Zunehmend gehört dazu auch die Biotechnologie, die immer mehr in eine ähnliche Rolle hineinwächst wie die Mikroelektronik.

Dabei kommt es darauf an, daß diese progressiven Technologien überall Eingang finden, daß sie nicht in erster Linie als neue Produktionszweige und -linien entwickelt und angewendet werden, sondern mit dem Vorhandenen – sowohl den Grundfonds als auch dem in Produktion befindlichen Erzeugnissortiment – direkt durch den Einbau von Baugruppen und Teilkomplexen organisch verbunden werden.

Es ist von grundlegender Wichtigkeit, daß wir gegenwärtig bei der Produktion mikroelektronischer Bauelemente über 13 Basistechnologien verfügen. Wir gehören damit zu den 5 bis 6 führenden Industrieländern, die überhaupt mikroelektronische Basistechnologien beherrschen.

Ihre Zahl soll entsprechend der Direktive zum Fünfjahrplan auf 15 bis 17 erweitert werden. Die letzten Beschlüsse orientieren auf 21 bis 23 Basistechnologien bis 1985.

Es ist offensichtlich, daß die bedeutenden ökonomischen Wirkungen, die sowohl durch Miniaturisierung, besonders bei der Materialökonomie, als auch beim

Aufwand erzielt werden können, in den ökonomischen Ergebnissen – darunter auch den materialökonomischen – noch konkreter nachgewiesen werden müssen.

Wenn mit dem jetzt in die Serienproduktion überführten Mikroprozessor *U* 881 mit einem Gewicht von 5,4 Gramm herkömmliche Bauelemente im Umfange von 305 Kilogramm ersetzt werden, dann muß doch das auf den Anwendergebieten zu einer Reduzierung des Materialeinsatzes um das 5- bis 6Tausendfache führen. Das ist gleichfalls ein Beitrag zur Diskussion, die auch unter Ökonomen sozialistischer Länder geführt wird, ob der Produktionsverbrauch angesichts der rapiden Preissteigerung für Rohstoffe tatsächlich in neuen Dimensionen reduziert werden kann.

Um die Aufdeckung sowie das Plan- und Bilanzwirksammachen dieser Effekte geht es bei der Planung und Realisierung, das heißt, um praktische Umsetzung der Schlüsseltechnologien mit dem Nachweis ihrer ökonomischen Wirksamkeit.

Der Anteil der von der Mikroelektronik beeinflußten Produktion soll in der Elektrotechnik/Elektronik auf 67% erhöht werden. Das ist gut. Wir stehen jetzt aber vor einer „mikroelektronischen Durchdringung" aller anderen Zweige, natürlich der Elektrotechnik/Elektronik selber, aber auch bei der Metallurgie, der Chemie usw.

In jedem Industriezweig und in jeder Erzeugnisgruppe muß ein nachweisbarer Anstieg des von Mikroelektronik, Robotertechnik und elektronischer Rechentechnik beeinflußten Anteils des Produktionssortiments abrechenbar nachgewiesen und organisiert werden.

Hier geht es nicht mehr um Zulieferung oder einzubauende Baugruppen!

Die Mikroelektronik ist oftmals schon Herzstück und ein wertbestimmender integraler Bestandteil herkömmlicher Ausrüstungen und Anlagen. Sie muß zu einem bedeutenden Teil von den Ausrüstungsproduzenten selbst projektiert und auf der Grundlage von gelieferten Bauelementen produziert werden.

Was die Entwicklung und den Einsatz von Robotern – einer 2. Hauptlinie der Anwendung progressiver Technik – betrifft, so befinden sich Ende 1984 rund 42000 im Einsatz. 1985 sollen 14324 Stück produziert und 13500 eingesetzt werden. Das entspricht einer Steigerung gegenüber 1984 auf 118,4%, und somit wird – einschließlich der Ziele 1985 – die Zielstellung des Fünfjahrplanes 1981–1985 bedeutend überboten werden können.

1984 gab es auch wichtige Verbesserungen in den ökonomischen Parametern und Kennziffern.

Der numerische Ausweis ist zwar ein wichtiger, charakterisierender Faktor; aber er kann nur in einem komplexen technologischen Zusammenhang voll zur Wirkung kommen.

Deshalb möchte ich auf folgendes besonders aufmerksam machen: Das bestimmende Merkmal in der Veränderung der materiell-technischen Basis der Volkswirtschaft im nächsten Zeitraum wird neben der Veredlung – und eng mit ihr verbunden – die breite Entwicklung und Anwendung der Automatisierungstechnik sein. Sie wird immer mehr zur Hauptrichtung für die Umsetzung der neuen progressiven Grundtechnologien, auf deren Grundlage ganze technologische Prozesse, Fertigungsabschnitte und Betriebe umgestaltet werden.

Mit der Automatisierungstechnik werden Mikroelektronik, Robotertechnik, Kybernetik, Computertechnik und Informatik vereint und in allen Bereichen der Volkswirtschaft immer stärker wirksam. Dabei wird die Automatisierung – natürlich über den nächsten Fünfjahrplan hinaus – alle Bereiche der menschlichen Tätigkeit, die materiellen und die geistigen Prozesse, erfassen.

Die Automatisierung – unter Einbeziehung der modernisierten Maschinen und Ausrüstungen – ist damit ein volkswirtschaftlicher Prozeß von hoher Komplexität, der alle Zweige und Produktionen sowie alle Erzeugnisse und Leistungen umfaßt und auf lange Sicht der entscheidende Weg zur Steigerung der Arbeitsproduktivität ist. Es sind ständig die neuesten wissenschaftlich-technischen Erkenntnisse einzubeziehen und soziale Wirkungen im Sinne der Übereinstimmung der Interessen des einzelnen Werktätigen und der gesamten Gesellschaft zu beachten.

3. Im Hinblick auf die Vorbereitung des XI. Parteitages der SED ist es von prinzipieller Bedeutung, was Erich Honecker bereits anläßlich des 35. Jahrestages der DDR, aber ganz eindeutig auf der 9. Tagung des ZK der SED hervorhub: „Das Politbüro unterstreicht die grundsätzliche Bedeutung der Leninschen Feststellung, nach der die höhere Arbeitsproduktivität letztendlich für den Sieg der neuen Gesellschaftsordnung den Ausschlag gibt."[6]

Neben den bedeutenden Einsparungen in der Materialökonomie, das heißt Einsparung vergegenständlichter Arbeit, steht teilweise ein Wachstum des Faktors Arbeitskraft in der materiellen Produktion entgegen.

Offensichtlich muß die weitere Erhöhung der Arbeitsproduktivität, das heißt die Einsparung an lebendiger Arbeit, noch stärker in den Mittelpunkt der Aufmerksamkeit gerückt werden.

Es ist nicht nur eine Frage des Tempos, sondern vor allem auch des international vergleichbaren Niveaus der Arbeitsproduktivität.

Das erfordert aber ein prinzipiell neues Herangehen an die Planung der Arbeitsproduktivität als bestimmendes ökonomisches Kriterium.

Am Beginn aller Überlegungen zu den ökonomischen Aufgaben in jedem Kombinat, in jedem Betrieb und für jeden technologischen Komplex im Produktionsbereich muß die Frage stehen, wie, durch welche konkreten Maßnahmen, sowohl beim Finalerzeugnis als auch in der Technologie, der Weltstand erreicht und mitbestimmt werden kann.

In diesem Zusammenhang muß auf die Marxsche Definition der Steigerung der Arbeitsproduktivität hingewiesen werden, die für die einzelne Ware besagt, „daß die Gesamtsumme der in der Ware steckenden Arbeit abnimmt; daß also die lebendige Arbeit um mehr abnimmt, als die vergangene zunimmt..."[7].

Jegliche Unterschätzung dieser Frage wird mit zu hohen Kosten bestraft, das bedeutet verringertes Wachstum an Nationaleinkommen, sinkende Devisenrentabilität und wissenschaftlich-technischer Rückstand.

4. Die Veredlung der zur Verfügung stehenden Rohstoffe, Materialien, Halbfabrikate und Baugruppen muß alle Seiten, alle Bereiche und Stufen des Reproduktionsprozesses erfassen. Ein bedeutender Teil des

Rohstoffbedarfs der DDR muß importiert werden. Der Import kann nicht weiter anwachsen; auf einer Reihe von Gebieten wird er zurückgehen. Damit hängt das Wachstum wesentlich vom Ausmaß der Veredlung der uns zur Verfügung stehenden Rohstoffe ab. Ausmaß und Tempo der Veredlung entscheidet damit über Tempo und Inhalt der Verwirklichung der Hauptaufgabe und damit den weiteren Aufbau der entwickelten sozialistischen Gesellschaft.

Dabei ist von großer Wichtigkeit, daß diese Frage nicht auf ein Problem der Veredlung von Rohstoffen im Sinne von Materialökonomie schlechthin begrenzt wird. Es geht dabei ebenso um die konsequente Ausnuztung materialökonomischer Effekte aus der Anwendung progressiver Technologien, wie Mikroelektronik, Leistungselektronik, Biotechnologien, als einem entscheidenden Faktor zur Erhöhung des Wertes, als auch die zielgerichtete Substitution durch zunehmende Verwendung eigener Rohstoffe und Materialien und ihre höhere Veredlung.

Im Mittelpunkt der Bemühungen steht die höchstmögliche Nutzung und Veredlung der Rohbraunkohle.

Es ist in diesem Zusammenhang von ganz grundlegender Bedeutung, daß die Struktur der Primärenergie weiter zugunsten der einheimischen Energieträger, vor allem Braunkohle, verändert wird. Ihr Anteil am Primärenergieverbrauch wurde 1984 auf rund 72%, ihr Anteil an der Elektroenergieerzeugung auf 82% erhöht. Es gibt kein vergleichbares Land, das eine solche hohe Eigenversorgung auf der Basis von Rohbraunkohle hat. Daraus ergeben sich verschiedene Aufgaben. Für die Sicherung eines dynamischen Wirtschaftswachstums der Volkswirtschaft bis 1990 ist es erforderlich, die Förderung von Rohbraunkohle weiter zu erhöhen. Dazu ist aber nicht nur erforderlich, Kapazitäten zur Erhöhung der Förderung im Umfange von 15 bis 20 Millionen Tonnen zu schaffen, sondern gleichzeitig müssen Kapazitäten zum Ersatz auskohlender Tagebaue ersetzt und somit auch neu aufgeschlossen werden.

Dieser Zuwachs und mehr als dieser Zuwachs soll der carbochemischen Veredlung dienen und ist die Voraussetzung, damit die chemische Verwertung der Rohbraunkohle von einem Erdöläquivalent in Höhe von 7 Millionen Tonnen gegenwärtig auf mindestens 11 Millionen Tonnen gesteigert werden kann.

Wesentliche Kapazitätszugänge für die Elektroenergieerzeugung sollen dann nicht mehr auf der Basis von Braunkohle, sondern auf der Basis von Kernenergie realisiert werden.

Wie Erich Honecker sehr eindrucksvoll auf der 7. Tagung des ZK der SED dargelegt hat, besteht ein strategisches und weit in die Zukunft reichendes Ziel darin, mit den in Entwicklung befindlichen Technologien zur Vergasung und Kohleverflüssigung den wachsenden Bedarf an Kraftstoffen und petrolchemischen Rohstoffen auf der Basis einheimischer Rohstoffe, das heißt der Braunkohle, zunehmend zu decken.

Gegenwärtig liegt das Schwergewicht der Veredlungskonzeption der Chemie auf dem Ausbau der carbochemischen Verfahren und der höheren Nutzung des Erdöls.

Das drückt sich insbesondere in der Inbetriebnahme neuer Kapazitäten für die tiefere Spaltung des Erdöls in Schwedt und Leuna aus, wodurch der Anteil heller Produkte von 56 % 1984 auf 63 % 1985 und bis auf 75 % 1990 erhöht werden soll.

Darin beseht ein ganz entscheidender Schritt, um Kraftstoffe und Chemieerzeugnisse mit einem im internationalen Vergleich sehr niedrigen spezifischen Aufwand an Erdöl herzustellen.

Das es sich hierbei nicht in erster Linie um ein Ressourcenproblem, sondern um eine Frage der Ökonomie handelt, wird vielleicht daraus ersichtlich, daß die Brennstoffkosten für 1 Tonne Dampf auf Basis Braunkohle 12 Mark, aber auf Basis Heizöl 65 Mark betragen.

Ähnlich weitreichende Entwicklungslinien sind auf dem Gebiet der metallurgischen Produktion, auf dem Gebiet Glas und Keramik und auf anderen Gebieten im Gange beziehungsweise werden vorbereitet. Dafür nur ein Beispiel: Mit dem 1984 im EKO in Betrieb genommenen Konverterstahlwerk mit einer Kapazität von 2,2 Millionen Tonnen Rohstahl wird für ein Drittel unserer jetzigen Rohstahlkapazität im Vergleich zum bisher dominierenden Siemens-Martin-Verfahren eine Senkung des Materialverbrauchs um 13%, des Energieverbrauchs um 28% und eine Steigerung der Arbeitsproduktivität auf 700% erreicht. Gleichzeitig ist damit eine wesentlich höhere Stahlqualität verbunden.

Diese Veredlungslinie wird im Zeitraum bis 1990 mit der Errichtung eines Warmbreitbandwalzwerkes im EKO fortgeführt und damit der volle metallurgische Zyklus realisiert.

Das heißt, die Intensivierung der Volkswirtschaft ist ein Prozeß, der alle Zweige und alle Bereiche betrifft und komplex realisiert werden muß. Es handelt sich nicht um ein Ausrüstungsproblem oder etwa eine Investitionsstrategie, um ein zielgerichtetes Konzept zur umfassenden Umgestaltung der Struktur der Produktivkräfte, der materiell-technischen Basis der Volkswirtschaft.

5. Eine entscheidende Frage für die weitere Vertiefung der Intensivierung ist die Erreichung einer neuen Qualität auf dem Gebiete der Grundfonds- und Investitionseffektivität. Es handelt sich dabei zugleich um eine der Kernfragen der effektiven Nutzung des vorhandenen Nationalreichtums.

Ich möchte in diesem Zusammenhang vor allem auf den weitreichenden Beschluß des Politbüros des ZK der SED und des Ministerrates über Maßnahmen zur Qualifizierung der Leitung, Planung und wirtschaftlichen Rechnungsführung auf dem Gebiet der Investitionen und der Grundfondsreproduktion vom 27. September 1984 verweisen.

Der Grundgedanke und Ausgangspunkt besteht in folgendem:

Die Volkswirtschaft der DDR verfügt über einen Grundmittelbestand von über 1 Billion Mark. Darin ist ein großer Teil der in 35 Jahren sozialistischen Aufbaus geleisteten Arbeit vergegenständlicht. Es geht jetzt darum, diesen gewaltigen Fondsvorschuß durch Intensivierung umfassend für die Lösung der Hauptaufgabe wirksam zu machen.

Der Beschluß stellt deshalb die Modernisierung als Hauptform der Grundfondsreproduktion in den Mittelpunkt. Dazu ist es erforderlich, daß jede Aufgabe zur

Erhaltung, Erneuerung und Erweiterung, das heißt auch der Instandhaltung und Generalreparatur der Grundfonds bei klugem Einsatz der zur Verfügung stehenden Investitionen, mit der Nutzung neuester wissenschaftlich-technischer Erkenntnisse verbunden werden muß.

Bereits Marx wies diesen sogenannten Erneuerungseffekt sogar im Rahmen der einfachen Reproduktion nach, da der Einsatz der Amortisationen für die Erhaltung der Grundfonds immer auf einem höheren, fortgeschritteneren wissenschaftlich-technischem Niveau stattfinden kann und damit allein schon die Erhaltungsinvestition zu einem Faktor der Steigerung der Produktivität und des Wachstums werden kann. Daraus müssen ganz konkrete Schlußfolgerungen für die praktische Arbeit gezogen werden.

Es ist nicht richtig, oder zumindest zu eng, von einer Investitionspolitik oder Investitionsstrategie zu sprechen. Die Strategie der Modernisierung, Rekonstruktion und Erhöhung der ökonomischen Wirksamkeit der Grundfonds ist weit mehr! Das erfordert selbstverständlich die systematische Schaffung der dafür erforderlichen Voraussetzungen.

Im Beschluß ist deshalb konkret festgelegt, daß durch die Ausrüstungsproduzenten multivalent nutzbare wissenschaftlich-technische Lösungen für die Modernisierung des Grundmittelbestandes der von ihnen hergestellten Maschinen und Anlagen auszuarbeiten sowie niveaubestimmende Baugruppen und Leistungen bereitzustellen sind. Das ist eine Pflicht dieser Ausrüstungsproduzenten und nicht etwa eine Bitte an sie. Das heißt, es sind ganze Betriebe auf die Produktion von Modernisierungslösungen, von Modernisierungsbaugruppen umzustellen.

Gleichzeitig wird in diesem Beschluß meines Erachtens erstmals in dieser weitreichenden Konsequenz hervorgehoben, daß die Leistungen des eigenen Rationalisierungsmittelbaus die erste Quelle für die Deckung des Ausrüstungsbedarfs der planmäßigen Investitionsvorhaben sind. Das steht übrigens auch in völliger Übereinstimmung mit internationalen Entwicklungstendenzen. Das heißt, der Eigenbau von Rationalisierungsmitteln erweist sich zunehmend sowohl als eine entscheidende Quelle der Gestaltung einer hocheffektiven Produktion als auch als ein grundlegender Faktor und Bestandteil der erforderlichen Profil- und Strukturveränderungen.

Kamen 1980 etwa 8% der investierten Ausrüstungen aus den Rationalisierungswerkstätten der investierenden Betriebe und Kombinate, so waren es 1984 bereits etwa 18%, darunter in der metallverarbeitenden Industrie 29%. 1985 rechnen wir insgesamt mit rund 20%. Eigenbau an Rationalisierungsmitteln der Kombinate und Betriebe ist bereits heute eine entscheidende materielle Grundlage der Stärkung der materiell-technischen Basis der Volkswirtschaft, der durch nichts zu ersetzen ist.

Deshalb spielen die Orientierungen unserer Partei, auch auf diesem Gebiet Weltniveau zu erreichen, fähige Projektierungs- und Konstruktionskollektive zu bilden und ihre Erzeugnisse auch zu exportieren, eine solch entscheidende Rolle.

An diesen beiden Arbeitsrichtungen und Entwicklungslinien wird deutlich, wie die umfassende Intensivierung organisiert werden muß und Schritt für Schritt im Vorwärtsschreiten ihre materiell-technische Basis erhält. Das Neue des Beschlusses und sicher auch seine künftige Wirksamkeit beruhen darauf, daß die Festlegungen auf das engste mit der wirtschaftlichen Rechnungsführung verbunden sind und damit ökonomische Zwänge wirksam werden.

Ich möchte das an folgenden praktischen Konsequenzen erläutern: Im Beschluß zur Investitionstätigkeit ist die Umbewertung der Grundmittel auf die ab 1.1.1986 geltenden Preise festgelegt. Das bedeutet aber gleichzeitig, daß sich der Ausweis der Amortisationen, das heißt, der in die Kosten übergehende Teil der Grundmittelabnutzung oder -erhaltung, erhöht. Wenn wir bisher rechneten, daß beispielsweise in der Industrie der Anteil der Amortisationen an den Investitionen etwa 50% ausmacht und die aus dem Nationaleinkommen gespeisten Neu- oder Erweiterungsinvestitionen die andere Hälfte darstellt, so verschiebt sich dieses Verhältnis nunmehr auf der durch die Umbewertung realeren Basis auf etwa 65 zu 35%. Amortisationen sind Kostenbestandteile, weil sie den auf das jeweilige Produktionsergebnis übertragenen Wert der Grundmittel, eben ihre Abnutzung, darstellen. Das heißt, die Maßnahmen zur Kostensenkung werden noch zwingender, erfordern neue Überlegungen und die Einbeziehung aller Faktoren.

An diesem Beispiel wird zugleich der enge Zusammenhang, die gegenseitige Durchdringung und Abhängigkeit der ökonomischen Kategorien deutlich. In dieser Richtung ist auf der Grundlage des Beschlusses unserer Partei vom Februar 1983 zur Verbesserung der Leitung, Planung und wirtschaftlichen Rechnungsführung eine riesige Arbeit geleistet worden. Eine Arbeit, die in ihrer Komplexität bis zur Umgestaltung der Agrarpreise geht, gehört zu den bedeutendsten Maßnahmen der Stärkung der ökonomischen Kategorien und der Ausnutzung der ökonomischen Gesetze des Sozialismus – ausgehend von einem einheitlichen und durchdachten Konzept –, die in der Geschichte der Planwirtschaft der DDR realisiert wurden. Dabei muß man hervorheben, daß gerade auch auf diesem Gebiet ein einmal erreichtes Niveau kein Ruhekissen sein kann, sondern ständig neue heranreifende Fragen aufgegriffen und neue Lösungen gefunden werden müssen.

6. Eine entscheidende Quelle für Effektivität und ein wichtiger Weg zur Vertiefung der Intensivierung besteht in der systematischen Optimierung der Transportprozesse sowohl im Rahmen der gesamten Volkswirtschaft, innerhalb der Zweige, wie Landwirtschaft, Bauwesen, kommunale Bereiche sowie zwischen den Kombinaten und Betrieben und selbst innerhalb der Betriebe. Dabei geht es sowohl um eine absolute Verringerung des Transportvolumens, wozu größere Möglichkeiten bestehen als oftmals angenommen wird, um die spezifische Senkung des Transportaufwandes als einen gewichtigen Faktor des Produktionsverbrauchs als auch um die Verlagerung auf kosten- und energiegünstigere Transportarten, also die Ökonomisierung der Transportartenstruktur.

Zur Durchsetzung der umfassenden Intensivierung muß im langjährigen Durchschnitt eine Senkung des spezifischen Transportaufwandes von 4 bis 5% angestrebt werden. Aber offensichtlich ist es notwendig, diese Frage noch wesentlich breiter und prinzipieller zu erfassen, nämlich als eine Frage der Gestaltung der optimalen gesellschaftlichen Arbeitsteilung. Mit der Bildung der zentralgeleiteten Kombinate, vor allem auch mit der Bildung der bezirksgeleiteten Kombinate, wurden in dieser Richtung entscheidende Schritte getan und bereits wesentliche Effekte erzielt.

Die Analyse zeigt jedoch, daß auf diesem Gebiet sowohl im Umfang als auch in der fast unübersehbaren Vielfalt noch bedeutende Effektivitätsreserven zu erschließen sind, angefangen von der Frage, was ist überhaupt optimale gesellschaftliche Arbeitsteilung generell, und die Beantwortung dieser Frage unter den konkreten Bedingungen eines Kombinates bis hin zu einzelnen Erzeugnissen. Es geht um die schrittweise, investitionssparende und sogar investitionsfreie Optimierung der Produktionsorganisation, der Produktionsaufteilung und ihre gezielte Veränderung in Übereinstimmung mit der Erneuerung der Produktion, der technologischen Umgestaltung durch Maßnahmen der Erhaltung, Modernisierung und des Ausbaus. Die in Berlin und Leipzig durchgeführten Arbeiten in 100 Kombinatsbetrieben haben sehr deutlich gezeigt, daß es notwendig und möglich ist, rationellere Lösungen zur Standortverteilung der Produktion zu finden, die ohne zusätzliche Investitionen erreichbar sind. Das Problem besteht hierbei in der Vielfalt des zu bearbeitenden Feldes und bei jedem einzelnen Erzeugnis, Zuliefererzeugnis oder Materials in der Vielfalt der zu berücksichtigenden, sehr unterschiedlichen Faktoren. Aber ebenso umfassend und vielfältig sind die Möglichkeiten der Erschließung von Reserven auf diesem Gebiet.

Hier ergibt sich übrigens auch ein weites Feld für detaillierte ökonomische Untersuchungen, die in jedem Falle mit bedeutenden praktischen Ergebnissen und Nutzen verbunden sein können.

7. In den Diskussionen zu diesem Problem wird mit Recht festgestellt, daß die Überführung von Zeitgewinn in Produktivitäts- und Effektivitätssteigerung nicht nur Zeitgewinne in einzelnen Reproduktionsphasen, sondern die Beschleunigung des gesamten Reproduktionskreislaufes erfordert. Die Verkürzung der zeitlichen Abläufe der Reproduktion, und zwar nicht nur quantitativ, sondern vor allem qualitativ, wird in wachsendem Maße zur ökonomischen Potenz.

Dabei geht es auch hier nicht um eine isolierte Betrachtungsweise. Die Beschleunigung des gesamten Reproduktionskreislaufes wird durch solche Faktoren bestimmt, wie die Verkürzung des Zyklus Wissenschaft–Produktion–Absatz, die bessere zeitliche Ausnutzung der vorhandenen Grundfonds und vor allem auch die Erhöhung der Kontinuität der Produktion bis hin zur Problematik der Reservebildung, die vor allem vom Standpunkt der praktisch erzielbaren Effektivität, der Vermeidung von Verlusten, also noch stärker vom ökonomischen Standpunkt aus betrachtet und entschieden werden müssen. Das erfordert eine Durchdringung und Rationalisierung aller Phasen der Reproduktionsprozesse im Zusammenhang, in ihren Wechselbeziehungen, besonders auch der Zirkulationssphäre sowohl im volkswirtschaftlichen Maßstab als auch nach Zweigen und Bereichen sowie in den Kombinaten und Betrieben. Dabei muß von solchen quantifizierten Maßstäben ausgegangen werden, wonach die steigende Produktion mit gleichbleibenden bzw. möglichst sinkenden Umlaufmitteln auf der Grundlage einer wesentlichen Verbesserung, insbesondere der Bestandswirtschaft sowie der Rationalisierung der Liefer- und Bezugsbeziehungen auf der Grundlage konkreter Maßnahmen, darunter rechnergestützte Programme, realisiert werden muß.

Die Lösung der neuen, durch unsere Partei gestellten Aufgaben erfordert neue Anstrengungen von uns. Solche Anforderungen resultieren vor allem aus den außerordentlich gewachsenen Dimensionen der in allen Bereichen zu lösenden Aufgaben und ihrer mit der Durchsetzung der umfassenden Intensivierung gesetzmäßig wachsenden Verflechtung.

Anmerkungen

[1] 9. Tagung des ZK der SED, 22./23. 11. 1984, Aus dem Bericht des Politbüros an das ZK der SED, Berichterstatter: Gen. Erich Honecker, Berlin 1984, S. 31.

[2] Günter Mittag, Ökonomische Strategie der Partei dient der weiteren Verwirklichung des Kurses der Hauptaufgabe, in: Einheit 9/10-84, S. 804.

[3] Karl Marx, Grundrisse der Kritik der politischen Ökonomie, in: MEW, Bd. 42, Berlin 1983, S. 601.

[4] Karl Marx, Das Kapital, Erster Band, in: MEW, Bd. 23, S. 54.

[5] 9. Tagung des ZK der SED, a. a. O., S. 40.

[6] Ebenda, S. 31.

[7] Karl Marx, Das Kapital, Dritter Band, in: MEW, Bd. 25, S. 271.

Gerhard Scholl

Die umfassende Intensivierung und neue Anforderungen an die Effektivitätsentwicklung, -planung und -messung

Erich Honecker konnte auf der 9. Tagung des ZK der SED die bedeutsame Schlußfolgerung ziehen, daß die intensiv erweiterte Reproduktion heute zur bestimmenden Grundlage für das Wachstum unserer Volkswirtschaft geworden ist, womit es gelang, eine Wende von prinzipieller Bedeutung einzuleiten. Diesen Prozeß hat stark gefördert, daß Leitung, Planung und wirtschaftliche Rechnungsführung auf ökonomische Schlüsselfragen der Intensivierung orientiert wurden.

Jetzt kommt es darauf an, den Weg der umfassenden Intensivierung weiter zu beschreiten, und zwar auf lange Sicht. Das macht den Inhalt der neuen Etappe der Verwirklichung unserer ökonomischen Strategie aus.[1]

Diese neue Etappe der Verwirklichung der ökonomischen Strategie stellt höhere Anforderungen an die weitere Vervollkommnung der Leitung, Planung und wirtschaftlichen Rechnungsführung, speziell auch an die Planung und Messung der Effektivität.

In Ergänzung und Erläuterung der genannten Schwerpunkte und des Referats von Siegfried Wenzel möchte ich zu einigen Gebieten der weiteren Vervollkommnung von Effektivitätsrechnungen und der Effektivitätsplanung sprechen:

1. zur Steigerung der Arbeitsproduktivität;
2. zum wissenschaftlich-technischen Fortschritt, insbesondere Neuerungsprozesse;
3. zum Zusammenhang zwischen der Effektivitätsrechnung und der Bilanzierung;
4. zur Anwendung von Leistungsvergleichen;
5. zur Leistungsbewertung und der wirtschaftlichen Rechnungsführung.

1. Die wirksamere Einflußnahme auf die Steigerung der Arbeitsproduktivität als dem Kernstück der Erhöhung der Effektivität

Die 9. Tagung des ZK der SED orientierte uns in unserer Arbeit mit Nachdruck darauf, die Entwicklung und Nutzung der Produktivkräfte mehr als bisher in den Mittelpunkt unserer Arbeit zu rücken.

Es geht vor allem um die Steigerung der Arbeitsproduktivität und die Beschleunigung und bessere ökonomische Verwertung des wissenschaftlich-technischen Fortschritts.

Die Beseitigung der verschiedenen Formen der Vergeudung stellt jedoch nur eine Seite der Wirkungsweise der Ökonomie der Zeit im Sozialismus dar.

Die entscheidende Überlegenheit des Sozialismus muß sich letztlich im Niveau der Arbeitsproduktivität widerspiegeln, die vor allem vom wissenschaftlich-technischen Fortschritt und von der Organisation der gesellschaftlichen Arbeit beeinflußt wird. Die umfassende Intensivierung stellt höhere Anforderungen an den Zuwachs und das Niveau der Arbeitsproduktivität und ihre Planung.

Die Steigerung der Arbeitsproduktivität muß als grundlegendes Erfordernis jeder wirtschaftlichen Tätigkeit, ausgehend von Vergleichen mit dem internationalen Stand auf dem betreffenden Gebiet, für jedes Kombinat, für jeden technologischen Komplex zu einem Hauptausgangspunkt der Bestimmung aller anderen ökonomischen Zielstellungen gemacht werden. Sie darf nicht als Resultante aus der Steigerung der Produktion und der Entwicklung der Zahl der Arbeitskräfte aufgefaßt werden.

In der vor uns liegenden Etappe des Übergangs zur umfassenden Intensivierung gilt es, neue volkswirtschaftliche Maßstäbe für die Bestimmung des Wachstumstempos der Arbeitsproduktivität durchzusetzen. Wie Günter Mittag auf der Wirtschaftswissenschaftlichen Konferenz im Jahre 1983 ausführte, gilt dafür:

- das Tempo der Steigerung der Arbeitsproduktivität muß das Tempo der Steigerung der Produktion übertreffen;
- die Arbeitsproduktivität muß schneller wachsen als die Grundfondsausstattung;
- die Arbeitsproduktivität muß schneller wachsen als der Durchschnittslohn;
- die durch die Steigerung der Arbeitsproduktivität gewonnene Arbeitszeit muß für volkswirtschaftliche Schwerpunktaufgaben zur umfassenden Intensivierung, zur höchstmöglichen Veredlung der Produktion, zur Steigerung der Konsumgüterproduktion und zur Erhöhung des Rationalisierungsmittelbaus eingesetzt werden, um dadurch wiederum neue Möglichkeiten für die Steigerung der Arbeitsproduktivität zu erschließen. Dazu sind, ausgehend von einer gründlichen Analyse der bisherigen Entwicklung, die Hauptwege zur Steigerung der Arbeitsproduktivität sowohl im volkswirtschaftlichen Maßstab als auch für jede Wirtschaftseinheit detailliert auszuarbeiten und mit den Plänen zu verwirklichen.[2]

Auf Basis Nettoproduktion erhöhte sich die Arbeitsproduktivität in den Jahren 1981 bis 1984 um 27,0 %, das sind 6,2 % durchschnittlich jährlich.

In der Messung der Arbeitsproduktivität auf der Grundlage der Nettoproduktion wird die Senkung des Gesamtaufwandes, sowohl der Aufwand an lebendiger als auch an vergegenständlichter Arbeit berücksichtigt. Um das Niveau der Arbeitsproduktivität der entwickelten kapitalistischen Industrieländer zu erreichen, muß das Produktivitätswachstum in der Industrie weiter beschleunigt werden.

All dies erfordert neue Überlegungen und Maßnahmen im Rahmen der Effektivitäts- und Produktivitätsplanung. In dieser Hinsicht wurden bereits eine Vielzahl entsprechender Maßnahmen eingeleitet oder sind in Vorbereitung. Dazu gehören:

– Die bisher ausgearbeiteten Lösungen zur Einbeziehung der vergangenen Arbeit in die Ermittlung und Planung der Arbeitsproduktivität, wie das bei der Anwendung der Nettoproduktion als Bezugsbasis für die Arbeitsproduktivität und durch die Anwendung der Intensivierungsmaßstäbe zum Ausdruck kommt.

– Die Einflußfaktoren auf die Steigerung der Arbeitsproduktivität, vor allem um den Einfluß von Wissenschaft und Technik sind konkret zu bestimmen und besser zu beherrschen.

– Die Einführung von Reproduktionsrechnungen für Arbeitskräfte, die darauf abzielen, die Gewinnung und den effektiven Wiedereinsatz von Arbeitskräften als komplexe Aufgabe zu lösen.

– Die Einführung eines Beitrages für gesellschaftliche Fonds, der dazu dient, die lebendige Arbeit bei den Effektivitätsrechnungen stärker nach dem Reproduktionsaufwand der Beschäftigten zu erfassen und zu bewerten.

All diese und andere Maßnahmen gehen davon aus, die Ergebnisse aus der Wirksamkeit des wissenschaftlich-technischen Fortschritts, besonders der volkswirtschaftlichen Schlüsseltechnologien, für die Steigerung der Arbeitsproduktivität komplex zu nutzen.

Es ist aber auch hier erforderlich, weitere Schritte und Lösungen zu überlegen und zu realisieren. Ich sehe dabei vor allem folgende Schwerpunkte:

Erstens ist der Beitrag von Wissenschaft und Technik, insbesondere der Zusammenhang zwischen neuen Erzeugnissen und neuen Technologien, mit der Steigerung der Arbeitsproduktivität auf allen Ebenen noch zwingender zu erfassen und zu sichern, daß die Ergebnisse voll und von vornherein im Plan zur Wirkung kommen. Dabei gilt es vor allem, die für 1986–90 eingeführten neuen Regelungen zur Arbeitszeiteinsparung und ihre Umsetzung in Produktivitätsfortschritte konsequent durchzusetzen.

Zweitens ist die Steigerung der Arbeitsproduktivität noch stärker zu verknüpfen mit der Reproduktion und der Nutzung des gesellschaftlichen Arbeitsvermögens. Die Gewinnung und der effektive Wiedereinsatz der eingesparten Arbeitskräfte eröffnet ein breites Feld von Aufgaben in ökonomischer und sozialpolitischer Hinsicht, hinsichtlich der Wirkung differenzierter Arbeitskräftestrukturen und Qualifikationsgruppen auf die Effektivitätsentwicklung. Ausgehend von den praktischen Erfahrungen der Schwedter Initiative ist es notwendig, in der Leitung, Planung und Stimulierung den Prozeß der Gewinnung von Arbeitskräften und vor allem ihren Wiedereinsatz in effektiveren Bereichen neu – entsprechend den sich herausbildenden volkswirtschaftlichen Notwendigkeiten – zu durchdenken.

Drittens sind, ergänzend zu den ökonomischen Regelungen, die sozialen Konsequenzen des wissenschaftlich-technischen Fortschritts tiefergehend zu erforschen und für Produktivitätsfortschritte zu nutzen. Dabei müssen die Beziehungen zwischen den Betrieben und Territorien eine wachsende Rolle spielen.

Schließlich ist es notwendig, die Forschungsarbeiten auf dem Gebiet der Arbeitsproduktivität verstärkt unter dem Aspekt weiterzuführen, neue Initiativen für den sozialistischen Wettbewerb der Werktätigen zu fördern.

2. Qualifizierung und Effektivitätsberechnungen für die Prozesse des wissenschaftlich-technischen Fortschritts

Auf der 9. Tagung des ZK der SED wurde die Aufgabe gestellt, durch neue Erzeugnisse und moderne Technologien zu höherer Effektivität und Produktivität zu kommen. Auf die Lösung dieser Aufgabe konzentrieren wir das geistige und materielle Potential unserer Republik, denn es handelt sich hierbei bekanntlich um die entscheidende Aufgabenstellung zur Durchsetzung der umfassenden Intensivierung auf lange Sicht und damit zur Realisierung der neuen Etappe der Verwirklichung der ökonomischen Strategie. Im Mittelpunkt der Leistungs- und Effektivitätsentwicklung muß deshalb der Erneuerungsprozeß der Produktion und seine Ökonomie stehen, wobei die Kombinate die Zentren der volkswirtschaftlichen Erneuerungsprozesse sind.

Zu ihrer wirksameren planmäßigen Beeinflussung sind m. E. vor allem zwei Aufgaben im Rahmen der Effektivitätsrechnungen zu lösen:

2.1. Die weitere Qualifizierung der ökonomischen Anforderungen an die Auswahl und Realisierung von Neuerungsprozessen

Bei der Auswahl der Richtungen und Aufgaben zur Erneuerung der Produktion und ihrer Realisierung wird von folgenden volkswirtschaftlichen Maßstäben ausgegangen:

- Der Anteil der Produktion neuer Erzeugnisse am Export muß größer sein als die Exportquote der Warenproduktion insgesamt.
- Der Anteil von Erzeugnissen mit dem Gütezeichen „Q“ an der Neuproduktion muß wesentlich schneller wachsen als die Entwicklung der Produktion.
  Bei gestaltungswichtigen Erzeugnissen ist für die Bewertung auch das Prädikat „Gestalterische Spitzenleistung“ mit hinzuzuziehen.
- Die Kostensenkung der Neuproduktion muß in jedem Kombinat wesentlich die durchschnittliche Kostensenkung übertreffen.

Analytische Untersuchungen in ausgewählten Kombinaten zeigen, daß große Anstrengungen unternommen werden, um den Erneuerungsgrad der Produktion zu erhöhen, um damit den genannten normativen Anforderungen zu entsprechen.

Ein Schwerpunkt der Arbeit besteht vor allem darin, mit dem höheren Grad der Erneuerung Fortschritte in der ökonomischen Wirksamkeit zu erzielen. Dabei hat sich bewährt, die genannten normativen Anforderungen durch spezifische Anforderungen für Hauptrichtungen des wissenschaftlich-technischen Fortschritts zu untersetzen.

Die bisherigen Erfahrungen aus der Arbeit bei der Realisieurng von automatisierten Fertigungsabschnitten in Kombinaten der metallverarbeitenden Industrie und international realisierte Automatisierungslösungen zeigen, daß mit der Automatisierung prinzipiell neue und weitreichende Möglichkeiten der Steigerung der Arbeitsproduktivität und Effektivität wirksam gemacht werden können.

Um das Niveau internationaler Spitzenwerte bei der Produktivitätssteigerung, bei der Exportrentabilität der Erzeugnisse und bei der Senkung des Produktionsverbrauchs zu erreichen, sind – ausgehend von den wachsenden Leistungsanforderungen und Rentabilitätsbedingungen – entsprechend hohe Effektivitätsanforderungen an Automatisierungsvorhaben zu stellen. Sie müßten mit konkreten Zahlen solche Forderungen beinhalten, wie zum Beispiel:

- Steigerung der Arbeitsproduktivität um das mehrfache;
- hohe Leistungssteigerung pro 1 TM einmaligen Aufwandes (Investquote);
- kurze Rückflußdauer der einmaligen Aufwendungen;
- hohe zeitliche Auslastung der automatisierten Anlagen;
- kurzer Realisierungszeitraum des Vorhabens;
- niedriger Bauanteil am Gesamtvolumen der Investitionen;
- hohe Einsparung an Arbeitsplätzen, Material und spezifischen Energieverbrauch;
- erhebliche Senkung der Selbstkosten.

2.2. Breitere und wirksamere Anwendung von Leistungs- und Effektivitätsrechnungen bei der Auswahl der effektivsten Varianten der Erneuerung

Eine Hauptrichtung für die Weiterentwicklung der Leistungs- und Effektivitätsmessung besteht darin, die aufgaben- und erzeugnisbezogenen Effektivitätsrechnungen wirksamer zu gestalten. Solche Rechnungen werden in zunehmendem Maße für ausgewählte Vorhaben, Erzeugnisse und Technologien durchgeführt. Sie ergänzen in der zentralen staatlichen Planung die kombinatsbezogene Arbeit und heben sie auf eine neue Stufe.

Diese Rechnungen unterstützen vor allem die Lösung solcher Aufgaben, wie die Herstellung einer effektiveren Produktions- und Exportstruktur, die Lösung von Aufgaben der Materialsubstitution und Veredlung, die effektive Durchsetzung neuer Schlüsseltechnologien und die wesentliche Erhöhung des Erneuerungsgrades der Erzeugnisse bei Sicherung einer hohen ökonomischen Wirksamkeit.

Die aufgaben- und erzeugnisbezogenen Effektivitätsrechnungen erfordern einen höheren Konkretheitsgrad in den Untersuchungen, eine enge Verbindung zwischen Effektivitätsrechnungen und Bilanzierung und stellen höhere Anforderungen an eine rationelle Gestaltung der Informationsbasis.

Erfahrungen aus der Wirtschaftspraxis bezeugen, daß dort die besten Ergebnisse erreicht werden, wo

- durch die Kombinate gemeinsam mit wissenschaftlichen Einrichtungen die Hauptkomplexe der wissenschaftlich-technischen Entwicklung für den kommenden Fünfjahrplan erarbeitet, die Strategie zur Veredlung von Erzeugnissen mit den Veredlungskonzeptionen ausgearbeitet werden und die Umsetzung der Strategie beschleunigt wird;
- das Tempo der Produktion und des Exports durch intensivere Nutzung des Forschungs- und Entwicklungspotentials und der erforderlichen Fertigungskapazitäten beschleunigt wird;
- die notwendigen Kooperationsleistungen und Zulieferungen mit den zuständigen Partnern rechtzeitig vorbereitet und auf technisch-ökonomisch hohem Niveau gesichert werden.

Mit der bereits beschlossenen ökonomischen Gesamtrechnung für Forschungs- und Entwicklungsaufgaben werden Aufwand und Ergebnis wissenschaftlich-technischer Arbeiten mit dem ökonomischen Kreislauf des gesamten Kombinates und des Zweiges verbunden.

Im einzelnen ist das in der Anordnung über die ökonomische Gesamtrechnung, GBl. 1983 Teil 1 Nr. 36, veröffentlicht. Auf der Grundlage dieser Bestimmungen ist die ökonomische Gesamtrechnung zu einem wichtigen Instrument für die Volkswirtschaft insgesamt weiter zu entwickeln und in der Planung noch stärker zu nutzen.

3. Die Herstellung einer neuen Stufe in den Beziehungen zwischen Effektivität, Proportionalität und Struktur mit Hilfe der Bilanzierung, insbesondere der Verflechtungsbilanzierung

Eine bedeutsame Richtung zur weiteren Vervollkommnung von Effektivitätsermittlungen besteht darin, engere Beziehungen zwischen Effektivitätsrechnungen und der Bilanzierung herzustellen.

Auf der einen Seite ist es notwendig, bei den Bilanzentscheidungen verstärkt von den Kriterien zur Effektivitätssteigerung auszugehen. Auf der anderen Seite sind die Möglichkeiten der Bilanzierung, insbesondere der Verflechtungsbilanzierung, voll für die Qualifizierung der Effektivitätsrechnungen zu nutzen.

In der zentralen staatlichen Planung gilt dies besonders für die Anwendung der Natural-Wert-Verflechtungsbilanz. Für die wachsende Bedeutung der planmäßigen Beherrschung der volkswirtschaftlichen Verflechtungen hinsichtlich der Erhöhung der Effektivität möchte ich drei Gründe nennen:

Erstens: Unter den Bedingungen der intensiv erweiterten Reproduktion wird der Einfluß des wissenschaftlich-technischen Fortschritts auf die Struktur und Dynamik der Verflechtungsbeziehungen immer direkter und bestimmender. Über die materiellen Verflechtungen werden zunehmend die Ergebnisse von Wissenschaft und Technik, die neuen Erzeugnisse und Technologien wirksam, sowohl hinsichtlich des Tempos, der volkswirtschaftlichen Ausbreitung und der ökonomischen Effektivität.

Vor allem Substitutionsprozesse, wie zum Beispiel die Heizölablösung sowie die Neuerungsprozesse, rücken neue Verflechtungsbeziehungen stärker in den Vordergrund. Das gilt insbesondere für solche modernen Technologien wie Mikroelektronik, Robotertechnik, Veredlungschemie, Veredlungsmetallurgie und Biotechnologie. Diese Prozesse und die Existenz leistungsstarker Kombinate mit relativ geschlossenem Reproduktionskreislauf und deren Verantwortung drängt vorwiegend die zwischenzweiglichen Verflechungsbeziehungen in das Zentrum der zentralen staatlichen Planung.

Von ihrer planmäßigen Beherrschung durch die Planung und die Ministerien hängt wesentlich das Tempo der gesamten Reproduktion und der Zeitgewinn bei der Durchsetzung des wissenschaftlich-technischen Fortschritts ab.

Damit stellt der intensive Reproduktionstyp neue, höhere Anforderungen an die Beherrschung der Verflechtungsbilanzierung auf allen Ebenen, vor allem auf der Ebene der zentralen staatlichen Planung. Die zwischenzweiglichen Beziehungen nehmen mit wachsender innerer und internationaler Arbeitsteilung nicht nur an Umfang, sondern vor allem an Kompliziertheit zu.

Es zeigt sich immer mehr, daß die Beherrschung dieser Verflechtungen zunehmend von Bedeutung ist für die Kontinuität und Effektivität des volkswirtschaftlichen Reproduktionsprozesses insgesamt. Sie erst bringt den Nutzeffekt der Kombinatsbildung voll zur Wirkung. Mit der Existenz leistungsstarker Kombinate wächst die Verantwortung der zentralen staatlichen Leitung und Planung für die Beherrschung der volkswirtschaftlichen Verflechtungen.

Zweitens: Für die Volkswirtschaft der DDR und die Effektivität des Reproduktionsprozesses ist das flexible Reagieren auf neue, innere und äußere Markterfordernisse mit neuen Erzeugnissen und Technologien eine entscheidende Aufgabe. Die damit verbundene Umgestaltung unserer Produktions- und Exportstruktur bringt nicht nur neue Verflechtungsbeziehungen hervor, sondern der Zeitfaktor, das schnellere und bessere Beherrschen der neuen Kooperationsbeziehungen, wird selbst zu einem Effektivitätsfaktor. Rechzeitig auf dem Markt zu erscheinen, vor der Konkurrenz, das entscheidet wesentlich über die Effektivität des Außenhandels.

Da dieser Prozeß der Strukturentwicklung sich vor allem erzeugniskonkret vollzieht, nehmen die materiellen Verflechtungen und damit die erzeugnisbezogene Planung und Bilanzierung an Bedeutung zu. Bessere Beherrschung volkswirtschaftlicher Verflechtungen bedeutet unter diesem Blickwinkel vor allem Qualifizierung der erzeugniskonkreten Arbeit. Das macht neue Überlegungen zur Gestaltung des Bilanzsystems und zur Wahrnehmung der volkswirtschaftlichen Verantwortung durch die Kombinate erforderlich.

Drittens: Die Sicherung eines dynamischen Wirtschaftswachstums bei geringstem Brennstoff-, Rohstoff- und Materialeinsatz stellt an die Materialökonomie und die höhere Veredlung höchste Anforderungen. Entscheidende Effektivitätsparameter müssen über die Senkung des Produktionsverbrauchs und damit qualitativ und quantitativ über neue Verflechtungen realisiert werden. Damit wird die Einheit von Proportionalität und Effektivität, von materiellen und finanziellen Prozessen immer enger. Die Normen und Normative, die die Verflechtungsbeziehungen auf Basis von notwendigen hohen Effektivitätsanforderungen charakterisieren, gewinnen deshalb sicher an Bedeutung. Die bessere Beherrschung der volkswirtschaftlichen Verflechtungen muß deshalb in unserer Arbeit immer mit dem inhaltlichen Ziel bearbeitet werden, das Verhältnis von Aufwand und Ergebnis zu verbessern, weil das eine wichtige Grundlage des weiteren Wachstums der Volkswirtschaft überhaupt ist.

Mit der Wahrnehmung der in den 3 Punkten genannten Verantwortung wird die Staatliche Plankommission den Anforderungen besser gerecht, die der X. Parteitag der SED an die Qualifizierung der Arbeit der Staatlichen Plankommission stellte, nämlich die Beherrschung der volkswirtschaftlichen Verflechtung und Bilanzierung und die Berechnung und Beeinflussung des Verhältnisses von Aufwand und Ergebnis.[3]

In den letzten Jahren wurden Fortschritte bei der Anwendung von Verflechtungsbilanzen erreicht. Das gilt für die aggregierten Verflechtungsbilanzen ebenso wie für die Teilverflechtungsbilanzen.

Im Zentrum der Arbeiten zur besseren Beherrschung der volkswirtschaftlichen Verflechtungen in der Staatlichen Plankommission stand in den letzten Jahren die Natural-Wert-Verflechtungsbilanz. (NWVB). Sie wurde schrittweise zum zentralen Verflechtungsmodell in der Staatlichen Plankommission entwickelt. Diese Bilanz umfaßt eine Größenordnung von etwa 600 Bilanzpositionen. Sie ist zugleich nach 16 Wirtschaftsorganen gegliedert, die damit die Struktur nach Ministerien direkt erfaßt.

Was wird mit der Natural-Wert-Verflechtungsbilanz berechnet und was liegt vor:

1. Der Nachweis, inwieweit Kennziffern wie Warenproduktion, Endprodukt in den Ministerien erzeugniskonkret untersetzt sind. Das ist für die Beurteilung der Realität der Pläne von großer Bedeutung.
2. Berechnungen zum vollen Materialaufwand an 600 Positionen für die Produktion der Erzeugnisse über alle Produktionsstufen. Außerdem wird der volle Importaufwand über alle Produktionsstufen, getrennt nach SW und NSW, und der volle Aufwand an Primärenergie über alle Stufen ermittelt.
3. Berechnet wird der Veredlungsgrad der Produktion in den einzelnen Bereichen und von Erzeugnissen in der 600er Nomenklatur. Ausgedrückt wird der Veredlungsgrad durch das Verhältnis Endprodukt zu eingesetzten Roh- und Werkstoffen und Energieträgern.
4. Rechnungen zur Endverwendung wichtiger Materialpositionen, so zum Beispiel zur Endverwendung des Importes.

5. Der Ausweis der Kennziffern der Hauptverflechtungen für 370 Erzeugnispositionen zu den jeweils zwei vor- und nachgelagerten Produktionsstufen.

Da die NWVB über EDVA berechnet wird, ist es heute eine realisierbare Aufgabe, in der Phase der Planvorbereitung Variantenrechnungen nach Produktionsstrukturen durchzuführen, um so von vornherein die volkswirtschaftliche Verflechtung unter dem Gesichtswinkel höchster Effektivität der staatlichen Leitung zugrunde zu legen. Vor allem die Berechnung des vollen volkswirtschaftlichen Aufwandes gestattet die Übersicht über alle Aufwendungen, die in allen aufeinander folgenden Produktionsstufen benötigt werden. Das ist entscheidend zur Beurteilung der volkswirtschaftlichen Zusammenhänge bei Aufwand und Ergebnis.
Hinsichtlich des Veredlungsgrades sind offensichtlich noch Reserven vorhanden. Das beweist auch die Tatsache, daß der Veredlungsgrad außerordentlich differenziert ist.

In der weiteren Arbeit sind vor allem folgende 3 Aufgaben zu lösen:

1. Um die Proportionalität des Reproduktionsprozesses und wachsende volkswirtschaftliche Effektivität zu gewährleisten, muß eine höhere Abgestimmtheit der Bilanzen untereinander erreicht werden. Das gilt sowohl für die zusammenfassenden volkswirtschaftlichen Bilanzen wie auch die Material-, Ausrüstungs- und Konsumtionsgüterbilanzen untereinander sowie die Beziehungen zwischen diesen Bilanzen.

2. Es besteht die Aufgabe, die Effektivitätsziele der Volkswirtschaft insgesamt wie auch die der Ministerien, Kombinate und Betriebe sowie die Effektivitätsmaßstäbe für komplexe wissenschaftlich-technische und ökonomische Aufgaben stärker aus den objektiv für die DDR möglichen und notwendigen innen- und außenpolitischen Bedingungen abzuleiten. Entscheidender Ausgangspunkt der Effektivitätsziele sind also die volkswirtschaftliche Gesamtrechnung und volkswirtschaftliche Verflechtungsrechnungen. Damit ist die effektivitätsbestimmende Funktion der Bilanzierung künftig stärker auszuprägen. Das erfordert, die sich aus der Anwendung von Verflechtungsbilanzen ergebenden neuen Möglichkeiten der Verbindung von Bilanzierung, volkswirtschaftlicher Analyse und Effektivitätsrechnungen stärker im realen Planungsprozeß zu nutzen. Ihre aktive Funktion – volkswirtschaftliche Effektivitätsparameter in bilanzierte materielle Strukturen umzusetzen – ist eine entscheidende Aufgabe wissenschaftlicher Arbeit und praktischer Planungstätigkeit auf allen Leitungsebenen.

3. Schließlich besteht die Aufgabe, die Bilanzierung insgesamt noch operativer, flexibler und dabei rationeller zu gestalten. Das erfordert, aufbauend auf den bereits umfangreichen Arbeiten, die guten Erfahrungen zu verallgemeinern. Erforderlich sind weitere Schritte zur durchgehenden EDV-gerechten Gestaltung des Bilanzierungsprozesses, der Normenarbeit, zur Durchsetzung geschaffener Regelungen auf diesem Gebiet bis hin zur Einordnung von Verflechtungsrechnungen in den operativen Bilanzierungs- und Entscheidungsprozeß.

4. Die umfassendere und wirksamere Anwendung von Leistungsvergleichen

Nach dem X. Parteitag der SED wurde unter Führung unserer Partei durch die Betriebe, Kombinate, Staats- und wirtschaftsleitenden Organe der Leistungsvergleich in enger Zusammenarbeit mit den Gewerkschaften und anderen gesellschaftlichen Organisationen immer wirksamer für die Verwirklichung der ökonomischen Strategie, für die umfassende Intensivierung und die damit erreichbaren Leistungs- und Effektivitätssteigerungen genutzt.

Wir können heute feststellen, daß der Leistungsvergleich zur bewährten Methode der sozialistischen Wirtschaftsführung in Verbindung mit dem sozialistischen Wettbewerb gehört. Erich Honecker hat in der Beratung mit den 1. Kreissekretären im Jahre 1982 den Leistungsvergleich als grundlegende Methode der politischen Führung ökonomischer Prozesse charakterisiert und zugleich demonstriert, wie er praktisch geführt werden kann. Das Zentralkomitee der SED führt seit 1980 unter Leitung von Günter Mittag seminaristische Beratungen und Erfahrungsaustausche mit den Generaldirektoren der Kombinate und den Parteiorganisatoren des ZK durch. Es gibt heute wohl kaum einen Bereich unserer Volkswirtschaft und unseres gesellschaftlichen Lebens insgesamt, in dem keine Leistungsvergleiche durchgeführt werden, wo es nicht hervorragende Ergebnisse mit Leistungsvergleichen gibt.

Es ist ein Wesenszug sozialistischer Produktionsverhältnisse über die Grenzen von Betrieben, Zweigen, Kreisen hinaus, beginnend bei den Arbeitskollektiven, kameradschaftlich und ehrlich die Leistungen zu vergleichen und Erfahrungen besser Arbeitender zu übernehmen, sie als Maßstab der eigenen Arbeit zugrunde zu legen.

So war es nur folgerichtig, daß die Vorbereitung, Durchführung und Auswertung von Leistungsvergleichen bis zur Planwirksamkeit als Bestandteil der Planungsordnung 1986 bis 1990 verbindlich geregelt wurde.

Im Rahmen der zentralen staatlichen Planung werden Leistungsvergleiche nach Kombinaten als auch nach territorialen Einheiten (Kreisen) durchgeführt. Ihre Ergebnisse werden für die Analyse und als Grundlage für die Planausarbeitung genutzt. EDV-Projekte sind dabei für die Rationalisierung der Arbeiten als auch für vertiefende Aussagen eine wesentliche Hilfe, da es in der Regel um die Bewältigung eines umfangreichen Datenmaterials geht. Es wurde das EDV-Projekt Komplexe Leistungs- und Effektivitätsrechnungen entwickelt, das in der jetzigen Ausbaustufe ein Auswertungsprogramm zur Unterstützung der Leistungsvergleiche von Kombinaten beinhaltet. Voraussetzung ist ein einheitlicher Datensatz langfristiger vergleichbarer Zeitreihen der wesentlichsten Kennziffern. Inzwischen verfügen wir seit 1975 über struktur- und preisvergleichbare Zeitreihen nach Kombinaten für volkswirtschaftlich wichtige Kennziffern. Das gestattet einen tiefen Einblick in strukturelle Probleme sowie in meßbare Leistungsreserven.

Die bisher durchgeführten Leistungsvergleiche, ob in den Kombinaten zwischen den Betrieben, zwischen den Kombinaten eines Ministeriums, in und zwischen den Kreisen, zwischen den Arbeitskollektiven der Betriebe und die vielen anderen konkreten Anwendungsformen, auch die in der zentralen Planung selbst durchgeführten Kombinatsvergleiche, zeigen immer wieder, daß es nach wie vor erhebliche, nicht gerechtfertigte Leistungsunterschiede gibt, die nicht übersehen werden dürfen. Das gilt auch unter Berücksichtigung teilweise vorhandener unterschiedlicher Bedingungen, die niemand negiert, die aber auch nicht als Argument gegen die Nutzbarmachung von Effektivitätsreserven genommen werden können. Es besteht also aller Anlaß, den Leistungsvergleich verstärkt fortzuführen, ihn noch wirksamer gerade für die Verwirklichung der neuen Etappe der Intensivierung zu nutzen, das heißt, für die Leistungs- und Effektivitätssteigerung in unserer Volkswirtschaft voll zum Tragen zu bringen.

Zunehmend werden Leistungsvergleiche auch international durchgeführt. Als eine Hauptform entwickelt sich der Leistungsvergleich über den Aufwand bei der Produktion von analogen Erzeugnissen der UdSSR und der DDR. Es handelt sich hierbei um ein neues Gebiet der wissenschaftlich-technischen und ökonomischen Zusammenarbeit zwischen der UdSSR und der DDR, das künftig breit entwickelt werden muß. 1984 wurden bereits erfolgreich Leistungsvergleiche bei etwa 30 Erzeugnisarten durchgeführt mit zum Teil beachtlichen Ergebnissen zum beiderseitigen Vorteil. Im Ergebnis dieser Arbeiten wurden von den zuständigen Kombinaten und Ministerien konkrete Schlußfolgerungen und Maßnahmen zur Erhöhung der Effektivität vorgeschlagen und befinden sich in der Realisierung.

Die von den betreffenden Kombinaten durchzuführenden Leistungsvergleiche haben das Ziel der Aufdekkung und Erschließung von Reserven zur weiteren Intensivierung der Produktion in beiden Ländern zur Erhöhung der Effektivität, der Ausnutzung und Einsparung von Material-, Brennstoff-, Energie- und Arbeitszeitressourcen.

So ergab zum Beispiel der Vergleich von Metall-Leichtbaukonstruktionen, daß die DDR hier mehr Walzstahl einsetzt und mehr Arbeitszeit benötigt als die UdSSR. Zur Reduzierung des Walzstahleinsatzes wird die DDR geeignetere Profilbleche sowie Baustahl höherer Qualität einsetzen. Die UdSSR übernimmt eine von der DDR vorgeschlagene Tragkonstruktion und spart damit Abdeckmaterial ein. Also beide Seiten profitieren vom Leistungsvergleich. Zur Realisierung dieser Aufgabe wurde deshalb der Austausch von Projektanten und Fertigungstechnologen vereinbart.

Bei Erzeugnissen der metallverarbeitenden Industrie geht es um den Vergleich der

- technischen Hauptparameter;
- Konstruktions- und Gestaltungsprinzipien;
- Kennziffern des Werkstoffverbrauchs;
- Kennziffern der Werkstoffausnutzung;
- Gewichtscharakteristika der Vergleichserzeugnisse.

Selbstverständlich treten wie bei allen Leistungsvergleichen auch bei den hier genannten internationalen Vergleichen methodische Probleme auf. Die bisherigen Erfahrungen, die in ersten methodischen Hinweisen ihren Niederschlag gefunden haben, zeigen, daß es praktikable Lösungsvorschläge gibt, die weiter auszubauen sind. Zu den wichtigsten verallgemeinerungswürdigen Erfahrungen mit Leistungsvergleichen gehört, von solchen Maßstäben der umfassenden Intensivierung auszugehen, wie sie von unserer Partei beschlossen wurden. Sie stellen wesentlich höhere Ansprüche vor allem auch an die ökonomischen Ergebnisse von Wissenschaft und Technik. Dabei sollten wir ein Wort Erich Honeckers beachten, daß es bei den Ergebnissen von Leistungsvergleichen um statistische Effekte zu allerletzt geht!

Zusammenfassend müssen für die Weiterführung der Leistungsvergleiche vor allem folgende Anforderungen in den Mittelpunkt gestellt werden:

1. Ausgehend von vielen vorhandenen Beispielen ist der Leistungsvergleich noch breiter und umfassender für die Realisierung und Überbietung der Planaufgaben des Jahres 1985 zu nutzen.

2. Zwingend notwendig ist, konsequent von allen 4 Hauptkennziffern der Leistungsbewertung auszugehen, da sie die entscheidenden volkswirtschaftlichen Anforderungen der Gesellschaft an die Kombinate, Betriebe, Städte und Gemeinden zusammenfassend zum Ausdruck bringen.

3. Noch überzeugender ist herauszuarbeiten, wie und unter welchen Bedingungen der Vergleichspartner eine bessere Leistung, ein günstigeres Verhältnis von Aufwand und Ergebnis erreicht hat, um daraus abgeleitet wirksame Maßnahmen zur Erschließung von Leistungsreserven zu ergreifen. Analyse und konkrete Führungsentscheidungen sind Bestandteil und Konsequenz von Leistungsvergleichen.

4. Häufig werden Ergebnisse und Vorschläge von Leistungsvergleichen nicht bzw. nur ungenügend plan- und bilanzwirksam, führen nicht wirklich zu Veränderungen; deshalb ist es am effektivsten, die Ergebnisse und Vorschläge von vornherein in die Vorbereitung, Beratung und Durchführung der Pläne, angefangen bei der Arbeitsbrigade, dem Forscherkollektiv, dem Neuereraktiv usw., einzubeziehen.

5. Noch umfassender ist der Erfahrungsaustausch zur Vorbereitung und Durchführung von Leistungsvergleichen selbst zu organisieren. Es sind die vielen positiven Beispiele erfolgreicher Leistungsvergleiche noch breiter zu propagieren und für die Organisierung eigener Leistungsvergleiche zu nutzen.

5. Die wirksamere Ausrichtung der Leistungsbewertung und wirtschaftlichen Rechnungsführung auf die umfassende Intensivierung

Auf der 9. Tagung des ZK der SED wies Erich Honecker im Zusammenhang mit der Einführung der Kennziffern der Leistungsbewertung darauf hin, daß das bereits sehr günstig auf die Produktion wirkt. Gleichzeitig betonte er, daß auf diesem Gebiet weitergearbeitet werden muß. Ich möchte in 4 Punkten die Grundrichtung unseres Beitrages zur weiteren Arbeit auf diesem Gebiet hier darlegen:

5.1. Die weitere Ausrichtung der Leistungsbewertung auf die Bedingungen der umfassenden Intensivierung

Zur stärkeren Ausrichtung von Leitung, Planung und wirtschaftlicher Rechnungsführung auf die Bedingungen der umfassenden Intensivierung wird in der Anordnung über die weitere Qualifizierung der Leistungsbewertung der Kombinate und Betriebe vom 8.4.1983 die Aufgabe gestellt, die Hauptkennziffern

- Nettoproduktion;
- Nettogewinn;
- Erzeugnisse und Leistungen für die Bevölkerung sowie
- Export

im Komplex zur Beurteilung der Leistungen der Kombinate und Betriebe bei der Ausarbeitung und Durchführung der Pläne anzuwenden. Durchgeführte Untersuchungen in Betrieben, Kombinaten und wirtschaftsleitenden Organen zeigen, daß diese Aufgabe unterschiedlich aufgefaßt und verwirklicht wird. Echte Fortschritte in der ökonomischen Wirksamkeit dieser 4 Hauptkennziffern der Leistungsbewertung erfordern, die ökonomischen Beziehungen zwischen diesen Kennziffern und die sie verbindenden Kategorien des Reproduktionsprozesses wie Materialverbrauch, Produktionsverbrauch, Kosten und Bestandsveränderungen sichtbar zu machen und in die Bewertung der Leistungen einzubeziehen. Es geht bei der umfassenden Intensivierung darum, daß alle Intensivierungsfaktoren in der gleichen Richtung wachsender Effektivität wirken und nicht positive Ergebnisse eines Intensivierungsfaktors durch negative eines anderen aufgehoben werden. Also muß man sie im Zusammenhang mit der aktiven Einwirkung auf die Effektivität des Reproduktionsprozesses auch im einzelnen sichtbar machen, ihre Entwicklung analysieren und Maßnahmen zur positiven Veränderung durchsetzen.

Es ist also die Aufgabe gestellt, die komplexe Wirkung solcher Hauptkennziffern wie Nettoproduktion und Gewinn voll für die Orientierung der Wirtschaftseinheiten auf umfassende Intensivierung zu nutzen. Es ist eine analytische Durchdringung der Hauptkennziffern in der Planausarbeitung und Plandurchführung erforderlich. Deshalb wurde vom Ökonomischen Forschungsinstitut der Staatlichen Plankommission ein Vorschlag zur Faktorenanalyse der Nettoproduktion und des Nettogewinns ausgearbeitet. Die Faktorenanalyse gestattet nicht nur, den Einfluß einzelner Intensivierungsfaktoren auf die Leistungsentwicklung differenziert zu erfassen. Sie stellt zugleich den komplexeren Zusammenhang zwischen den Grundgrößen des Reproduktionsprozesses wie Produktion, Produktionsverbrauch, Kosten, Gewinn und Absatztätigkeit und den Hauptkennziffern der Leistungsbewertung, Nettoproduktion, Gewinn und Export her. Die Faktorenanalyse ist also ein wichtiges Instrument zur Erhöhung des qualitativen Niveaus der Planung und der komplexen Bewertung und Leitung der Kombinate und Betriebe.

Dabei wird davon ausgegangen, daß zwei Hauptfaktoren in ihrem Zusammenwirken den Grad der Planerfüllung bzw. Entwicklung dieser Hauptkennziffern entscheidend bestimmen. Das sind erstens die Veränderung des Produktionsvolumens und zweitens die Ergebnisse der Intensivierung insbesondere bei der Senkung des Produktionsverbrauchs und der Kosten. Dabei werden sowohl die Wirkung aus der Entwicklung der Warenproduktion auf Nettoproduktion bzw. Nettogewinn ermittelt als auch die Effekte aus der Senkung des Produktionsverbrauchs, der Kosten, des Exportergebnisses, der Exportrentabilität und der Nutzung der produktiven Fonds.

Erstmals wurden im Oktober 1984 die Faktorenanalysen Nettoproduktion und Nettogewinn bei der Beurteilung der Planentwürfe 1985 angewandt. Dabei konnte überzeugend nachgewiesen werden,

- daß die Faktorenanalyse ein notwendiges und praktikables Instrument zur komplexen Beurteilung der geplanten Leistungsentwicklung für die Nettoproduktion und des Nettogewinns sowie die damit verbundenen Intensivierungsprozesse auf dem Gebiet Produktionsverbrauch und Kosten darstellen,
- daß mit den Faktorenanalysen exakt begründete quantitative und qualitative Aussagen über die Zusammenhänge, die Entwicklung und über bestimmte Reserven bei Produktion, Kosten und Gewinn möglich sind, die aus den bisher zur Verfügung stehenden Planungsunterlagen nicht sichtbar waren.

Auch für die Beurteilung der Planentwürfe 1986 ist die Nutzung der Faktorenanalysen vorgesehen.

Den Ministerien wurden entsprechende Arbeitshinweise übergeben und die Anwendung der Faktorenanalysen in den Industriebereichen im Planungsprozeß und bei der Analyse der Planerfüllung empfohlen.

5.2. Umsetzung der Kennziffern der Leistungsbewertung in konkrete, anspruchsvolle Aufgaben der Arbeitskollektive

Für die konsequente Orientierung von Planung und wirtschaftlicher Rechnungsführung auf die Erfordernisse der umfassenden Intensivierung spielt die innerbetriebliche Umsetzung der 4 Hauptkennziffern in konkrete anspruchsvolle Aufgabenstellungen für die Arbeitskollektive und die einzelnen Werktätigen eine große Rolle. Diese Umsetzung der gesamtvolkswirtschaftlichen Anforderungen in gezielte innerbetriebliche Aufgaben ist ein entscheidendes Kettenglied zur Sicherung des weiteren dynamischen Wachstums der Volkswirtschaft und der Erhöhung der Effektivität. Analysen haben gezeigt, daß in der Regel eine direkte Aufschlüsselung der Hauptkennziffern der Leistungsbewertung auf einzelne Arbeitskollektive keine Aussagen bringt und deshalb die Arbeitskollektive nicht mobilisieren kann. Das ergibt sich daraus, daß die Hauptkennziffern der Leistungsbewertung, wie die Nettoproduktion, der Nettogewinn und die auf der Warenproduktion beruhenden Kennziffern Erzeugnisse und Leistungen für die Bevölkerung, Kategorien der Betriebs- und Kombinatsebene, aber keine innerbetrieblichen Kategorien sind.

Als grundlegende Form der Umsetzung der Hauptkennziffern der Leistungsbewertung in Aufgabenstellungen für die einzelnen Arbeitskollektive müssen daher Volumens-, Natural- und Wertkennziffern angesehen werden, die in direktem, leicht überschaubarem Bezug zur täglichen Arbeitsaufgabe bzw. -leistung stehen.

Das sind solche Angaben wie Mengeneinheiten, Stückzahl, produktiver Arbeitszeitfonds, Normerfüllung, Qualitätsparameter, Senkung der ANG-Kosten usw., die alle mittelbar den Beitrag des Arbeitskollektivs zur Erfüllung der Hauptkennziffern des Betriebes zum Ausdruck bringen.

Eine weitere wichtige Erfahrung bei der Umsetzung der Hauptkennziffern der Leistungsbewertung ist darin zu sehen, daß die spezifischen Bedingungen sowohl der einzelnen Industriezweige als auch der Technologie sowie des Grades der gesellschaftlichen Arbeitsteilung, der Betriebsgröße und der Organisationsform bei der Umsetzung der Hauptkennziffern in innerbetriebliche Aufgabenstellungen berücksichtigt werden müssen.

Die Analyse der in den untersuchten Betrieben angewandten Detailkennziffern erlaubt die Herausarbeitung einer Reihe wichtiger Grundsätze bzw. Prinzipien für die Ableitung solcher Kennziffern, deren Anwendung entscheidend für die Entwicklung einer hohen Leistungsmotivation der Werktätigen ist.

Als solche Prinzipien, die bei der Auswahl der Kennziffern zugrunde zu legen sind, können formuliert werden:

- Jedem Kollektiv und Werktätigen muß der Zusammenhang zwischen der kollektiven und persönlichen Arbeitsleistung und der Planaufgaben des Betriebes, wie sie in den Hauptkennziffern der Leistungsbewertung ihren Ausdruck finden, klar und verständlich sein.
- Das Arbeitskollektiv und der einzelne Werktätige müssen einen unmittelbaren Einfluß auf die vorgegebenen Kennziffern nehmen können. Sie müssen für den spezifischen Anteil des Kollektivs und, wenn möglich, für den einzelnen Werktätigen abrechenbar sein.
- Die für das Arbeitskollektiv vorzugebenden Kennziffern müssen einfach, überschaubar und vergleichbar mit den Plan- und Abrechnungsgrößen für benachbarte Arbeitskollektive sein.
- An die spezifischen Leistungskennziffern des Arbeitskollektivs muß unmittelbar die moralische und materielle Stimulierung gebunden werden können.
- Dem Arbeitskollektiv und dem einzelnen Werktätigen muß der wertmäßige Beitrag seiner Arbeitsleistung und des von ihm beeinflußten Materialverbrauchs zu den entsprechenden Gesamtgrößen des Betriebes, wie Warenproduktion, Materialkosten, Reklamationsquoten usw., bekannt sein.
- Die Leistungskennziffern der Arbeitskollektive müssen frei von Widersprüchen sein, sich nahtlos aus dem Gesamtplan bzw. der Abrechnung des Betriebes ableiten lassen. Die Anzahl der Kennziffern muß überschaubar und in Planung, Wettbewerbsführung und Abrechnung beherrschbar sein.
- Die Summe oder die Zusammenfassung der Leistungskennziffern der Arbeitskollektive muß abrechenbar und vollständig die Anforderungen der Hauptkennziffern der Leistungsbewertung für den gesamten Betrieb untersetzen.

Bei den entsprechenden innerbetrieblich angewandten Instrumenten der Leitung, Planung und ökonomischen Stimulierung wie Haushaltsbuch, Leistungsvergleich, spezifische Wettbewerbsformen, individuelle Verantwortlichkeit der Leitungskader für die Erfüllung einzelner Plankennziffern, Anwendung der moralischen und materiellen Stimulierung usw. müssen diese Prinzipien durchgesetzt werden.

Bei den durchgeführten Untersuchungen wurde deutlich, daß in fast allen Betrieben die Aufgabe der Umsetzung der volkswirtschaftlichen Zielstellungen für die zu mobilisierenden innerbetrieblichen Aufgaben in ihrer ganzen Tragweite richtig erkannt wird.

Angefangen von den Kombinatsleitungen bis in den einzelnen Betrieb und Betriebsteil werden große Anstrengungen unternommen, um durch klare, anspruchsvolle Zielstellungen die Arbeitskollektive auf die volle Realisierung der betrieblichen und volkswirtschaftlichen Zielstellungen zu orientieren.

5.3. Die wirksamere Einbeziehung der Ergebnisse aus der Exporttätigkeit

Die weitere Durchsetzung der ökonomischen Strategie der SED auf dem Gebiet der Außenwirtschaftstätigkeit erfordert, daß die Kombinate und Betriebe stärker daran interessiert werden, die Exportproduktion bei gleichzeitiger Erhöhung der Exporteffektivität zu steigern. Dieser Frage wurde mit dem Beschluß des Politbüros des ZK der SED vom 15.2.1983 über Maßnahmen zur Vervollkommnung der Leitung, Planung und wirtschaftlichen Rechnungsführung große Bedeutung beigemessen. Das betrifft sowohl die Erhöhung der Rolle des Gewinns als auch die Aufgaben zur Qualifizierung der Regelungen für die Bildung der Fonds der ökonomischen Stimulierung.

Mit den Hauptkennziffern der Leistungsbewertung kommen die Leistungen, die die Kombinate und Betriebe für den Export realisieren, besser zum Ausdruck.

Diese Maßnahmen dienen dem Ziel, die ökonomischen Interessen der Kombinate und Betriebe verstärkt auf die Erzielung eines hohen Leistungszuwachses für den Export und die Erhöhung der Exporteffektivität auszurichten.

Für die weitere Verbesserung der Effektivität der Exporte wird es aufgrund der bestehenden außenwirtschaftlichen Bedingungen immer wichtiger, daß von den Betrieben und Kombinaten dauerhafte Lösungen für die Erreichung eines hohen Exportvolumens und einer hohen Exportrentabilität konzipiert und durchgesetzt werden. Diese Aufgabe ist nur zu lösen, wenn wir durchgreifende Veränderungen in Richtung höherer Veredlung der Produktion erzielen. Dabei geht es darum, die Rohstoffe und Materialien besser zu nutzen, neue Gebrauchseigenschaften zu entwickeln. Es geht vor allem auch darum, daß die Veredlung als Faktor der Intensivierung genutzt wird, der zu höherer Effektivität führt, und dies sowohl im Inland als auch beim Export. Das stellt wachsende Ansprüche an die Aufgaben für Wissenschaft und Technik. Hier sind die entscheidenden Grundlagen für die Produktion weltmarktfähiger und exportrentabler Erzeugnisse sowie die Senkung der Aufwendungen für die Exporterzeugnisse zu schaffen.

Von uns durchgeführte Analysen besagen, daß trotz aller erreichten Fortschritte das ökonomische Interesse der Kombinate und Betriebe noch stärker auf die intensiven Faktoren der Ergebnissteigerung aus der Exporttätigkeit auszurichten ist, wie zum Beispiel auf die höhere Veredlung.

Es ist deshalb erforderlich, die weitere Forschungsarbeit auf diesem Gebiet stärker in folgende Richtungen zu konzentrieren:

Erstens auf die Erarbeitung von Lösungsvorschlägen zur besseren Sichtbarmachung der erreichten Exportrentabilität im Rahmen der bei der Leistungsbewertung anzuwendenden qualitativen Kennziffern.

Zweitens auf die Erhöhung des Gewichts der zu erzielenden Exportrentabilität bei der Festlegung von Stimulierungsmaßnahmen.

Drittens auf die Untersuchung von Möglichkeiten der stärkeren ökonomischen Stimulierung von Kombinaten und Betrieben mit hoher Exportquote bei gleichzeitiger hoher Exportrentabilität.

5.4. Die Sicherung der Einheit von Plan, Bilanz und Vertrag als Beitrag zur Durchsetzung der umfassenden Intensivierung

Die umfassende Intensivierung ist unabdingbar verknüpft mit der konsequenten Sicherung der Einheit von Plan, Bilanz und Vertrag.

Die Sicherung der Einheit von Plan, Bilanz und Vertrag dient dem Ziel, die versorgungswirksame, bedarfsgerechte und kontinuierliche Produktion bei effektivstem Ressourceneinsatz zu gewährleisten. Zugleich ist die immer bessere Beherrschung der Einheit von Plan, Bilanz und Vertrag ein wichtiger Faktor des Leistungs- und Effektivitätszuwachses in den Produktions- und Zirkulationsprozessen. Dies gilt besonders für die Lösung der Aufgabe, flexibel auf den jeweiligen Bedarf bei kurzen Produktionszyklen zu reagieren.

Günter Mittag betonte in seiner Rede auf der Wirtschaftswissenschaftlichen Konferenz, daß insbesondere aus der Aufgabe, eine hohe Flexibilität in der Volkswirtschaft zu erreichen, die Forderung resultiert, sowohl in der Planung und Bilanzierung als auch bei der Gestaltung und Realisierung der Wirtschaftsverträge eine größere Beweglichkeit zu erreichen.[4]

Untersuchungen in der Industrie haben sichtbar gemacht, daß es Kombinate gibt, die Vertragsüber- oder -unterbietungen in bezug auf den geplanten Absatz zugelassen haben. Mit der weiteren Qualifizierung der Quartals- und Monatsplanung muß auf die Lösung dieses Problems Einfluß genommen werden, daß Kombinate und Betriebe die Masse ihres Endproduktes nicht erst am Ende des Jahres, am Ende des Quartals bzw. auch in der 3. Dekade des Monats ausliefern. Innerbetrieblich weist das auf Leistungs- und Effektivitätsreserven hin. Zugleich stört das die Kontinuität des Reproduktionsprozesses der Empfänger, belastet volkswirtschaftlich die Bestandshaltung und führt objektiv im Transportwesen zu diskontinuierlichen Abläufen. Hier sind mit der weiteren Durchsetzung der umfassenden Intensivierung Reserven nutzbar zu machen.

Wichtig dafür sind:

a) Weitere Qualifizierung der langfristigen Arbeit der Kombinate, zum Beispiel bei der Bedarfsermittlung, der Ausrichtung der wissenschaftlich-technischen Arbeiten, der Herstellung von Proportionen zwischen Finalproduktion und Zulieferungen, wobei letzteres auch eine Anforderung an die weitere Qualifizierung der zentralen staatlichen Leitung, Planung und Bilanzierung ist.
b) Sicherung eines ausreichenden Vorlaufs in der operativen Produktionsplanung der Betriebe und der Abstimmung der Lieferungen und Leistungen zwischen Zulieferer und Finalproduzent auf dieser Grundlage.
c) Schnelle Reaktionsfähigkeit auf unvorhergesehene Bedarfsänderungen bei gleichzeitiger ungenügender Ausschöpferung der mit den neuen Rechtsvorschriften gegebenen Möglichkeiten der Einflußnahme auf die Verkürzung der Bestell- und Lieferfristen.

Aus den in Betrieben und Kombinaten durchgeführten Analysen lassen sich folgende Schlußfolgerungen ziehen:

1. Die Tätigkeit der Kombinats- und Betriebsleitungen ist konsequent auf die Sicherung der Einheit von Plan, Bilanz und Vertrag auszurichten. Wir müssen davon abkommen, daß der unbedingten Erfüllung des Produktionsplanes zum Monatsende, auch zu Lasten der Erfüllung bestehender Verträge, der Vorrang gegeben wird. Der Wettbewerb muß, ausgehend von der unbedingten Erfüllung des gesamten Jahresplanes, konsequent auf die Erfüllung der vertraglichen Verpflichtungen ausgerichtetet werden.

Die innerbetriebliche Planung und Organisation in den Kombinaten und Betrieben muß inhaltlich den Anforderungen einer vertragsgerechten Produktion stärker untergeordnet werden. Insbesondere ist der Zusammenhang zwischen Vertrag und der zeit- und mengengerechten Bereitstellung der Produktionskapazitäten zur Vertragserfüllung zu gewährleisten.

In allen Betrieben muß durchgesetzt werden:

- Die Erarbeitung tagfertiger Übersichten über den Erfüllungsstand der Verträge, um notwendige Entscheidungen zur Sicherung der Vertragsverpflichtungen unverzüglich treffen zu können;
- die konsequente Ausrichtung der zwischen den Betrieben eines Kombinates zu organisierenden Kooperationsbeziehungen auf die Sicherung der Verträge;
- die Herstellung der Übereinstimmung zwischen Produktions-, Absatz- und Kapazitätsplanung mit den Hauptfristen- und Produktionsdurchlaufplänen.

2. Zur Erhöhung der Flexibilität sind der quartalsweise nach Monaten beauflagten Produktion konsequent die abgeschlossenen Verträge zugrunde zu legen. Entsprechend der Verordnung des Ministerrates vom 5. 1. 1984 ist weiter an der Schaffung der Voraussetzungen zur Verkürzung der Bestell- und Lieferfristen zu arbeiten.

Dazu sind im Rahmen der geplanten Umlaufmittel insbesondere disponible Absatzvorräte und eine verstärkte Vorfertigung von Halbfabrikaten zu schaffen.

3. Zur Gewährleistung einer konsequenten Vertragserfüllung sind in der zentralen staatlichen Planung uhd auf allen Bilanzierungsebenen alle Möglichkeiten zu nutzen, um volkswirtschaftliche Proportionen mit dem Plan noch besser zu beherrschen.

Ich habe mich in meinen Ausführungen auf einige wesentliche Schwerpunkte der weiteren Vervollkommnung der Planung und Messung der Effektivität sowie der stärkeren Ausrichtung der Leistungsbewertung und wirtschaftlichen Rechnungsführung auf die Erfordernisse der umfassenden Intensivierung konzentriert, ohne das Thema voll ausschöpfen zu können.

Die hier dargestellten Richtungen und Forschungsergebnisse sind untrennbar mit höheren Anforderungen an die theoretische Arbeit verbunden. Es geht um die theoretische und praktische Begründung der Wachstums-, Proportionalitäts- und Effektivitätserfordernisse der umfassenden Intensivierung. Dabei geht es um ein tieferes Eindringen in die Einflußfaktoren zur Effektivitätssteigerung und ihre Nutzung mit Hilfe von Faktorenbegründungen, komplexen Leistungs- und Effektivitätsrechnungen und Leistungsvergleichen. Ein Schwerpunkt ist die verstärkte Ausarbeitung und Anwendung von Effektivitätsnormativen auf der Grundlage der Intensivierungsmaßstäbe. Mit der konsequenten Realisierung der Beschlüsse zur Leitung, Planung und wirtschaftlichen Rechnungsführung, zu Wissenschaft und Technik, zu den Grundfonds und den Investitionen ist die weitere Ökonomisierung der Wirtschaftstätigkeit, die Herstellung wirksamer Verbindungen zwischen materieller und finanzieller Planung weiter zu vertiefen und damit die Potenzen der Kombinate und der zentralen staatlichen Leitung und Planung voll auszuschöpfen.

Wir sehen unsere Verpflichtung als Wirtschaftswissenschaftler und Vertreter der Wirtschaft darin, zur Lösung dieser Aufgaben einen praxiswirksamen Beitrag zu leisten und damit den Anforderungen der 9. Tagung des Zentralkomitees der SED zur Vorbereitung des XI. Parteitages der SED gerecht zu werden.

Anmerkungen

[1] Vgl. 9. Tagung des ZK der SED, 22./23. 11. 1984, Aus dem Bericht des Politbüros an das ZK der SED, Berichterstatter: Gen. Erich Honecker, Berlin 1984, S. 31.

[2] Vgl. Günter Mittag, Theoretische Verallgemeinerung der Erfahrungen der Entwicklung der Kombinate für die Leistungssteigerung in der Volkswirtschaft, insbesondere bei der Nutzung der qualitativen Faktoren des Wachstums, in: Ökonomische Strategie der Partei – Konferenz der DDR im Karl-Marx-Jahr 1983 am 29. und 30. September in Berlin, Berlin 1983, S. 38 ff.

[3] Vgl. Bericht des ZK der SED an den X. Parteitag der SED, Berichterstatter: Gen. Erich Honecker, Berlin 1981, S. 78.

[4] Vgl. Günter Mittag, Theoretische Verallgemeinerung der Erfahrungen der Entwicklung der Kombinate ..., a. a. O., S. 52.

3. Diskussion

Helmut Koziolek

Die sozialistische Planwirtschaft in der DDR und ihre weitere Vervollkommnung bei der umfassenden Intensivierung der Volkswirtschaft

Die Grundrichtung der Vervollkommnung der Leitung, Planung und wirtschaftlichen Rechnungsführung in der Volkswirtschaft der DDR besteht in der weiteren Stärkung des demokratischen Zentralismus im Sinne einer höheren Qualität der zentralen Leitung und Planung bei gleichzeitig wachsender Eigenverantwortung, demokratischer Mitwirkung und schöpferischer Initiative der Kollektive der Werktätigen in den Kombinaten und Betrieben mit dem Ziel der Erhöhung der Effektivität der Volkswirtschaft im Interesse der Politik der Hauptaufgabe in ihrer Einheit von Wirtschafts- und Sozialpolitik. Der demokratische Zentralismus bewährt sich, wie auch die beiden Referate verdeutlichen, gerade bei der Verwirklichung der ökonomischen Strategie des X. Parteitages der SED als grundlegender Vorzug und unverzichtbares Prinzip sozialistischer Planwirtschaft. In konsequenter Anwendung der Lehren von Marx, Engels und Lenin, gestützt auf die im Leben der DDR und in den sozialistischen Bruderländern – besonders in der UdSSR – bewährte sozialistische Planwirtschaft, kommt der staatlichen Leitung der Volkswirtschaft unter Führung der Partei der Arbeiterklasse wachsende Bedeutung bei der weiteren Gestaltung der entwickelten sozialistischen Gesellschaft zu.

Auch der Plan 1985 – Erich Honecker charakterisierte ihn als Arbeitsprogramm des ganzen Volkes zur Vorbereitung des XI. Parteitages der SED[1] – geht von diesen historisch bewährten Erfordernissen aus.

Die schrittweise Bildung der Kombinate war für die weitere Vervollkommnung der Leitung, Planung und wirtschaftlichen Rechnungsführung von fundamentaler Bedeutung. Sie war ein notwendiger Schritt des Übergangs der Volkswirtschaft zur intensiv erweiterten Reproduktion bei konsequenter Anwendung der theoretischen Erkenntnisse der Klassiker des Marxismus-Leninismus über den Prozeß der Vergesellschaftung der Arbeit unter den Bedingungen moderner Produktivkräfte und unter Berücksichtigung sozialistischer Planwirtschaft.

Dank der sozialistischen Planwirtschaft, ihrer ständig zunehmenden Wirksamkeit, konnte ein ununterbrochenes Wirtschaftswachstum gewährleistet werden. Das war die entscheidende Voraussetzung dafür, daß die materiellen und kulturellen Bedürfnisse der Menschen zunehmend besser befriedigt, die materiell-technische Basis erweitert und der sozialistische Staat gestärkt sowie seine Verteidigung zuverlässig gewährleistet werden konnten.

Wurde im Gründungsjahr unserer Republik ein Nationaleinkommen von 24 Milliarden Mark produziert, so waren es im Jahr 1984 mehr als 220 Milliarden Mark. Damals wurden weniger als 30000 Wohnungen im Jahr geschaffen, im Jahr 1984 liegen wir über der 200000-Grenze in einem Jahr bei neugeschaffenen und modernisierten Wohnungen.

Das monatliche Realeinkommen pro Kopf stieg von 133 Mark im Jahr 1949 auf 878 Mark im Jahr 1983. Die Leistungen für die Bevölkerung aus den gesellschaftlichen Fonds – für die Beibehaltung niedriger Mieten, die Sicherung stabiler Preise für Waren des Grundbedarfs, für Bildung und Erziehung, Gesundheitswesen und Sozialversicherung – haben sich von 1971 bis 1983 mehr als verdoppelt und machten im vergangenen Jahr 62 Milliarden Mark aus.

Besonders seit dem VIII. Parteitag der SED 1971 hat sich das Entwicklungstempo der Produktion merklich erhöht. Mußten 1970 23 Arbeitsstunden geleistet werden, um 1000 Mark Industrieproduktion zu erzeugen, waren es 1983 nur noch 12,5 Arbeitsstunden. Die Industrieproduktion der DDR hat sich auf vergleichbarer Basis gegenüber 1970 verdoppelt. Ihr Anteil am Nationaleinkommen ist auf über 70% gestiegen. 1984 wurden ca. 45 Dezitonnen pro Hektar geerntet und rund 11,5 Millionen Tonnen insgesamt eingebracht.

Der Grundmittelbestand in den produzierenden Bereichen nahm bedeutend zu; er stieg von 370 Milliarden Mark im Jahr 1970 auf 754 Milliarden Mark 1983. Die Anzahl der in der Volkswirtschaft wirksam werdenden Hoch- und Fachschulkader stieg von 761700 (1971) auf 1550000 im Jahre 1983.

Zugleich wurde ein bedeutsamer Strukturwandel in der Wirtschaft durchgesetzt. Dem notwendigen, völlig neuen Aufbau einer Schwarzmetallurgie, des Schwermaschinenbaus, des Landmaschinenbaus und des Schiffbaus in den 50er und 60er Jahren folgte der weitere Ausbau der materiell-technischen Basis durch solche Zweige wie der Rechentechnik und der Mikroelektronik. Ebenso wurden – bereits vor über einem Jahrzehnt – Maßnahmen zum Ausbau der eigenen Rohstoff- und Energiebasis eingeleitet.

Mit der Produktion von Industrierobotern – 43000 sind in der Volkswirtschaft Ende 1984 im Einsatz – ist ein weiterer Schritt zur Modernisierung eingeleitet worden. Hinzu kommt die verstärkte Orientierung auf einen qualitativen und quanitativen Ausbau der Produktion von industriellen Konsumgütern.

Es konnte die Flexibilität der sozialistischen Planwirtschaft unter Beweis gestellt werden, indem mehr produziert wurde mit weniger Energie, Rohstoffen und Material. Gerade darin besteht der Sinn der Intensivierung. Diese Richtung wurde in der zweiten Hälfte der 70er Jahre voll in Angriff genommen und in den 80er Jahren der Beweis für die Realisierbarkeit über einen längeren Zeitraum angetreten.

Lag die durchschnittliche jährliche Senkung des spezifischen Verbrauchs an volkswirtschaftlich wichtigen Energieträgern, Roh- und Werkstoffen von 1976 bis 1980 bei 3,6 %, so betrug sie in den Jahren 1981 bis 1984 im Durchschnitt 6 % pro Jahr. Damit wurde der volkswirtschaftliche Leistungsanstieg auf prinzipiell neuer Grundlage organisiert, wie er in der vom X. Parteitag der SED beschlossenen ökonomischen Strategie vorgezeichnet wurde und in der höheren Veredlung zum Ausdruck kommt. Alles das zeigt, daß die sozialistische Planwirtschaft in der Lage ist, die modernen Produktivkräfte zu entwickeln und sie sehr effektiv für das Wohl des Volkes zu nutzen. In der neuen Etappe der Verwirklichung der ökonomischen Strategie ist „die intensiv erweiterte Reproduktion heute zur bestimmenden Grundlage für das Wachstum unserer Volkswirtschaft geworden ...“[2]. Der Weg der umfassenden Intensivierung wird auf lange Sicht weiter beschritten.

Auch künftig werden weitere anspruchsvolle Aufgaben an die sozialistische Planwirtschaft gestellt. Dabei kommt der Steigerung der Arbeitsproduktivität besondere Bedeutung zu.

Günter Mittag stellte auf der Wirtschaftswissenschaftlichen Konferenz 1983 dazu fest: „Auf diese Steigerung der Arbeitsproduktivität und im weiteren Sinne auf die Ökonomie aller Produktionsbedingungen, also auf die intensiv erweiterte Reproduktion, ist die ökonomische Strategie unserer Partei für die 80er Jahre gerichtet. Unsere Partei mißt der Lösung dieser Frage eine zentrale Bedeutung bei, weil nur so die notwendigen Reserven für das weitere Wachstum der Produktion und damit für das weitere Wachstum des Nationaleinkommens und für die bessere Befriedigung der materiellen und geistigen Lebensbedürfnisse des Volkes geschaffen werden.“[3]

Die Steigerung der Arbeitsproduktivität war, ist und bleibt also Kernpunkt und Schlüsselfrage für die Durchführung der auf das Wohl des Volkes gerichteten Politik der Hauptaufgabe in ihrer Einheit von Wirtschafts- und Sozialpolitik.

In dem von Marx entdeckten und formulierten grundlegenden ökonomischen Gesetz der Ökonomie der Zeit wird gerade der Zusammenhang zwischen dem Zeitaufwand der Gesellschaft für die Produktion und der Entwicklung der Gesellschaft als Ganzes wie ihrer einzelnen Individuen hergestellt. „Je weniger Zeit die Gesellschaft bedarf, um Weizen, Vieh etc. zu produzieren, desto mehr Zeit gewinnt sie zu andrer Produktion, materieller oder geistiger ... Ökonomie der Zeit, darin löst sich schließlich alle Ökonomie auf.“[4] Es geht also bei der Steigerung der Arbeitsproduktivität um das „Gewinnen an Arbeitszeit“ für die Produktion anderer Art, für mehr und bessere Produktion. Das ist zugleich die Grundlage für die Weiterführung der beschlossenen Wirtschafts- und Sozialpolitik. Auf diesen Zusammenhang ging auch Lenin ein, als er schrieb, daß, nachdem die Arbeiterklasse die Macht erobert und gefestigt hat, die Aufgabe in den Vordergrund tritt, „eine Gesellschaftsform zu schaffen, die höher ist als der Kapitalismus, nämlich: die Steigerung der Arbeitsproduktivität und im Zusammenhang damit (und zu diesem Zwecke) die höhere Organisation der Arbeit“[5].

Diese theoretischen Ausgangspunkte und die langjährigen praktischen Erfahrungen waren die Grundlage für die 1984 wirksam gewordenen Maßnahmen zur Vervollkommnung der Leitung, Planung und wirtschaftlichen Rechnungsführung, die auch Gegenstand dieser Tagung sind und maßgeblich dazu beitrugen, daß das Jahr 1984 zum bisher erfolgreichsten unserer ökonomischen Entwicklung wurde.

Diese Maßnahmen sind ein fester Bestandteil des neuen Schrittes der Verwirklichung der ökonomischen Strategie, der Intensivierung umfassenden Charakter zu geben und stabile Grundlagen für deren Entwicklung auf lange Sicht zu gewährleisten. In fester Verbindung von Leitung, Planung und wirtschaftlicher Rechnungsführung dienen sie der konsequenten Einstellung der Leitung und Planung auf die umfassende Intensivierung als allseitig ressourcensparender Typ der sozialistischen Reproduktion. Die getroffenen Maßnahmen sollen für die Kombinats- und Betriebskollektive günstige Bedingungen schaffen und die erforderlichen höheren ökonomischen Maßstäbe zur entschiedenen Verbesserung des Verhältnisses von Aufwand und Ergebnis setzen.

Den Kombinaten ist eine hohe volkswirtschaftliche Verantwortung übertragen. Sie haben die ökonomische Wirksamkeit von Wissenschaft und Technik bedeutend zu erhöhen. Von der Forschung bis zum Absatz ist der Kreislauf des Reproduktionsprozesses umfassend zu intensivieren, um auf die effektivste Weise kostengünstig und in höchster Qualität Erzeugnisse herzustellen, die entsprechend dem staatlichen Plan für die Deckung des Bedarfs der Volkswirtschaft, für die Versorgung der Bevölkerung mit Konsumgütern und für den Export erforderlich sind. Dafür verfügen sie über große geistige und materielle Potenzen, so daß sie auf der Grundlage des demokratischen Zentralismus ihre Reproduktion komplex und weitsichtig entsprechend den hohen volkswirtschaftlichen Leistungs- und Effektivitätsanforderungen gestalten können.

Die Kombinate werden in allererster Linie durch die engere Verbindung von Wissenschaft und Produktion geprägt — ist doch ein ständig hohes Niveau von Wissenschaft und Technik entscheidend für den dynamischen Verlauf der intensiv erweiterten Reproduktion. Zugleich geht es darum, die fortgeschrittensten Errungenschaften von Wissenschaft und Technik bestmöglich zu verwerten, sie auf die ökonomischste Art und Weise anzuwenden. Das war ein Hauptgrund für die Bildung der Kombinate. Unmittelbar in die Kombinate ist ein bedeutendes wissenschaftlich-technisches Potential integriert, alle wesentlichen Forschungs- und Entwicklungskapazitäten wurden organisch mit dem Reproduktionsprozeß verbunden. Dem könnte ein einzelner Betrieb nicht Rechnung tragen, so daß sich die Kombinate als die wirksamste Form der Verbindung von Wissenschaft und Produktion beweisen. Sie vermögen mit der für die umfassende Intensivierung so entscheidenden Phase der intensiv erweiterten Reproduktion die Bedingungen dafür zu schaffen, daß wissenschaftlich-technische Ergebnisse mit hohem ökonomischen Wirkungsgrad schnell in produktions- und absatzwirksame Erzeugnisse, Verfahren und Technologien umgesetzt werden.

Nahezu 1/4 der für die Modernisierung der Technologien und beträchtlichen vorhandenen Grundfonds benötigten Ausrüstungen, stellen die Kombinate durch Ausschöpfung der eigenen Möglichkeiten in selbständigen Betrieben des Rationalisierungsmittelbaus heute selbst her. Besonders die Fertigung spezifischer Lösungen für die Anwendung der Mikroelektronik und der Robotertechnik trägt dazu bei, einen neuen Rationalisierungsschub zu organisieren. Der eigene Rationalisierungsmittelbau der Kombinate, seine qualitative und quantitative Entwicklung, erweist sich zunehmend als eine entscheidende Quelle für die Gestaltung einer hocheffektiven Produktion.

Diese Bedeutung kommt auch den eigenen qualitätsbestimmenden Zulieferbetrieben zu, mit deren Kapazitäten die Kombinate alle Voraussetzungen besitzen, die ständige Erneuerung der Produktion und ihre kooperativen Beziehungen effektiv zu gestalten sowie den Erzeugnisumschlag zu beschleunigen.

Mit der Einbeziehung der Außenwirtschaftstätigkeit in den Reproduktionsprozeß der Kombinate verfügen sie auch über die notwendigen Bedingungen, um flexibel auf die Veränderung der Außenmärkte zu reagieren, wobei die zum Kombinat gehörigen Außenhandelsbetriebe oder Außenhandelsfirmen im Sinne der Wahrung des Außenhandelsmonopols doppelt unterstellt sind, d.h., immer zugleich dem Ministerium für Außenhandel.

Entscheidend für die neue Form der Leitung ist, daß in den Kombinaten das zusammengeführt wurde, was vom Standpunkt der optimalen Gestaltung des Zyklus Forschung – Technik – Produktion – Absatz zusammengehört. Entscheidend ist die Fähigkeit des Menschen, die Errungenschaften von Wissenschaft und Technik in ökonomische und soziale Effektivität zu verwandeln, wofür mit der Bildung der Kombinate günstige Bedingungen geschaffen wurden. Schöpfertum und Ideenreichtum können voll für die Entwicklung neuer Technologien und neuer Produkte und deren schnelle Rationalisierung eingesetzt, ökonomisches Wachstum gewährleistet, Nationaleinkommen und der Reichtum des Volkes vergrößert werden.[6]

Gegenwärtig bestehen 161 zentralgeleitete Kombinate der Industrie, des Bauwesens sowie in weiteren Bereichen der Volkswirtschaft. Mit der direkten Unterstellung unter die Minister wurde in der zentralgeleiteten Wirtschaft das zweistufige Leitungssystem geschaffen. Mit diesem Leitungsaufbau wurde es möglich, auch die Arbeit und die Verantwortung der Ministerien auf eine höhere Stufe zu heben, vor allem ihre Leitungstätigkeit zu qualifizieren und so den demokratischen Zentralismus zu stärken.

Mit der Bildung der Kombinate wurde die Volkswirtschaftsplanung bedeutend qualifiziert, indem eine direkte Verknüpfung des zentralen staatlichen Planes mit jedem einzelnen Kombinat erfolgt ist. Das Kombinat ist damit die grundlegende Einheit der Leitung in der Industrie, im Bauwesen, im Transport- und Nachrichtenwesen.

Jedes Kombinat arbeitet auf der Grundlage verbindlicher staatlicher Plankennziffern und Bilanzierung nach den Prinzipien der wirtschaftlichen Rechnungsführung. Diese Verantwortlichkeit stellt unter sozialistischen Bedingungen eine Einheit von technischen, ökonomischen und sozialen Prozessen dar.

Die bedeutende Stellung der Kombinate im volkswirtschaftlichen Reproduktionsprozeß und ihr erweiterter Handlungsspielraum stellen außerordentlich hohe Anforderungen an die Leitung und die Leiter. An der Spitze der Kombinate sind die Generaldirektoren in erster Linie politische Funktionäre, die als Beauftragte der Arbeiter-und-Bauern-Macht die Lösung der ökonomischen Aufgaben im volkswirtschaftlichen Interesse der Stärkung des sozialistischen Staates leiten, sich durch ein festes Vertrauensverhältnis zu den Werktätigen auszeichnen und eng mit der SED, den Gewerkschaften und der Freien Deutschen Jugend zusammenwirken.

In der Praxis der Kombinate bewährt sich die produktionsnahe Leitung des Kombinats über einen Stammbetrieb, meist der größte und leistungsstärkste Betrieb des Kombinats. Der Generaldirektor des Kombinates ist zugleich der Direktor des Stammbetriebes und somit unmittelbar mit der Produktionsleitung verbunden, was sich als wirkungsvoll und rationell erweist.

Das Kombinat besteht aus juristisch selbständigen Betrieben, die auf der Grundlage staatlicher Planaufgaben arbeiten, die wirtschaftliche Rechnungsführung für die Mehrung des Nationaleinkommens nutzen und Beziehungen zur Bank, zu Zulieferern und Abnehmern sowie zu den territorialen Organen unterhalten.[7] Ihre Entwicklung und Profilierung erfolgt im Rahmen des Kombinats und auf der Grundlage des staatlichen Planes. Für die Entfaltung der Initiative und Aktivitäten der Kollektive der Werktätigen im sozialistischen Wettbewerb kommt jedem einzelnen Betrieb im Kombinat größte Bedeutung zu.

Die weitere Vervollkommnung der Leitung, Planung und wirtschaftlichen Rechnungsführung ist darauf gerichtet, die gesamte Volkswirtschaft konsequent auf die intensiv erweiterte Reproduktion, auf Wirtschaftswachstum durch höhere Effektivität einzustellen. Dies stellt höhere Anforderungen an die zentrale staatliche Planung und Bilanzierung, die sich als Hauptinstrument der Leitung der Volkswirtschaft für die Sicherung der planmäßigen proportionalen Entwicklung bewährt. Sie ist die entscheidende Grundlage der sozialistischen Wirtschaftsführung. Durch die zentrale staatliche Planung und Bilanzierung werden alle wesentlichen materiellen und finanziellen Proportionen sowie die grundlegenden Anforderungen an die Leistungs- und Effektivitätsentwicklung der Volkswirtschaft festgelegt.

Ihre weitere Qualifizierung konzentriert sich auf die Erschließung der qualitativen Faktoren des Wachstums aus den inneren Quellen der DDR und auf die volkswirtschaftlich entscheidenden Prozesse. Im Mittelpunkt steht die Steigerung der Arbeitsproduktivität als erste und wichtigste Frage, die entschiedene Verbesserung des Verhältnisses von Aufwand und Ergebnis, insbesondere die Senkung des Produktionsverbrauchs als wesentliche Quelle zur Erhöhung des Nationaleinkommens. Dabei geht es zusammengefaßt darum, die von der SED entsprechend den Wachstumsbedingungen der 80er Jahre zur Verwirklichung der neuen Etappe der ökonomischen Strategie herausgearbeiteten Maßstäbe und Kriterien der umfassenden Intensivierung durchzusetzen:

- Die Produktion muß auch künftig bei absolut sinkendem Energie-, Rohstoff- und Materialverbrauch wachsen.
- Das Tempo der Steigerung der Arbeitsproduktivität muß erhöht werden. Dabei gilt es, die Arbeitsproduktivität schneller zu steigern als die Grundfondsausstattung.
- Die ökonomischen Ergebnisse aus Wissenschaft und Technik, insbesondere beim Export, müssen schneller steigen als der Aufwand für Forschung und Entwicklung und überhaupt für die damit verbundene wissenschaftlich-technische Arbeit.
- In allen Zweigen und Bereichen kommt es darauf an, das Verhältnis von Aufwand und Ergebnis entschieden zu verbessern.

Der umfassende Übergang der Volkswirtschaft zur intensiv erweiterten Reproduktion stellt hohe Ansprüche an die zentrale staatliche Planung und Bilanzierung, um die Umstellungsprozesse in der Volkswirtschaft, insbesondere die mit Wissenschaft verbundenen Strukturveränderungen, rasch und rechtzeitig zu vollziehen. Daß die sozialistische Planwirtschaft dazu in der Lage ist und über ein hohes Maß an Flexibilität verfügt, hat u. a. die Bewältigung solcher volkswirtschaftlich bedeutsamen Prozesse bewiesen, wie die Heizölsubstitution, die bessere stoffwirtschaftliche Nutzung des Erdöls und die beträchtliche Senkung des Energie- und Materialverbrauchs.

Die notwendige Qualifizierung der zentralen staatlichen Planung verlangt ein höheres Niveau der zentralen Bilanzierung als Hauptmethode der Planung, die den inneren Zusammenhang des Planes und die Abgestimmtheit seiner Teile sichert. Auf der Grundlage der zentralen Bilanzen des Staates werden die volkswirtschaftlichen Proportionen entsprechend den Anforderungen der intensiv erweiterten Reproduktion bestimmt. Die sich aus den zentralen Bilanzen des Staates ergebenden Anforderungen an das Aufkommen und die Verwendung der Energieträger, Rohstoffe, des Materials, der Ausrüstungen, Anlagen und Konsumgüter sind Maßstab für die staatlich verbindlichen Plankennziffern an die Ministerien, Kombinate und Betriebe.

Die Qualifizierung der Arbeit mit den zentralen staatlichen Bilanzen ist darauf gerichtet, entsprechend den Erfordernissen der Intensivierung solche Planziele auszuarbeiten, die das Verhältnis von Aufwand und Ergebnis grundlegend verbessern. Volkswirtschaftlich gesehen bewirkt das eine Senkung des Produktionsverbrauchs und Steigerung des Nationaleinkommens. Die Erfahrungen der letzten 2 Jahre auswertend kann festgestellt werden, daß es über längere Zeit möglich ist, Produktion und Nationaleinkommen zu steigern und dabei den Verbrauch an Energie, Rohstoffen und Material absolut zu senken.

In dieser Richtung wird die gesamte Planung und Bilanzierung in der Volkswirtschaft weiter ausgestaltet und ihre Flexibilität erhöht. Die hohe Dynamik der wirtschaftlichen Prozesse der 80er Jahre, insbesondere die zunehmende Beschleunigung des wissenschaftlich-technischen Fortschritts und des daraus resultierenden rascheren Erzeugnisumschlages, macht es erforderlich, mit der Planung und Bilanzierung bei der Durchführung der Planaufgaben kurzfristig operativ zu reagieren. Darum ist mit der Qualifizierung der zentralen staatlichen Planung und Bilanzierung eng verbunden: die operative Anpassung von Plan, Bilanz und Vertrag an die Erfordernisse des Marktes und des wissenschaftlich-technischen Fortschritts auszubauen; die Bestell- und Lieferfristen zu verkürzen und Wirtschaftsverträge mit größerer Beweglichkeit zu handhaben; die Verantwortung der Verbraucher für die exakte Begründung ihres Bedarfs auf der Basis progressiver Normen und Kennziffern zu erhöhen. Das Hauptziel ist, durch verbesserte operative Planung und Bilanzierung ständig neue Reserven für eine höhere und effektivere Produktion entsprechend dem Bedarf und den Erfordernissen der Märkte zu mobilisieren.

Die weitere Vervollkommnung der Leitung, Planung und wirtschaftlichen Rechnungsführung in der Volkswirtschaft ist mit einem qualitativ neuen Schritt in der Leistungsbewertung der Kombinate und Betriebe verbunden. Er ist auf die noch wirkungsvollere Übereinstimmung der Erfordernisse des Staates und der Volkswirtschaft mit der ökonomischen Lage und den Interessen der Kombinate und Betriebe und ihrer Kollektive gerichtet.

Auf der Grundlage der staatlich verbindlichen Plankennziffern in ihrer Gesamtheit, der Bilanzen sowie der ihnen zugrundeliegenden Normen und Normative lenken die jetzt festgelegten Hauptkennziffern der Leistungsbewertung Nettoproduktion, Nettogewinn, Erzeugnisse und Leistungen für die Bevölkerung und Export das ökonomische Interesse der Kombinate und Betriebe auf

- ein höheres Produktionswachstum mit sinkendem Produktionsverbrauch und niedrigsten Kosten und
- die Erhöhung ihres Beitrages zum verteilbaren Endprodukt der Volkswirtschaft in höchster Qualität und Zuverlässigkeit.

Die vier Hauptkennziffern werden im Komplex auf allen Ebenen der Volkswirtschaft bei der Planausarbeitung als auch bei der Plandurchführung der Leistungsbewertung der Kombinate und Betriebe zugrunde gelegt. Sie stehen im Mittelpunkt der politischen und ökonomischen Arbeit, weil sie den Beitrag jedes Kombinates und Betriebes zur Erhöhung des Nationaleinkommens auf dem Wege umfassender Intensivierung zutreffend ausdrücken. Vieles, was zu einer weiteren spürbaren Verbesserung des Verhältnisses von Aufwand und Ergebnis beiträgt, wird so noch klarer sichtbar.

Die im sozialistischen Wettbewerb zu Ehren des 35. Jahrestages der Gründung der DDR vollbrachten Arbeitstaten der Werktätigen spiegelten das im Planjahr 1984 eindrucksvoll wider. Die Kombinate im Bereich der Industrieministerien steigerten die Nettoproduktion gegenüber dem Vorjahr um 8,5 %. Die Arbeitsproduktivität wurde um 7,7 % erhöht. Die Selbstkosten je 100 Mark Warenproduktion sind um 2,3 % gesenkt worden. Das ist die bisher höchste Kostensenkung. In der Konsumgüterproduktion wurde ein bedeutender Zuwachs erzielt. Die industrielle Warenproduktion stieg um 4,5 %. Die Kombinate im Bauwesen steigerten die Nettoproduktion um 7,7 %, die Arbeitsproduktivität um 7,6 %. Das produzierte Nationaleinkommen wuchs um 5,5 %, was einem Zuwachs von 11,7 Milliarden Mark entspricht, der größte Zuwachs in einem Jahr seit Gründung der DDR. Die mit den neuen Maßstäben für die Leistungsbewertung der Kombinate und Betriebe bewußt hergestellte grundlegende Übereinstimmung gesellschaftlicher, kollektiver und individueller Interessen erweist sich als eine mobilisierende Kraft. Im Wirtschaftsleben zeigen sie ihre Wirkung und fördern Produktionswachstum durch Effektivität.

Vor allem wurde mit der Einführung der Nettoproduktion als Hauptkennziffer der Leistungsbewertung, die sich bereits seit mehreren Jahren bewährt, das ökonomische Interesse der Kombinate und Betriebe an der Senkung des Produktionsverbrauchs, ganz besonders des Energie- und Materialverbrauchs, verstärkt. Ihre Anwendung hat zugleich die Organisation einer effektiven Kooperation unterstützt, formale, uneffektive Ausdehnung zwischenbetrieblicher Kooperationen eingeschränkt.

Mit der Festlegung des Nettogewinns als eine Hauptkennziffer der Leistungsbewertung werden die Kombinate und Betriebe auf die Verbesserung des Verhältnisses von Aufwand und Ergebnis orientiert. Im Nettogewinn kommt zum Ausdruck, wie effektiv produziert wird und mit welchem Ergebnis die Erzeugnisse und Leistungen im Inland und auf den Außenmärkten im Rahmen der sozialistischen ökonomischen Integration, besonders mit der UdSSR, sowie im NSW tatsächlich realisiert werden. Mit der Vergrößerung des Gewinns geht es um Gewinn für den Sozialismus, der im objektiven Zusammenhang mit der Vergrößerung des Mehrprodukts für die Gesellschaft steht, jenes Teils des Nationaleinkommens, der für die sozialistische Akkumulation, die schrittweise Verbesserung des materiellen und kulturellen Lebensniveaus des Volkes, für die Gewährleistung der Verteidigungsfähigkeit zur Sicherung des Friedens zur Verfügung steht. Darum sind die Kombinate und Betriebe und ihre Arbeitskollektive an der Erzielung höherer Gewinne interessiert, indem sie vor allem die Produktion bedarfsgerecht und in guter Qualität steigern, die Kosten und insbesondere den Materialverbrauch senken und die Exporteffektivität erhöhen.

Die Anwendung der Hauptkennziffer Erzeugnisse und Leistungen für die Bevölkerung in der Leistungsbewertung dient dem Ziel, den Beitrag der Kombinate und Betriebe für die Konsumgüterproduktion sowie die Ausführung von Reparaturleistungen an industriellen Konsumgütern zu erhöhen. Jedes Kombinat hat einen hohen eigenen Beitrag zur Entwicklung und Produktion hocheffektiver Konsumgüter zu erbringen. Das gilt auch für Kombinate, die vorwiegend Produktionsmittel herstellen. Der zielstrebige Ausbau einer effektiven Konsumgüterproduktion, in erster Linie hochveredelter Produkte aus einheimischen Rohstoffen, trägt in jedem Kombinat zugleich zur Verbesserung des Gesamtverhältnisses von Aufwand und Ergebnis sowie zu langfristigem Wachstum bei.

Mit der Anwendung des Exports als Hauptkennziffer wird der großen Bedeutung der Lösung der Außenwirtschaftsaufgaben für die Entwicklung der Volkswirtschaft in der Leistungsbewertung der Kombinate und/ Betriebe Rechnung getragen. Im Mittelpunkt steht dabei die Verantwortung der Kombinate und Betriebe für das wissenschaftlich-technische Niveau, die Exportrentabilität und den Absatz ihrer Produkte. Ein hoher Rang kommt dabei der erzeugnis- und kundenbezogenen kommerziellen Verkaufstätigkeit der Kombinate und ihrer Außenhandelsbetriebe und Außenhandelsfirmen zu.

Als entscheidend erweist sich, überall von den Gesamtinteressen des Staates auszugehen. Solange beispielsweise ein Erzeugnisprodukt nicht abgesetzt ist, solange wird es weder für das Kombinat noch für die Volkswirtschaft als Beitrag zum Nationaleinkommen und für die Konsumtion der Bevölkerung wirksam. Beim Export bringt ein Produkt erst seine ökonomische Wirksamkeit mit dem Valutaeingang. Damit gewinnen persönliches Engagement, verantwortungsbewußtes Handeln und Parteilichkeit immer mehr an Bedeutung.

Die eigene Verantwortung und das ökonomische Interesse der Kombinate und Betriebe werden durch die Vervollkommnung der wirtschaftlichen Rechnungsführung in Verbindung mit dem Plan weiter erhöht. Die Beziehungen von Planung und wirtschaftlicher Rechnungsführung basieren in erster Linie auf ihrer einheitlichen Zielstellung, so daß Plan und wirtschaftliche Rechnungsführung zusammenhängend wirkungsvoll zur Durchsetzung der ökonomischen Strategie der SED beitragen. Im Mittelpunkt steht die entschiedene Verbesserung des Verhältnisses von Aufwand und Ergebnis. Darum ist die Anwendung der Kategorien der wirtschaftlichen Rechnungsführung, wie Preis, Kosten, Gewinn, Kredit, Zins u. a., auf der Grundlage des Planes darauf gerichtet, die volkswirtschaftlichen Erfordernisse so zu verwirklichen, daß das, was für die Volkswirtschaft von Nutzen ist, auch für die Kombinate und Betriebe ökonomische Vorteile bringt.

Kombinate und Betriebe, die entsprechend volkswirtschaftlichen Erfordernissen handeln, haben ökonomische Vorteile. Das materielle Interesse der Kombinate und Betriebe und ihrer Kollektive an der planmäßigen Erwirtschaftung von Gewinn und am Gewinnzuwachs durch Erhöhung bedarfsgerechter Produktion, Senkung des Produktionsverbrauchs und der Kosten sowie Verbesserung der Exporteffektivität wurde erhöht. Ein normativer Teil vom Überplangewinn kann den eigenen finanziellen Fonds zugeführt und für die weitere Intensivierung der Produktion, Verbesserung der Arbeits- und Lebensbedingungen und für Prämiierungen verwendet werden.

Mit der Einordnung der Außenwirtschaftstätigkeit in die Leitung des komplexen Reproduktionsprozesses der Kombinate werden die Funktionen der wirtschaftlichen Rechnungsführung auch für die Exporttätigkeit und Erzielung von günstigen Exporterlösen und Exportgewinn wirksam. Die Ergebnisse der sozialistischen ökonomischen Integration und anderer Außenwirtschaftsbeziehungen widerspiegeln sich unmittelbar in den Selbstkosten und Erlösen sowie dem Gewinn.

Wer dagegen volkswirtschaftliche Interessen verletzt und den geplanten Gewinn nicht erwirtschaftet, schmälert die Bildung der eigenen finanziellen Fonds. So ziehen beispielsweise überhöhte Bestände oder das Nichterreichen der normativen zeitlichen Auslastung von Maschinen und Ausrüstungen die Zahlung zusätzlicher Produktionsfondsabgaben an den Staatshaushalt nach sich. Jede Anstrengung aber zur Reduzierung von Vorräten an Material, Rohstoffen und Halbfertigwaren sowie ihr beschleunigter Umschlag wirkt sich positiv auf den Nettogewinn in der wirtschaftlichen Rechnungsführung und der Leistungsbewertung der Kombinate und Betriebe aus.

Von entscheidender Bedeutung für eine wirkungsvolle zusammenhängende Anwendung von Planung und wirtschaftlicher Rechnungsführung ist die Übereinstimmung von materieller und finanzieller Planung. Sie sichert die innere Abgestimmtheit der den Kombinaten und Betrieben vorgegebenen verbindlichen staatlichen materiellen und finanziellen Plankennziffern. Dies ist insbesondere für den Einsatz volkswirtschaftlich wichtiger Ressourcen an Energie, Brenn- und Treibstoffen, Material und Werkstoffen von großer Wichtigkeit. Deshalb ist die Vervollkommnung der wirtschaftlichen Rechnungsführung mit einer bedeutenden Qualifizierung der Kostenarbeit verbunden. Ein Schwerpunkt liegt dabei auf der Gewährleistung der Übereinstimmung der Kostenplanung mit den staatlich vorgegebenen Normativen, Bilanzanteilen und Kontingenten für den Produktionsverbrauch, damit vom Geld ein noch wirksamerer Druck auf den sparsamsten Einsatz volkswirtschaftlicher Ressourcen zur Steigerung der Produktion und des Nationaleinkommens mit absolut weniger Energie, Rohstoffen und Material ausgeht.

Genaues Rechnen mit den Kosten, mit Aufwand und Ergebnis, was Gewinn bringt und was Verlust, ist bei umfassender Intensivierung unerläßliche Voraussetzung. Kostenrechnung und Kostenanalyse gewinnen an Bedeutung. Was durch Wissenschaft und Technik, was durch Verringerung des Produktionsverbrauchs und durch Steigerung der Arbeitsproduktivität, was durch Erneuerung der Produktion an Intensivierungsfortschritten erzielt wird, muß sich in der Vergrößerung des Gewinns und Senkung der Selbstkosten je 100 Mark Warenproduktion ausdrücken.

Kostensenkung vergrößert das gesellschaftliche Mehrprodukt, den Gewinn für den Sozialismus und das verteilbare Endprodukt. Dieser Zusammenhang mobilisiert das Schöpfertum der Kollektive der Werktätigen, mit den vorhandenen materiellen und finanzellen Fonds rationell zu wirtschaften und die Errungenschaften des wissenschaftlich-technischen Fortschritts noch wirkungsvoller für das Wachstum des Nationaleinkommens einzusetzen.

Der Qualifizierung der wirtschaftlichen Rechnungsführung auf der Grundlage des Planes dient in dieser Richtung auch die Verpflichtung jedes Kombinates und Betriebes, die Abführungen an den Staatshaushalt in jedem Falle in geplanter Höhe zu leisten.

Von großer Bedeutung bei der Vervollkommnung der wirtschaftlichen Rechnungsführung in Verbindung mit dem Plan sind jederzeit reale Wertmaßstäbe. Darum sind 1984 Maßnahmen zur noch wirkungsvolleren Ausnutzung der Industriepreise und der Agrarpreise zur Anwendung gekommen. Sie gehen davon aus, daß den volkswirtschaftlichen Aufwand deckende Industriepreise, die eine normale Rentabilität sichern müssen, die Grundvoraussetzung dafür sind, daß das Rechnen mit Aufwand und Ergebnis in den Kombinaten und Betrieben mit den volkswirtschaftlichen Rechnungen übereinstimmt. Auf dem gesellschaftlich notwendigen Aufwand beruhende Industriepreise sind der Ausgangspunkt für das richtige Wirken nahezu aller Wertkategorien, vor allem der Nettoproduktion, des Gewinns und der Kosten.

Ab 1984 wurde in den Kombinaten und Betrieben der Industrie und des Bauwesens ein Beitrag für gesellschaftliche Fonds eingeführt. Dadurch wurden reale Wertmaßstäbe für die lebendige Arbeit geschaffen und der Aufwand in den Kosten und Preisen richtig widergespiegelt. Seine normative Größe in Höhe von 70% auf Lohn- und Gehaltskosten erhöht das ökonomische Interesse der Kombinate und Betriebe an der Steigerung der Arbeitsproduktivität und der sozialistischen Rationalisierung, was im Interesse einer effektiven Nutzung des gesellschaftlichen Arbeitsvermögens liegt und die Anwendung arbeitssparender Technologien durch sozialistische Rationalisierung, Automatisierung, Einsatz von Industrierobotern und Anwendung der Mikroelektronik lohnender macht.

Weil die Einheit von Planung und wirtschaftlicher Rechnungsführung organisch die gesamtgesellschaftlichen Erfordernisse mit den ökonomischen Interessen jedes Kollektivs bis hin zum einzelnen Werktätigen organisch verbindet, stimuliert die wirtschaftliche Rechnungsführung ganz besonders die Sicherung des erforderlichen Wirtschaftswachstums aus inneren Quellen durch noch konsequentere Nutzung der eigenen Möglichkeiten zur ökonomischen Verwertung von Wissenschaft und Technik als der Hauptquelle für die höhere volkswirtschaftliche Effektivität, wie sie für die neue Etappe der Verwirklichung der ökonomischen Strategie charakteristisch ist.

Die umfassende Intensivierung richtet die immer wirksamere Ausgestaltung der Einheit von Planung und wirtschaftlicher Rechnungsführung auf eine größere ökonomische Wirksamkeit der Grundfondsreproduktion. An erster Stelle steht, das Vorhandene wirksamer zu machen, Maschinen und Anlagen zeitlich höher auszulasten, die Investitionen mit der Modernisierung der vorhandenen umfangreichen Grundfonds, der Hauptform der Grundfondsreproduktion, zu verbinden. Die weitere Qualifizierung der Leitung, Planung und ökonomischen Stimulierung der Investitionen und der Grundfondsreproduktion nach volkswirtschaftlichen Effektivitätsmaßstäben verbindet sich unmittelbar mit der weiteren Ausgestaltung der wirtschaftlichen Rechnungsführung. Finanzen, Kredit, Abschreibungen, Gewinn, Zins, Produktionsfondsabgabe, die Preisbildung für Projektierungsleistungen, Bauleistungen, Ausrüstungen und Rationalisierungsmittel sowie Umbewertungen der Grundmittel zur Schaffung realer Wertmaßstäbe werden dazu komplex in ihrem Wirkungszusammenhang ausgenutzt. Alles zielt auf die grundlegende Aufgabenstellung in den Beschlüssen der SED, die Investitionen und die vorhandenen Grundfonds in enger Verbindung mit der Anwendung neuester wissenschaftlich-technischer Ergebnisse umfassend für die intensiv erweiterte Reproduktion zu nutzen.

Die feste Verknüpfung von Wissenschaft und Technik mit dem Kreislauf der intensiv erweiterten Reproduktion in den Kombinaten der DDR macht es möglich, Plan und wirtschaftliche Rechnungsführung auf dem

Gebiet von Wissenschaft und Technik stärker miteinander zu verflechten. Wichtig ist, daß die ökonomischen Ergebnisse von Wissenschaft und Technik zielstrebig erschlossen und rasch verwertet werden. Entscheidend dabei ist die erreichbare Ökonomie. Diesem Grundsatz dient die Anwendung von Mitteln der wirtschaftlichen Rechnungsführung in Wissenschaft und Technik.

In den Beschlüssen der SED nehmen Pflichtenhefte und ökonomische Gesamtrechnungen für jede Forschungs- und Entwicklungsaufgabe als Instrument der Leitung von Wissenschaft und Technik eine wichtige Stellung ein. Damit werden Aufwand und Ergebnis wissenschaftlich-technischer Arbeit fester mit dem gesamten ökonomischen Kreislauf der Kombinate und der wirtschaftlichen Rechnungsführung verbunden. Das gilt für alle wissenschaftlich-technischen Aufgaben zur Entwicklung von neuen Erzeugnissen, Verfahren und Technologien. Es ermöglicht, daß das ökonomische Ergebnis mit klaren ökonomischen Zielstellungen in Pflichtenheften zum Ausgangspunkt und Ziel der schöpferischen Tätigkeit der Kollektive in der Forschung und Entwicklung wird. Der Erfindergeist wird stärker auf die Entwicklung neuer Erzeugnisse, Verfahren und Technologien und ihre rasche Überleitung in die Produktion gelenkt, die höhere Gebrauchseigenschaften verkörpern, den modernsten internationalen Stand mitbestimmen bzw. übertreffen, kostengünstig hergestellt werden und hohe ökonomische Effektivität sichern. Den Maßstab bildet immer das internationale Niveau. Die Berücksichtigung des Bedarfs, der Kunden- und Anwenderbedürfnisse, von Markterfordernissen und der Entwicklungstendenzen des wissenschaftlich-technischen Fortschritts erlangen in den Kombinaten ein größeres Gewicht.

Über die Ökonomie entscheidet mehr denn je der Zeitfaktor. Bestimmend für die Wirtschaftlichkeit der wissenschaftlich-technischen Arbeit ist, wie lange die Entwicklung eines neuen Erzeugnisses dauert, wie rasch es in die Serienproduktion übergeleitet wird, wie schnell die Umstellung der Technologien erfolgt, wie lange die Produktion dauert, wann ein neues Erzeugnis auf den Markt kommt. Dies gilt es mit den Mitteln der wirtschaftlichen Rechnungsführung in fester Einheit mit dem Plan zu unterstützen. Diesem Ziel dient die Erarbeitung ökonomischer Gesamtrechnungen für jede Forschungs- und Entwicklungsaufgabe in den Kombinaten, mit denen ein durchgehender aufgabenkonkreter Nachweis über die vorgesehenen und tatsächlich erreichten ökonomischen Ergebnisse und Aufwendungen von der Eröffnungsverteidigung über die Abschlußverteidigung bis zum Einführungsjahr und dem ersten Folgejahr erfolgt. Dies ermöglicht, im volkswirtschaftlichen Maßstab Aufwand und Ergebnis der Forschung und Entwicklung exakt zu ermitteln, zu analysieren und in der Leitung, Planung und wirtschaftlichen Rechnungsführung zu beeinflussen. Die ökonomischen Gesamtrechnungen für Forschungs- und Entwicklungsaufgaben bilden ein wichtiges Bindeglied zum staatlichen Plan, durch das die Ergebnisse wissenschaftlich-technischer Arbeit plan- und bilanzwirksam werden.

Durch Kauf und Verkauf wissenschaftlich-technischer Ergebnisse werden die Kollektive in den Forschungs- und Entwicklungseinrichtungen der Kombinate angeregt, die in den Pflichtenheften festgelegten ökonomischen Zielstellungen zu erfüllen und zu übertreffen. Hohe wissenschaftlich-technische Leistungen zahlen sich über den Preis und den Gewinn unmittelbar stimulierend aus und schlagen sich im Prämienfonds in der materiellen Interessiertheit der Kollektive nieder. Es fördert hohe schöpferische Leistungen und verwirklicht in Forschung und Entwicklung immer besser das Leistungsprinzip. Die beschlossenen Maßnahmen zur weiteren Qualifizierung der Leitung, Planung und wirtschaftlichen Rechnungsführung sind ein fester Bestandteil der neuen Etappe der ökonomischen Strategie. Sie zeigen zunehmend positive Wirkung und tragen dazu bei, das schöpferische Handeln der Werktätigen noch stärker auf die neuen Anforderungen der umfassenden Intensivierung zu richten und flexibel auf die Entwicklung des Bedarfs im In- und Ausland zu reagieren. Ein zusammenfassender Ausdruck dafür ist die verstärkte Orientierung auf die Effektivität des gesamten Reproduktionsprozesses und insbesondere auf sein Ergebnis, das gesellschaftliche Nettoprodukt. Gestützt auf das in der 35jährigen Geschichte der DDR bewährte Prinzip des demokratischen Zentralismus setzt der Plan die Maßstäbe für die umfassende Ausnutzung der ökonomischen Gesetze des Sozialismus, für die weitere Qualifizierung der staatlichen Leitung. Die bisher erreichten Ergebnisse bei der Verbesserung des Verhältnisses von Aufwand und Ergebnis werden zur Zeit gründlich analysiert, um Festlegungen zu treffen, damit

- die mit dem Plan vorgegebenen Leistungs- und Effektivitätsziele kontinuierlich voll erfüllt werden,
- die schnellere Bewältigung notwendiger Struktur- und Sortimentsveränderungen in den Kombinaten und Betrieben zur Sicherung der volkswirtschaftlichen Aufgaben durch wachsende wissenschaftlich-technische Leistungen untersetzt wird,
- größere Fortschritte bei der Verbesserung des Verhältnisses von Aufwand und Ergebnis auf allen Stufen des Reproduktionsprozesses durch die Reduzierung der Kosten und die Steigerung des Gewinns erreicht werden.

Anmerkungen

[1] Vgl. Beratung des Sekretariats des Zentralkomitees der SED mit den 1. Sekretären der Kreisleitungen, Referat des Generalsekretärs des ZK der SED, Erich Honecker, über die Aufgaben der Partei bei der Vorbereitung des XI. Parteitages, in: Neues Deutschland vom 2./3. Februar 1985, S. 2.

[2] 9. Tagung des ZK der SED, 22./23. 11. 1984, Aus dem Bericht des Politbüros an das ZK der SED, Berichterstatter: Gen. Erich Honecker, Berlin 1984, S. 31.

[3] Günter Mittag, Theoretische Verallgemeinerung der Erfahrungen der Entwicklung der Kombinate für die Leistungssteigerung in der Volkswirtschaft, insbesondere bei der Nutzung der qualitativen Faktoren des Wachstums, in: Ökonomische Strategie der Partei – klares Konzept für weiteres Wachstum, Wirtschaftswissenschaftliche Konferenz der DDR im Karl-Marx-Jahr 1983 am 29. und 30. September in Berlin, Berlin 1983, S. 75.

[4] Karl Marx, Grundrisse der Kritik der politischen Ökonomie, in: MEW, Bd. 42, Berlin 1983, S. 105.

[5] W. I. Lenin, Die nächsten Aufgaben der Sowjetmacht, in: Werke, Bd. 27, S. 247.

[6] Vgl. 9. Tagung des ZK der SED..., a. a. O., S. 36.

[7] Vgl. Günter Mittag, Ökonomische Strategie der Partei dient der weiteren Verwirklichung des Kurses der Hauptaufgabe, in: Einheit 9/10–84, S. 810.

Horst Heintze

Der sozialistische Wettbewerb – das Hauptfeld der Teilnahme der Werktätigen zur Erhöhung der Effektivität durch umfassende Intensivierung

Die Organisierung und Führung des sozialistischen Wettbewerbs ist ein weitreichender politischer Auftrag für die Gewerkschaften im Prozeß der Gestaltung der entwickelten sozialistischen Gesellschaft. Der sozialistische Wettbewerb hat sich in allen Etappen unserer gesellschaftlichen Entwicklung als politische Aktion der Arbeiterklasse und aller Werktätigen zur Stärkung der ökonomischen Leistungskraft der Republik bewährt. Er hat sich als eine qualitativ neue gesellschaftliche Triebkraft des Sozialismus entwickelt. Ausdruck dieses Wirkens sind die im Wettbewerb zum 35. Jahrestag der DDR vollbrachten Leistungen, die in der Geschichte unserer Republik bisher einmalig sind.

Auf dem Wege zum XI. Parteitag der SED ist der 40. Jahrestag des Sieges der ruhmreichen Sowjetarmee über den Hitlerfaschismus und der Befreiung des deutschen Volkes von der Nazityrannei ein bedeutender Markstein.

In der Wettbewerbsführung haben wir ständig von der Sowjetunion gelernt und die Leninschen Wettbewerbsprinzipien entsprechend unseren gesellschaftlichen Bedingungen konsequent angewandt.

Deshalb werden wir im 40. Jahr der Befreiung und des 50. Jahrestages der Stachanow-Bewegung davon ausgehen – das Beste ist nur die Vorstufe für das Bessere im Jahr 1985.

Die Einberufung des XI. Parteitages der SED hat in der Arbeiterklasse und bei allen Werktätigen breite Zustimmung gefunden und wiederum neue Initiativen ausgelöst zur weiteren Erhöhung der Leistungskraft unserer Volkswirtschaft und der konsequenten Fortsetzung der Politik der Hauptaufgabe in ihrer Einheit von Wirtschafts- und Sozialpolitik. Unter der Losung „Hohe Leistungen zum Wohle des Volkes und für den Frieden – Vorwärts zum XI. Parteitag der SED!" haben schon wenige Tage nach der 9. Tagung des ZK der SED viele Betriebskollektive auf Vertrauensleutevollversammlungen den sozialistischen Wettbewerb beschlossen. Die große Breite und das Engagement der Werktätigen im sozialistischen Wettbewerb beweisen erneut ihre enge Verbundenheit mit der Partei der Arbeiterklasse und ihrer auf das Wohl des Volkes und die Sicherung des Friedens gerichteten Politik.

Der erreichte kräftige Aufschwung des Wettbewerbs bestätigt eindrucksvoll die Einschätzung von Erich Honecker auf der 9. Tagung des ZK der SED, „daß in Zeitabschnitten von großem politischen Gewicht die Werktätigen mit ihren Initiativen die Lösung der gesellschaftlichen Aufgaben stets besonders gefördert haben"[1].

Der Inhalt der Wettbewerbsbeschlüsse ist bestimmt von der neuen Etappe der Verwirklichung der ökonomischen Strategie unserer Partei. Hervorzuheben ist, daß die Verpflichtungen immer besser den Erfordernissen der umfassenden Intensivierung entsprechen und daß sie auf stabile Grundlagen für ihre Entwicklung auf lange Sicht zielen.

Durch eine hohe Steigerung der Arbeitsproduktivität, die umfassende Erhöhung der Effektivität und die Verbesserung der Qualität bei gleichzeitiger Entwicklung der Arbeits- und Lebensbedingungen wollen die Werktätigen in allen Bereichen der Volkswirtschaft eine grundlegende Verbesserung des Verhältnisses von Aufwand und Ergebnis erreichen.

Mit der Organisierung und Führung des sozialistischen Wettbewerbs zu Ehren des XI. Parteitages der SED sind alle Anstrengungen zu unternehmen, in seiner Entwicklung eine neue Qualität zu erreichen. Denn eindeutig ist: Unter den Bedingungen der umfassenden Intensivierung, durch die stürmische Entwicklung der Produktivkräfte und durch die damit verbundenen qualitativen Wandlungen in der materiell-technischen Basis werden auch neue, höhere Anforderungen an den sozialistischen Wettbewerb und das Schöpfertum der Werktätigen gestellt.

Worin zeigen sich diese neuen, höheren Anforderungen?

Ein *erster* Gedanke: Der sozialistische Wettbewerb ist auf Leistung und dynamischen Leistungszuwachs gerichtet. Unumstößlich dabei ist, daß der Plan sowohl Ausgangspunkt für die inhaltliche Gestaltung des Wettbewerbs als auch für die Bewertung seiner Ergebnisse ist. Es kommt aber darauf an, alle schöpferischen Potenzen der Werktätigen zu wecken, alle Reserven zu erschließen, um den Plan zu erfüllen und zu übererfüllen.

Die umfassende Teilnahme der Werktätigen an der Plandiskussion muß deshalb das Verantwortungsbewußtsein für die volkswirtschaftlichen und betrieblichen Prozesse weiter erhöhen, muß dazu beitragen, das Denken voll auf die Intensivierung auszurichten und zu hohen Verpflichtungen der Werktätigen führen. Große Reserven liegen bereits in der Plandiskussion, in der konsequenten Auswertung der Vorschläge, um die inneren Reserven nicht nur aufzudecken, sondern sie produktiv zu nutzen. Das erfordert, noch gründlicher die Plandiskussion vorzubereiten und bei der Wettbewerbsführung die besten individuellen und kollektiven Wettbewerbsformen und -methoden anzuwenden. Das bewußte und organisierte Handeln im Wettbewerb auf diese Höhe zu heben – und zwar überall –, die Zielstellungen der Kollektive exakt danach auszuprägen, darin kommt jetzt die politische Führung des sozialistischen

Wettbewerbs und die Qualität gewerkschaftlicher Leitungstätigkeit zum Ausdruck.

Ein *zweiter* Gedanke: Der sozialistische Wettbewerb erhält zunehmende Bedeutung für die Beschleunigung und die qualitativen Ergebnisse des wissenschaftlich-technischen Fortschritts. Deshalb sind die Initiativen der Forscher und Konstrukteure auf einen hohen und schnellen Leistungszuwachs durch Wissenschaft und Technik, vor allem durch neue Technologien, zu richten. Intensiv muß auf der Grundlage des Planes Wissenschaft und Technik und eines hohen Niveaus der Pflichtenhefte darum gerungen werden, einen hohen schöpferischen Grad der Arbeit planwirksam umzusetzen, um die volkswirtschaftlichen Effekte der wissenschaftlich-technischen Arbeit zu verbessern und Spitzenleistungen und Patente in größerem Umfang zu erreichen.

Ein wichtiger Faktor, dessen Entwicklung wir uns jetzt meines Erachtens in Theorie und Praxis noch mehr zuwenden müssen, ist die sozialistische Gemeinschaftsarbeit mit ihren Potenzen.

Ein *dritter* Gedanke: Ein qalitatives Merkmal des sozialistischen Wettbewerbs ist es, ihn mit dem gesamten Reproduktionsprozeß zu verbinden. Damit ergibt sich die Frage, wie noch wirkungsvoller die ökonomischen Vorteile der Arbeitsteilung und Kooperation, der Zentralisation, Konzentration und Kombination in allen Kombinaten mit dem Wettbewerb zu erschließen und zu nutzen sind.

Es sollte untersucht und überlegt werden, wie die dem Sozialismus innewohnenden Vorzüge unter diesem Gesichtspunkt noch mehr ausgeprägt werden können. Die Überlegungen gehen bisher z. B. in folgende Richtungen:

- Die sozialistische Gemeinschaftsarbeit ist umfassender zu entwickeln, und zwar in und zwischen den Kombinatsbetrieben, unter Heraushebung des Stammbetriebes. Damit wird die Form des Wettbewerbs mit dem einheitlichen Reproduktionsprozeß im Kombinat besser in Übereinstimmung gebracht;
- in diesem Zusammenhang ist auch nachzudenken, wie neue Möglichkeiten zu nutzen sind, die mit einer gegenseitigen Aktivierung der Wettbewerbsverpflichtungen großer Arbeitskollektive, kooperierender Abteilungen und Betriebe im Kombinat gegeben sind. Das könnte eine einheitliche, abgestimmte Initiative sichern und wesentlich zur Erhöhung der Effektivität und Qualität der Erzeugnisse beitragen.

Eine Frage, die mehr und mehr in den Vordergrund rückt, ist die der Organisierung von komplexen Wettbewerbsformen im Kombinat sowie zwischen mehreren Kombinaten und wissenschaftlichen Einrichtungen.

Im letzten Jahr hat sich die Zusammenarbeit von Kombinaten und Betrieben mit wissenschaftlichen Einrichtungen, Hochschulen und Akademien gut entwikkelt. Das sollte mit entsprechenden Formen in der Wettbewerbsführung gefördert werden. Begründet liegt das zum einen in der engen Verflechtung von Wissenschaft und Produktion und zum anderen darin, daß durch anspruchsvolle Zielstellungen, klare politische Motivation und einen konkreten Komplexwettbewerb zwischen Kollektiven von Wissenschaftlern und Kollektiven in den Kombinaten und Betrieben neue technologische Erfahrungen mit hoher Effektivität erschlossen und beschleunigt in die Produktion überführt werden können.

Zugleich muß aber überlegt werden, wie diese Form gestaltet werden muß, was mit ihr erreicht werden kann und was nicht. Dazu ist die Nutzung von Beispielen für die politische Führung des sozialistischen Wettbewerbs, speziell des Komplexwettbewerbs, und die Analyse seiner Voraussetzungen und Wirkungen jetzt eine unerläßliche Aufgabe.

Ein *vierter* Gedanke: Der sozialistische Wettbewerb hat den Erfordernissen für die Beschleunigung der Neuerungsprozesse und für einen neuen Rationalisierungsschub überall Rechnung zu tragen.

Das berührt die Ausnutzung der Grundfonds, die Schichtarbeit, die weitere Durchsetzung der Schwedter Initiative, die Modernisierung und Automatisierung ganzer Produktionsprozesse bis hin zur Veränderung des Inhalts der Arbeit und ihrer Stimulierung.

Eine der wichtigen Aufgaben in diesem Prozeß ist die Entwicklung der Neuererbewegung, die in engstem Zusammenhang mit der Beschleunigung des wissenschaftlich-technischen Fortschritts steht. Sie trägt dazu bei, das Schöpfertum, die dafür notwendigen kameradschaftlichen Beziehungen sowie die körperlichen und geistigen Fähigkeiten der Werktätigen voll zu entfalten. Dadurch, daß sich die Neuererbewegung immer stärker in Form der sozialistischen Gemeinschaftsarbeit vollzieht und vollziehen muß, kann sie bestens die neuen Initiativen und Aktivitäten der Arbeiterklasse und der Intelligenz fördern, auf die Durchsetzung der Ergebnisse von Wissenschaft und Technik konzentrieren und in ihren Effekten potenzieren. Das gelingt dann, wenn überall verstanden wird, daß die Neuererbewegung fester Bestandteil des sozialistischen Wettbewerbs ist. Ich sage das deshalb, weil bei einer Reihe von Veröffentlichungen die Neuererbewegung dem sozialistischen Wettbewerb gegenübergestellt bzw. verselbständigt dargestellt wird.

Und ein *fünfter* Gedanke: Einen höheren Stellenwert im sozialistischen Wettbewerb hat die Steigerung der Produktion mit einem absoluten und spezifisch sinkendem Material-, Rohstoff- und Energieverbrauch bei sinkendem Kostenaufwand erreicht.

Die Entwicklung fordert aber, daß Betriebskollektive weitere Verpflichtungen zur überplanmäßigen Senkung des Material- und Energieverbrauchs sowie der Selbstkosten übernehmen, obwohl der Plan dazu bereits anspruchsvolle Ziele festlegt.

Deshalb ist es notwendig, im engsten Zusammenhang mit der Vervollkommnung der Leitung, Planung und wirtschaftlichen Rechnungsführung in allen Kombinaten und Betrieben die neue Richtlinie des Ministerrates der DDR und des Bundesvorstandes des FDGB für die Arbeit mit dem Haushaltsbuch im sozialistischen Wettbewerb anzuwenden. Das Anliegen besteht darin, die schöpferische Masseninitiative, die Initiative jedes einzelnen Werktätigen noch stärker mit den höheren Ansprüchen an die Wirtschaftlichkeit in der neuen Etappe der Verwirklichung der ökonomischen Strategie in Übereinstimmung zu bringen.

In wichtigen Betrieben wurde über viele Jahre mit dem Haushaltsbuch das Kosten–Nutzen–Denken in den Arbeitskollektiven aktiv gefördert und dazu beigetragen, das Verhältnis von Aufwand und Nutzen zu einem wichtigen Kriterium des Wetteiferns um einen hohen Leistungsanstieg zu machen. Das gelingt mit dem Haushaltsbuch, wenn es als fester Bestandteil des sozialistischen Wettbewerbs geführt, eng mit bewährten Wettbewerbsmethoden, wie den persönlichen und kollektiven Planangeboten, den schöpferischen Plänen zur Steigerung der Arbeitsproduktivität u. a., verbunden wird und die erreichten Ergebnisse materiell anerkannt werden.

Die von der 9. Tagung des ZK der SED getroffene Festlegung, für Fondsrückgaben an Betriebe und Arbeitskollektive Schecks der Staatsbank der DDR zur Würdigung dieser Leistungen zu übergeben, muß in den Betrieben noch wirksamer zu konkreten Verpflichtungen genutzt werden.

Insgesamt kommt es darauf an, bei der weiteren Führung des sozialistischen Wettbewerbs dieser Problematik größere Aufmerksamkeit zu widmen.

Ich habe einige Erfahrungen aber auch Probleme der weiteren Führung des sozialistischen Wettbewerbs aufgezeigt, die in der weiteren theoretischen und praktischen Arbeit einer Lösung bedürfen.

Hier noch einige weitere.

Es ergeben sich z. B. auch neue Ansprüche an die staatliche Leitungstätigkeit für die Auslösung neuer Initiativen.

Die Flexibilität der Planung, die Bilanzierung der Wirtschaftsverträge und die Plandurchführung erfordern neue Überlegungen, z. B. Übernahme von neuen Verpflichtungen durch sich ändernde objektive Erfordernisse.

Gegenwärtig besteht hier oft noch ein Informationsverlust.

Auf dem Gebiet der sozialistischen Arbeit, der weiteren Qualifizierung der Leitung, Planung und Wirtschaftsführung sind weitergehende Antworten für die enge Verbindung der Schöpferkraft der Werktätigen mit dem wissenschaftlich-technischen Fortschritt und den qualitativen Faktoren des Wirtschaftswachstums zu finden. Dabei ist stärker als gegenwärtig die Planung, Plandurchführung und der sozialistische Wettbewerb mit wachsender ökonomischer und sozialer Wirksamkeit zu verbinden.

Ein Kernproblem der gegenwärtigen Entwicklung des sozialistischen Wettbewerbs in automatisierten Bereichen ist die Beachtung der wesentlich veränderten Wirkungsbedingungen und Arbeitsanforderungen an den Werktätigen.

Erste Untersuchungen lassen erkennen, daß sich in automatisierten Fertigungsbereichen auf Grund des neuen Inhalts der Arbeit des einzelnen Arbeiters und den damit eng verbundenen neuen Formen der Arbeitsteilung und Kooperation sich der Inhalt des sozialistischen Wettbewerbs verändert sowie neue individuelle und kollektive Formen entstehen.

In den Mittelpunkt der Wettbewerbsführung rückt stärker als bisher die Sicherung einer hohen Stabilität der ablaufenden Prozesse; denn sie sind entscheidend für die Einhaltung der Qualitätsparameter. Diese neuen Arbeitsoperationen stellen höhere Anforderungen an die Qualifikation der Werktätigen und die ständige Weiterentwicklung ihrer Kenntnisse, Fähigkeiten und Fertigkeiten, an ihre Disponibilität und Mobilität.

Der hohe Wert der Grundfondsausstattung erfordert von den Werktätigen, umfassender solche Charaktereigenschaften, wie Verantwortungsbewußtsein, Mut zum Risiko, den Willen zur Qualifikation und Leistungsbereitschaft, auszuprägen.

Aus der komplexen Beherrschung der Automatisierung erwachsen neue Formen der kameradschaftlichen Zusammenarbeit und der gegenseitigen sozialistischen Hilfe sowie die Entwicklung kollektiver Formen zwischen den Werktätigen in der Produktion, der Produktionsvorbereitung bis hin zum Absatz der Erzeugnisse.

Es ist zu sichern, daß durch den Übergang zur Automatisierung ganzer Fertigungslinien, Produktionsabschnitte oder Abteilungen eine weitere Verbesserung der materiellen Arbeitsbedingungen der Werktätigen erreicht, die körperlich schwere Arbeit beseitigt sowie der Gesundheits- und Arbeitsschutz weiter verbessert wird und zur Neu- und Umgestaltung der Arbeitsplätze führt. Denn jeder Fortschritt der Automatisierung ist nicht nur entscheidend für den Leistungszuwachs, sondern ein wichtiges soziales Problem, das tief in die familiären Belange der Menschen eingreift.

Der Bundesvorstand des FDGB begrüßt die vorgesehene gemeinsame Tagung des Wissenschaftlichen Rates für die wirtschaftswissenschaftliche Forschung mit seinem Wissenschaftlichen Rat für Fragen des sozialistischen Wettbewerbs zur umfassenden Intensivierung und des Wettbewerbs anläßlich des 40. Jahrestages der Gründung des FDGB und erwartet weitere Erkenntnisse und Anregungen in Vorbereitung des XI. Parteitages der SED und des 11. FDGB-Kongresses.

Anmerkungen

[1] 9. Tagung des ZK der SED, 22./23. 11. 1984, Aus dem Bericht des Politbüros an die 9. Tagung des ZK der SED, Berichterstatter: Gen. Erich Honecker, Berlin 1984, S. 44.

Wolfgang Heinrichs

Effektivitätsdynamik in der umfassenden Intensivierung

Die umfassende Intensivierung ist eine neue Etappe auf dem Wege der Umstellung unserer Volkswirtschaft auf die intensiv erweiterte sozialistische Reproduktion. Neu ist diese Etappe vor allem deshalb, weil sie in mehrfacher Hinsicht mit qualitativ neuen Anforderungen an den ökonomischen und sozialen Inhalt der Effektivität, ihre Quellen, ihre Dynamik und nicht zuletzt ihre Komplexität verknüpft ist. Auf dieser Grundlage entwickeln sich deshalb die Maßstäbe ihrer Bewertung, ihrer Planung und ökonomischen Stimulierung. Nachdem Erich Honecker auf dem 9. Plenum des ZK der SED an der Steigerung der Arbeitsproduktivität, am sinkenden spezifischen Verbrauch an Energie und Material und an der positiven Entwicklung bei der Ausnutzung der Produktionsausrüstungen die wichtigsten Faktoren der Effektivitätsdynamik analysierte, gelangte er zu folgender Aussage: „Alles das führt zu der wichtigen Schlußfolgerung, daß die intensiv erweiterte Reproduktion heute zur bestimmenden Grundlage für das Wachstum unserer Volkswirtschaft geworden ist.“[1] Bei der umfassenden Intensivierung handelt es sich um eine Präzisierung des für die intensiv erweiterte sozialistische Reproduktion überhaupt gültigen Kriteriums der Verbesserung des Verhältnisses von Aufwand und Ergebnis. Gleichzeitig geht es um eine Ausdehnung dieses Kriteriums auf den gesamten volkswirtschaftlichen Kreislauf und dem der Kombinate und Betriebe. Für ein stabiles ökonomisches Wachstum erweist sich immer mehr als ausschlaggebend, auf welche Weise die Bedingungen eines ständigen Effektivitätszuwachses auf der Grundlage einer neuen Stufe der ökonomischen Verwertung von Wissenschaft und Technik kurz-, mittel- und langfristig reproduziert werden können. Darin liegt das eigentliche Schlüsselproblem, von dessen Lösungen abhängt, dem Intensivierungsprozeß umfassenden Charakter zu verleihen und ihn langfristig auf stabile Grundlagen zu stellen.

Schon aus diesem Grunde halte ich es zumindest für bedenklich, den fortschreitenden Intensivierungsprozeß von der Dynamik der Effektivität, ihren Quellen, den Bedingungen ihrer Reproduktion zu lösen und anstelle dessen für den fortschreitenden Intensivierungsprozeß Kriterien im Bereich technologischer und technisch-ökonomischer Parameter anzusiedeln, wie das mitunter in der Literatur versucht wird. So wird beispielsweise die Ansicht vertreten, daß die wachsende organische bzw. technische Zusammensetzung der Fonds die wichtigste Gesetzmäßigkeit der Intensivierung sei. Ohne Zweifel ist die Veränderung der organischen und technischen Zusammensetzung der Fonds ein anderer Ausdruck der Produktivkraftentwicklung und deshalb ein wichtiger Indikator des umfassenden Intensivierungsprozesses, und zwar sowohl was dessen Voraussetzungen als auch was dessen Resultate anbetrifft. Aber die Dynamik der organischen Zusammensetzung der Fonds hat noch nicht, gewissermaßen automatisch, eine positive Veränderung des Verhältnisses von Aufwand und Ergebnis zur Folge. Gerade deshalb muß man Fortschritte im volkswirtschaftlichen Intensivierungsprozeß an positiven Veränderungen des Verhältnisses von Aufwand und Ergebnis messen – und das kurz-, mittel- und langfristig. Nur unter Beachtung dieses Zielhorizontes können die Bedingungen der Reproduzierbarkeit einer stabilen positiven Veränderung des Verhältnisses von Aufwand und Ergebnis hinreichend berücksichtigt und darauf aufbauend die kurz-, mittel- und langfristigen Wachstumsbedingungen prognostiziert werden.

Wenn die Sicherung der Reproduzierbarkeit des Effektivitätszuwachses sich als ausschlaggebende Bedingung für stabiles Wachstum erweist, dann ist es auch unschwer einzusehen, daß die Effektivität als ein bestimmtes Verhältnis von Aufwand und Ergebnis sich aus einer vorwiegend in der Produktion zunächst angesiedelten und sich dort entwickelnden Kategorie immer stärker hin zu einer Reproduktionskategorie entfaltet. In dieser ihrer Eigenschaft schließt sie sowohl alle Phasen der Reproduktion bis hin zur Konsumtion und innerhalb der Konsumtion Aufwendungen und Effekte als auch die Bedingungen der Reproduzierbarkeit des Effektivitätszuwachses selbst ein.

So hat denn auch die Frage nach den Quellen des Effektivitätszuwachses und ihrer Reproduzierbarkeit in der Etappe der umfassenden Intensivierung große praktische und theoretische Bedeutung. Mit dem Übergang zur umfassenden Intensivierung bedarf eine befriedigende Antwort neue Überlegungen. Es handelt sich nämlich darum, daß der Eintritt in die umfassende Intensivierung in der DDR zu einem Zeitpunkt erfolgte, zu dem die quantitativen Dimensionen von Produktion und Konsumtion bereits ein hohes Entwicklungsniveau erreicht hatten. Das äußerte sich u. a. am physischen und wertmäßigen Umfang der im Kreislauf schon befindlichen Ressourcen, was den Reproduktionsverlauf und speziell die Bedingungen der Reproduktion des volkswirtschaftlichen Ersatzfonds bestimmte und gegenwärtig noch bestimmt. Schon allein dieser Umstand barg und birgt auch heute noch günstige Bedingungen in sich, Reserven durch bloße Einsparungen für das Wachstum zu erschließen. Sie resultieren aus den wachsenden quantitativen Maßstäben der Reproduktion. Ihrem Wesen nach sind sie mit jenen identisch, die Marx bei der Analyse der Ökonomie des angewandten konstanten Kapitals im Auge hatte. Das sind Einsparungen, die eben nicht in erster Linie durch wissenschaftlich-technische Maßnahmen, durch Erzeugniserneuerung und progressive technologische Veränderungen erzielt werden. Vielmehr sind es solche, die aus Sortimentsbegrenzungen, aus Veränderungen des Materialeinsatzes, der Vorgabe und Realisierung bestimmter Verbrauchskontingente usw. resultieren.

Die auf diesem Wege erzielten Einsparungen werden durch Regelungen der wirtschaftlichen Rechnungsführung unterstützt. Derartige Einsparungen werden als Selbstkostensenkungen wirksam und erweisen sich deshalb als ein nicht unwichtiger Faktor der Gewinnerwirtschaftung für die Betriebe und Kombinate. Schon aus diesem Grunde verbietet sich m. E. von vornherein, die auf diesem Wege erzielten Einsparungen als sogenannte administrative Wege der Effektivitätserhöhung einfach abzuqualifizieren. Sie waren und sind auch weiterhin wichtige Reserven, zumindestens, um Zeit und Spielräume für größere Umgruppierungen von Ressourcen für die Entwicklung und Nutzung moderner Produktivkraftentwicklungen zu gewinnen. Die Nutzung moderner Produktivkraftentwicklung muß längerfristig vorbereitet und durch einen stabilen Effektivitätszuwachs schon in der Gegenwart mit erwirtschaftet werden, wozu eben auch die Ressourcenersparnis ohne nennenswerte wissenschaftlich-technische Vorleistungen der Gesellschaft gehört. Beispielsweise wäre es nützlich, näher zu untersuchen, welchen Einfluß die Senkung des Energie- und Materialverbrauchs in den zurückliegenden Jahren in der DDR zur Beschleunigung der Investitionen in der Mikroelektronik hatte, welches Tempo in der Mikroelektronik überhaupt unter den Bedingungen der notwendigen Erwirtschaftung wachsender Außenhandelsüberschüsse möglich gewesen wäre, wenn diese Einsparungen nicht hätten real erzielt werden können. In der Nutzung dieser Einsparpotentiale liegt letztlich auch der Grund, weshalb in der DDR seit Ende der 70er Jahre nicht nur ein stabiles Wachstum gesichert werden konnte, sondern sogar seit 1982/83 das Tempo noch beschleunigt werden konnte und das bei gleichzeitigem Anwachsen des Außenhandelsüberschusses. Diese praktischen Erfahrungen der DDR weisen nach, daß nicht unbedingt und in jedem Fall ein Abflachen der Wachstumsdynamik aus Gründen der Herstellung des volkswirtschaftlichen Gleichgewichts erfolgen muß, wenn tiefgreifende Strukturveränderungen vorbereitet und durchgeführt werden. Derartige Wege der Ersparnis sollte man deshalb nicht geringschätzen. Sie sind unverzichtbar für größere Umgruppierungen von Ressourcen zwecks ihrer Konzentration auf wichtige Durchbruchsstellen des wissenschaftlich-technischen Fortschritts und seiner ökonomischen Verwertung mit volkswirtschaftlicher Breitenwirkung. Das bestätigen die Erfahrungen bei der Schaffung der materiell-technischen Voraussetzungen für die Produktion und die Anwendung der Mikroelektronik in der DDR. Mit Sicherheit können diese Erfahrungen auch beim verstärkten Einstieg in die Biotechnologie genutzt werden. Als Schlüsseltechnologie unterliegt die Biotechnik gleichen oder zumindest ähnlichen Bedingungen der ökonomischen Verwertung, wie die Mikroelektronik, beginnend bei den wachsenden Vorleistungen für ihre großtechnische Anwendung bis hin zu ihren breit gefächerten Anwendungsgebieten, die ihrerseits einer stärkeren Prioritätsskala unterworfen sind, um kurz-, mittel- und langfristig ökonomische Effekte erschließen zu können.

Trotz dieser kaum zu überschätzenden Bedeutung der Nutzung derartiger Einsparpotentiale für ein stabiles Wachstum unterscheiden sie sich von denen, die durch die ökonomische Verwertung von Wissenschaft und Technik entstehen. Zunächst ist weder bei den ersteren noch bei den letzteren immer erkennbar, welcher Art sie sind, denn beide treten an der Oberfläche des realen ökonomischen Prozesses stets unterschiedslos als eine Verbesserung des Verhältnisses von Aufwand und Ergebnis zutage. Trotz gleicher Oberflächenerscheinungen (die mitunter Anlaß für Fehlinterpretationen oder gar irrtümlicher Vorausschätzungen sein können) unterscheiden sich diese Effektivitätsquellen ihrem Wesen nach von Grund auf – und zwar in ihrer Reproduzierbarkeit. Die Nutzung bloßer Einsparungen, die ohne nennenswerte Erzeugniserneuerung und ohne technologische Veränderungen erwirtschaftet werden, ist mehr oder weniger einmalig, nicht reproduzierbar. Ihre Wiederholung wird immer schwieriger, und es wird immer komplizierter, das erforderliche Gebrauchswertniveau der Erzeugnisse zu halten, direkte Verluste zu vermeiden und Aufwandssenkungen für einen längeren Zeitraum zu erwirtschaften. Da die Reproduzierbarkeit dieser Einsparungspotentiale äußerst begrenzt ist, müssen sie früher oder später in solche Quellen der Effektivität überführt werden, die in einem weit größeren Ausmaß reproduzierbar sind und die aus der ökonomischen Verwertung von Wissenschaft und Technik stammen. Damit verändern sich gleichzeitig auch die Quellen des künftigen Effektivitätszuwachses.

Die aus der ökonomischen Verwertung von Wissenschaft und Technik stammenden Effektivitätsquellen sind nicht nur reproduzierbar. Zugleich begründen sie ein qualitativ neues Verhältnis von Aufwand–Ergebnis. Sie dynamisieren beide Komponenten dieses Verhältnisses sowohl im Sinne der Aufwandsminimierung als auch der Ergebniserhöhung, verstanden als die Erschließung qualitativ neuer Effekte, die den Nutzen für die Gesellschaft, die Kombinate und Betriebe sowie den einzelnen erhöhen. Aus dieser Dynamisierung wiederum folgt eine immer wieder erneute Bewertung des Aufwandes und des Ergebnisses durch die sozialistische Gesellschaft und ihrer Institutionen. Das geschieht in vielfältigen Formen, täglich und im Massenumfang (z. B. bei der Preisfestsetzung neuer Erzeugnisse, bei der Fixierung der Kosten und Preisobergrenze im Pflichtenheft, der Bestimmung der Stückzahlen in einem bestimmten Produktionszeitraum, bei der Verkürzung der Markteinführungszeiten neuer Erzeugnisse usw.).

Gerade auf diesen Quellen beruht dem Wesen nach die umfassende Intensivierung auf lange Sicht. Sie sind bestimmend dafür, daß der Effektivitätszuwachs auf stabilen, langfristigen Grundlagen reproduziert wird. Dies ist folglich auch ein anderer Typ von Einsparung.

Die genauere Differenzierung der Quellen der Effektivitätsdynamik nach ihrer Reproduzierbarkeit ist eine aktuelle Aufgabe der Effektivitätsforschung. Die Reproduzierbarkeit der Bedingungen des Effektivitätszuwachses, die auf einem unterschiedlichen Typ der Ersparnis beruht, hat beispielsweise praktische Bedeutung für die Bewertung unterschiedlicher Abstände zwischen dem Zeitpunkt des Aufwandes, das heißt der Vorleistungen der Gesellschaft und dem Zeitpunkt, zu dem die Erlöserwirtschaftung beginnt bis hin zum vollständigen Rückfluß dieser Vorleistungen (Zeitgewinn). Die Reproduzierbarkeit der Effektivitätsbedingungen kann nicht allein durch eine Minimierung der Zeitabstände bewertet werden, um so weniger, als es sich um Vorhaben handeln kann, die längerfristige Realisierungszeiten erfordern (beispielsweise die großtechnische Erschließung der Veredlung der Braunkohle für energetische und stoffwirtschaftliche Prozesse). Sie lassen sich ebenfalls nicht allein mit Kategorien der wirtschaftlichen Rechnungsführung (der derzeitigen Kosten und Preise) bewerten. Der volkswirtschaftliche Effektivitätszuwachs läßt sich nicht auf einen Gewinnzuwachs der Kombinate und Betriebe allein zurückführen. Er ist gegenüber der Effektivität des Kombinats und des Betriebes in seinen Dimensionen breiter gefächert und schließt gegenwärtige und künftige Bedingungen der Proportionalität und Verfügbarkeit (von Energieträgern und Rohstoffen), Strukturprozesse resultierend aus der längerfristigen aktiven Beteiligung der Volkswirtschaft an der internationalen sozialistischen Arbeitsteilung, dem Schutz der Umwelt, der Gewinnung von Arbeitskräften durch die Auflösung bisher bestehender Arbeitsplätze usw. ein. Derartige Bedingungen des volkswirtschaftlichen Effektivitätszuwachses erweisen sich immer mehr als die bestimmenden auch für den Gewinnzuwachs in den Kombinaten und Betrieben. Nur so kann auch ein höheres Niveau der Übereinstimmung der Interessen zwischen der Gesellschaft und denen der Kombinate und Betriebe erreicht und funktionsfähig gestaltet werden.

Anmerkungen

[1] 9. Tagung des ZK der SED, 22./23. 11. 1984, Aus dem Bericht des Politbüros an das ZK der SED, Berichterstatter: Gen. Erich Honecker, Berlin 1984, S. 31.

Willi Kunz

Sozialistische ökonomische Integration fördert höhere Effektivität

In den Schwerpunkten, die dem Wissenschaftlichen Rat für die wirtschaftswissenschaftliche Forschung vorliegen, sowie in den beiden Referaten wurde davon ausgegangen, daß die intensiv erweiterte Reproduktion zur bestimmenden Grundlage für das Wachstum der Volkswirtschaft der DDR geworden ist, daß das Wesen der neuen Etappe der Verwirklichung der ökonomischen Strategie darin besteht, dem Prozeß der Intensivierung umfassenden Charakter zu verleihen und somit stabile Grundlagen für die intensive Entwicklung auf lange Sicht zu schaffen. Es wird betont, daß es vor allem darum geht, das Wirtschaftswachstum durch höhere Effektivität zu sichern.

Dieser intensive Reproduktionstyp, auf den – ausgehend von den Beschlüssen der SED – orientiert wird, besteht vor allem darin, daß die Produktionsergebnisse schneller wachsen müssen als der Produktionsaufwand, daß durch einen relativ geringeren Einsatz von Ressourcen in der Produktion ein höheres ökonomisches Ergebnis erreicht wird. Die Arbeitsproduktivität muß schneller wachsen als die Produktion. Die Effektivität wird zur Hauptquelle des Wirtschaftswachstums. Ziel ist es, daß die Produktion bedarfsgerechter Erzeugnisse schneller wächst als der Aufwand an Arbeitsmitteln, Arbeitsgegenständen und lebendiger Arbeit.

In diesem Zusammenhang sollte m. E. stärker beachtet werden, daß das ökonomische Wachstum nicht nur in der Volkswirtschaft der DDR, sondern auch in den Volkswirtschaften der anderen europäischen Mitgliedsländer des RGW in zunehmendem Maße vorwiegend oder ausschließlich durch die Nutzung qualitativer Faktoren getragen wird. Dabei kommt dem schnellen wissenschaftlich-technischen Fortschritt und der ökonomischen Nutzung seiner Ergebnisse bei der umfassenden Durchsetzung des intensiven Typs der erweiterten Reproduktion entscheidende Bedeutung zu. Die höhere Veredlung der eingesetzten Rohstoffe und Materialien, die rasche Senkung des spezifischen Material- und Energieverbrauchs, in wesentlichen Teilen die absolute Senkung des Produktionsverbrauchs mit Hilfe des wissenschaftlich-technischen Fortschritts, eine steigende Effektivität der Investitionen sowie die Nutzung der verschiedenen Formen der Vergesellschaftung der Produktion werden zu ausschlaggebenden Grundlagen für die umfassende Intensivierung auch in den Volkswirtschaften der UdSSR und anderer europäischer RGW-Länder.

Diese qualitativen Veränderungen, bei denen immer stärker Züge der intensiven Entwicklung überwiegen, schaffen weitere günstige Voraussetzungen dafür, die sozialistische ökonomische Integration zwischen den Volkswirtschaften der Mitgliedsländer des RGW als entscheidende Bedingung für Intensivierung und ökonomisches Wachstum schneller und mit größerem Effekt für die Beteiligten zu entwickeln. Dementsprechend brachte die Wirtschaftsberatung des RGW auf höchster Ebene in Moskau vom 12. bis 14. Juni 1984 „die feste Entschlossenheit aller Bruderparteien zum Ausdruck, ausgehend von den anspruchsvollen Anforderungen der gegenwärtigen Etappe, die ökonomische und wissenschaftlich-technische Zusammenarbeit auf eine neue Stufe zu heben“[1].

In diesem Zusammenhang wird darauf aufmerksam gemacht, daß die Erschließung und die Wirksamkeit der wichtigsten qualitativen Faktoren des Wirtschaftswachstums, so vor allem

- die Beschleunigung des wissenschaftlich-technischen Fortschritts,
- die effektive Nutzung und Modernisierung vorhandener Produktionsanlagen,
- der sparsamste und zweckentsprechendste Einsatz von Roh- und Brennstoffen,
- die Einführung neuer, produktiverer Arbeitsmittel und Technologien in die Produktion u. a. m.

zunehmend davon abhängen, wie die sozialistische ökonomische Integration den Intensivierungsprozeß in den einzelnen Volkswirtschaften fördert.

Stabile, dynamische, auf Intensivierung und ökonomisches Wachstum orientierte sozialistische Volkswirtschaften bilden zugleich die Grundlage für ein weiteres schnelles Voranschreiten der sozialistischen ökonomischen Integration mit der erforderlichen hohen Effektivität für die Volkswirtschaften der Länder. Deshalb ist es auch so wichtig, „... an die Fragen der volkswirtschaftlichen Entwicklung mit entsprechender Sorgfalt heranzugehen. Die jeweils rationellsten Lösungen müssen sowohl den Interessen des eigenen Landes als auch denen der anderen Länder zum Nutzen gereichen. Unabdingbar ist die Orientierung auf die neuesten Erkenntnisse der Wissenschaft und Technik, auf die rentabelsten und fortgeschrittensten Produktionsverfahren.[2]“

Für die Volkswirtschaft der DDR, die objektiv in hohem Maße außenwirtschaftsabhängig und besonders stark in die sozialistische internationale Arbeitsteilung mit der UdSSR und den anderen Mitgliedsländern des RGW einbezogen ist, gehen von der sozialistischen ökonomischen Integration entscheidende Wirkungen auf die Effektivität des volkswirtschaftlichen Kreislaufs aus. Das macht es erforderlich, die planmäßige Gestaltung von Integrationsmaßnahmen konsequent aus den konkreten Bedingungen und Anforderungen der Intensivierung im eigenen Lande, aber auch in den Partnerländern des RGW abzuleiten, um durch Ausschöpfung ihrer Möglichkeiten und Nutzung ihrer Vorzüge ein günstiges Verhältnis von Ergebnis und Aufwand zu erzielen.

Die neue Etappe der ökonomischen Strategie, in der die Intensivierung umfassenden Charakter erhält, führt für die Volkswirtschaft der DDR mit ihrer hohen Außenwirtschaftsintensität (mehr als 40 % des Nationaleinkommens der DDR wird gegenwärtig materiell über den Export umstrukturiert, davon zwei Fünftel durch Export in die UdSSR) vor allem dazu, daß die Anforderungen an das Niveau der planmäßigen Leitung der Integrationsprozesse wachsen. Das gilt für alle Ebenen des auf der Grundlage des demokratischen Zentralismus funktionierenden Leitungssystems der Wirtschaft der DDR.

Für das innere Leitungs- und Planungssystem in der DDR bedeutet das im Zusammenhang mit der Koordinierung der Volkswirtschaftspläne mit den anderen RGW-Ländern vor allem:

1. Die internationale wissenschaftlich-technische und ökonomische Zusammenarbeit wird zunehmend darauf ausgerichtet, die Arbeitsproduktivität und die Erneuerungsraten der Produktion zu erhöhen, dabei die Arbeitsproduktivität schneller zu steigern als die Produktion, den Material- und Energiebedarf zu senken, die Effektivität der produktiven Fonds zu steigern, die Versorgung der Bevölkerung zu verbessern und das Exportpotential zu vergrößern.

2. Bedarf und Ansprüche nach wissenschaftlich-technisch anspruchsvollen Lösungen nehmen zu, das gegenseitige Interesse der Partner an der internationalen wissenschaftlich-technischen Zusammenarbeit wird immer stärker in diese Richtung gelenkt. Der Bedarf der Integrationspartner der DDR und besonders der UdSSR an kompletten Ausrüstungen und Rationalisierungsmitteln mit modernen Steuerungen auf der Basis der Mikroelektronik, moderner Schaltsysteme, moderner Informationsverarbeitungstechnik und der entsprechenden Software steigt überdurchschnittlich an.

3. Die weitere Sicherung der Versorgung der Volkswirtschaft der DDR mit Roh- und Brennstoffen sowie deren rationelle Nutzung wird zu einem entscheidenden Grundzug der Zusammenarbeit mit anderen Partnern im RGW. Dabei gewinnen ein hoher Veredlungsgrad der Erzeugnisse und eine beträchtliche Senkung des Produktionsverbrauchs wesentlich an Bedeutung. In der internationalen Spezialisierung und Kooperation der Produktion sowie in den Austauschprozessen werden stärker solche Technologien gefragt, die zu wesentlichen relativen und absoluten Einsparungen an Material, Rohstoffen und Energie führen.

4. Die Produktionsbasis in den RGW-Ländern wird vor allem durch Modernisierung, Rationalisierung und höhere zeitliche Auslastung der Grundfonds erweitert. Dabei bestimmt der Bedarf der Partner an modernen Rationalisierungsmitteln, Industrierobotern, Maschinensystemen mit hoher Bearbeitungsgenauigkeit und anderen qualitativ neuen Gebrauchseigenschaften immer stärker die internationale Spezialisierung und Kooperation und damit zugleich das Exportprofil vor allem des Maschinenbaus und der Elektrotechnik/Elektronik der DDR.

5. Neben der strukturellen Veränderung des Bedarfs der Volkswirtschaften an Produktionsmitteln verändert sich auch der Bedarf der Bevölkerung in den RGW-Ländern an Konsumgütern. Neue Bedarfsanforderungen entstehen in Folge des wissenschaftlich-technischen Fortschritts, besonders in Richtung auf neue, qualitativ hochwertige, formschöne Konsumgüter mit langer Lebensdauer, hohem Bedienkomfort, geringer Störanfälligkeit. Dazu gehört auch eine Verbesserung des Kundendienstes, verstärkte Serviceleistungen sowie eine bessere Ersatzteilversorgung.

6. Wesentliche Veränderungen vollziehen sich auch in der Infrastruktur der Länder und besonders im Transportwesen. Unter Berücksichtigung günstiger Produktionsstandorte verlagern sich hierbei beträchtliche Gütermengen auf günstigere Verkehrsträger, zum Beispiel von der Straße auf die Schiene bzw. von der Schiene auf Wasserwege.

Die planmäßige Zusammenarbeit zwischen den sozialistischen Ländern entsprechend diesen neuen Bedingungen durch die allseitige Vertiefung der Zusammenarbeit und Entwicklung der sozialistischen ökonomischen Integration ist eine Aufgabe, die dann am besten gelöst wird, wenn die Interessen der Länder richtig miteinander verbunden werden. Von der zielstrebigen und wirkungsvollen Verknüpfung der Interessen hängt entscheidend die Mobilisierung der vielfältigen Effektivitätsreserven in der Zusammenarbeit ab.

Dieser Interessenverknüpfung dient der Beschluß der Wirtschaftsberatung der Mitgliedsländer des RGW auf höchster Ebene, einen neuen Schritt zur Vertiefung der Abstimmung der Wirtschaftspolitik durch die Mitgliedsländer des RGW auf den mit der gegenseitigen Zusammenarbeit verbundenen Gebieten zu tun. „In der gegenwärtigen Entwicklungsetappe bildet die Abstimmung der Wirtschaftspolitik eine entscheidende Grundlage, um die Effektivität der Zusammenarbeit im RGW zu erhöhen."[3]

In den Thesen für die Ratstagung des Wissenschaftlichen Rates am 25. 9. 1984 haben wir darauf hingewiesen, daß das eine weitere Qualifizierung der langfristig konzeptionellen Arbeit auf allen Ebenen der Volkswirtschaft in Verbindung mit der Planung von Maßnahmen der sozialistischen ökonomischen Integration erforderlich macht. Zugleich bildet dieser Beschluß eine wichtige Grundlage für die Ausarbeitung des Fünfjahrplanes 1986 bis 1990, seiner internationalen Koordinierung mit der UdSSR und den anderen RGW-Ländern sowie für eine längerfristige Perspektive. Besonderes Gewicht haben dabei die Abkommen und Vereinbarungen mit der UdSSR, dem Hauptintegrationspartner der DDR[4], die zunehmend dazu dienen, das langfristige Programm der Zusammenarbeit zwischen unseren beiden Ländern in Wissenschaft, Technik und Produktion bis zum Jahre 2000 zu verwirklichen. Weit in die Zukunft reichende Aufgaben der wirtschaftlichen und wissenschaftlich-technischen Zusammenarbeit sowie der Verflechtung der Volkswirtschaften beider Länder wurden damit in Angriff genommen. Vereinbarungen mit anderen RGW-Ländern über die Hauptrichtungen der Zusammenarbeit für einen längeren Zeitraum liegen ebenfalls vor. Die Lösung der damit verbundenen Aufgaben erfordert eine qualifizierte Leitung der wissenschaftlich-technischen und ökonomischen Prozesse und die Ausschöpfung aller Reserven zur immer besseren Befriedigung der Bedürfnisse der Binnen- und Außenmärkte und zur Erreichung höchster Effektivität.

In den Thesen auf der Septemberberatung des Wissenschaftlichen Rates wurde in diesem Zusammenhang auch hervorgehoben, daß es bei der komplexen Ausarbeitung der Veredlungskonzeptionen von Anfang an darauf ankommt, die Anforderungen aus der weiteren Vertiefung der sozialistischen ökonomischen Integration einzubeziehen. Hierbei gibt es ohne Zweifel noch viel zu tun. „Schwerpunkte dieser Arbeit sind vor allem die Bestimmung der Hauptlinie für die perspektivische Gestaltung der Produktions- und Exportstruktur entsprechend dem Bedarf der Volkswirtschaft der DDR sowie den Anforderungen, die sich aus der Entwicklung des Exports in die UdSSR, in die anderen Mitgliedsländer des RGW und in das nichtsozialistische Wirtschaftsgebiet ergeben."[5]

Die Vorzüge der sozialistischen ökonomischen Integration als Intensivierungsfaktor und besonders die vielfältigen Möglichkeiten zur Vertiefung der wissenschaftlich-technischen und ökonomischen Zusammenarbeit mit der UdSSR, um zu höherer Effektivität für den volkswirtschaftlichen Kreislauf der DDR zu gelangen, werden durch das System der Leitung, Planung und wirtschaftlichen Rechnungsführung in der DDR gefördert. Dieses System, das auf der Grundlage der Beschlüsse des X. Parteitages der SED vor allem in den Jahren 1983 und 1984 qualitativ weiterentwickelt wurde, bietet vielfältige Möglichkeiten, um die sozialistische ökonomische Integration und besonders die enge Zusammenarbeit mit der Volkswirtschaft der UdSSR für ein schnelleres Wachstum der Arbeitsproduktivität, die Verbesserung des Verhältnisses von Aufwand und Ergebnis, die stärkere ökonomische Nutzung des wissenschaftlich-technischen Fortschritts sowie die Senkung des Produktionsverbrauchs als wesentliche Quellen zur Erhöhung des Nationaleinkommens zu nutzen.

Das bewegende Moment im System der Wirtschaftsleitung der DDR wie in der Zusammenarbeit mit der Volkswirtschaft der UdSSR und den anderen RGW-Ländern ist die Beschleunigung des wissenschaftlich-technischen Fortschritts und die schnelle Einführung seiner Ergebnisse in die materielle Produktion, um hierdurch für den Bedarf der Volkswirtschaft, der Bevölkerung und den Export entsprechende Erzeugnisse zu erhalten sowie die entschiedene Verbesserung des Verhältnisses von Ergebnis und Aufwand in allen ökonomischen Beziehungen zu erreichen.

Die Hauptkennziffern der Leistungsbewertung orientieren auf die dynamische und proportionale Entwicklung der Volkswirtschaft unter Einbeziehung der Ergebnisse, die sich aus der Vertiefung der Zusammenarbeit mit unserem Hauptwirtschaftspartner UdSSR und den anderen RGW-Ländern ergeben. Dabei gelingt es zunehmend besser, Wissenschaft, Technik und Produktion relativ schnell auf den Bedarf der Partner im RGW und besonders des Hauptwirtschaftspartners UdSSR einzustellen. Als Folge davon konnten bereits in den Jahren 1983 und 1984 beträchtliche Steigerungsraten im Export erzielt werden. Das zeigt sich in dem folgenden Ex- und Importvergleich der DDR mit den anderen Mitgliedsländern des RGW:

Export und Import der DDR mit den anderen RGW-Ländern (in Mrd. VM)

	Export	Import
1980	37,4	37,9
1981	41,5	42,8
1982	45,7	45,8
1983	51,9	48,4

Im Jahre 1983 überstieg der Export der DDR in die anderen RGW-Länder beträchtlich den Import aus diesen Ländern. Diese Entwicklung setzte sich (nach den bisherigen Angaben) auch 1984 fort.

Besonders erfolgreich entwickelte sich dabei die internationale Spezialisierung und Kooperation der DDR mit der UdSSR und den anderen Mitgliedsländern des RGW. Der Anteil der vertraglich spezialisierten Erzeugnisse am Export der DDR in die RGW-Länder erhöhte sich von 1980 bis 1983 von 30 auf 40%, in die UdSSR von 38 auf 51%. Einen entscheidenden Anteil an dieser Entwicklung hat vor allem der Maschinenbau der DDR, der seinen Export in die anderen RGW-Länder in den genannten Jahren überdurchschnittlich steigern konnte. Diese positive Entwicklung hat sich in der Tendenz ebenfalls im Jahre 1984 fortgesetzt. Dabei konnte besonders der Austausch mit unserem Hauptwirtschaftspartner UdSSR, auf den gegenwärtig rd. 60% des Ex- und Importvolumens der DDR mit den RGW-Partnern entfällt, vorrangig erhöht werden.

Unsere Erfahrungen besagen, daß aus der Sicht der Volkswirtschaft der DDR die Kombinate der Industrie am besten auf die Erfordernisse der umfassenden Intensivierung und auf die konsequente Verbindung dieser Prozesse mit der sozialistischen ökonomischen Integration eingestellt sind.

Auf der Grundlage des demokratischen Zentralismus in der Wirtschaftsleitung bringen die Kombinate dabei mehr und mehr ihre weitreichenden Erfahrungen und Kenntnisse, die sie unmittelbar bei der Leitung und Planung der Außenwirtschaftsprozesse und auch zunehmend bei ihren Direktbeziehungen mit RGW-Partnern gesammelt haben, in den Prozeß der Leitung und Planung der Volkswirtschaft der DDR ein. Dieses konstruktive planmäßige Zusammenwirken der verschiedenen Struktureinheiten ist eine wesentliche Bedingung, um zu sichern, daß die ökonomischen und wissenschaftlich-technischen Beziehungen mit den RGW-Partnern von Anfang an dazu beitragen, den intensiv erweiterten Reproduktionstyp in der Volkswirtschaft der DDR umfassend durchzusetzen. Entscheidend hierbei ist, daß „die Kombinate offen sind für die Verwirklichung neuer wissenschaftlich-technischer Lösungen, daß sie in der Lage sind, flexibel auf neue Entwicklungen zu reagieren"[6].

Die Intensivierungsprozesse in den Kombinaten unter Ausnutzung der sozialistischen ökonomischen Integration erfordern dabei vor allem, die Potenzen von Wissenschaft und Technik im eigenen Verantwortungsbereich sowie bei den Integrationspartnern zu nutzen. Das setzt eine konsequente Ausrichtung des gesamten Reproduktionsprozesses und seiner Leitung auf die schnelle Erneuerung des Produktionsprofils voraus, um Erzeugnisse zu produzieren, die wissenschaftlich-technischen Höchststand verkörpern und zugleich mit relativ geringem Aufwand erzeugt werden.

Die Erfahrungen gut arbeitender Kombinate in der DDR, die in starkem Maße in die sozialistische internationale Arbeitsteilung einbezogen sind, zeigen dabei, daß sich hohe ökonomische Ergebnisse bei Integrationsmaßnahmen nicht im Selbstlauf einstellen. Die anteiligen Aufgaben des jeweiligen Kombinates an einer Integrationsmaßnahme müssen sich vielmehr in den Plänen, Bilanzen und Verträgen materiell wie finanziell klar und übereinstimmend niederschlagen. Dazu gehört es auch, wissenschaftlich-technische Weltstandsvergleiche, Kosten-Nutzen-Rechnungen, Effektivitätsnachweise entsprechend den dafür vorhandenen staatlichen Regelungen vorzunehmen. Die Praxis dieser Kombinate, die längerfristige Verträge mit der UdSSR und anderen RGW-Ländern zur Spezialisierung und Kooperation in Forschung, Produktion und Absatz realisieren, zeigt dabei, daß es darauf ankommt,

– die Integrationsprozesse von vornherein in alle konzeptionellen Überlegungen zur weiteren Entwicklung der Volkswirtschaft, zur Erhöhung ihrer Leistungskraft und Effektivität einzubeziehen;

– die Integrationsmaßnahmen als organischen Bestandteil komplexer Leitung und Planung zu betrachten;

– die Qualität und Effektivität der eigenen Arbeitsleistung innerhalb der internationalen Kooperation ständig zu erhöhen;

– die termin- und qualitätsgerechte Erfüllung der Exportverpflichtungen, die Vertrags- und Liefertreue gegenüber der UdSSR und den anderen RGW-Ländern zu sichern;

– die importierten Roh- und Brennstoffe, Materialien, Maschinen und Anlagen sparsam zu nutzen und mit höchstem Effekt einzusetzen;

– die Kader politisch und fachlich qualifiziert für die internationale ökonomische Arbeit vorzubereiten und weiterzubilden.

In das Zentrum der Leitungstätigkeit von Maßnahmen der sozialistischen ökonomischen Integration rükken immer stärker die Aufgaben zur Deckung des Bedarfs der Partner bei hoher ökonomischer Effektivität. Dabei ist es notwendig, die wissenschaftlich-technische Zusammenarbeit noch mehr auf die Produktionswirksamkeit der Ergebnisse zu orientieren und die Produktionsentwicklung einschließlich der internationalen Spezialisierung und Kooperation der Produktion auf die Anwendererfordernisse der UdSSR und anderer Mitgliedsländer des RGW auszurichten. Die Orientierung auf den Bedarf der Sowjetunion, auf Absatzmöglichkeiten und Hauptexportrichtungen nach Warengruppen und Ländern muß sich dabei in erster Linie in den Veredlungskonzeptionen der Kombinate ausdrücken. Diese Veredlungskonzeptionen gehen immer stärker von einer kompromißlosen Konfrontation der eigenen Leistung mit dem internationalen Spitzenniveau in Wissenschaft und Technik aus. Zunehmend werden hierbei auch auf Kosten- und Preisbasis beruhende Analysen zur Exportrentabilität einbezogen.

Dabei zeigt sich immer wieder, daß das bereits vorhandene Instrumentarium zur Leitung der Integrationsprozesse, einschließlich der Bedarfsermittlung sowie der Messung und Bewertung der Exportrentabilität bei international spezialisierten Erzeugnissen, noch wirksamer ausgeschöpft werden kann.

Die Möglichkeiten der Plankoordinierung, gegenseitige Konsultationen zur Vorbereitung der Zusammenarbeit in Wissenschaft, Technik und Produktion, das System der Direktbeziehungen, vor allem zwischen den Wirtschaftseinheiten selbst, bieten noch vielfältige Möglichkeiten, um die sozialistische ökonomische Integration als Intensivierungs- und Wachstumsfaktor entsprechend der Aufgaben in der zweiten Hälfte der achtziger Jahre stärker zu nutzen. Das Leitungs- und Planungssystem der Volkswirtschaft der DDR bietet dafür einen breiten Spielraum.

Dazu zählt auch die stärkere Nutzung einer solchen, an Bedeutung zunehmenden Organisationsform der internationalen sozialistischen Zusammenarbeit, wie die Form der Direktbeziehungen zwischen den Kombinaten und Betrieben der DDR und den Wirtschaftseinheiten in den Partnerländern, besonders in der UdSSR. Die Beschlüsse der Wirtschaftsberatung des RGW auf höchster Ebene vom Juni 1984 haben die Fragen der Direktbeziehungen zunehmend in das Feld theoretischer Forschung und wirtschaftspraktischer Überlegungen gerückt. Wie Erich Honecker unterstrich, gibt es heute „... keine lebenswichtige Aufgabe, die von der DDR nicht in brüderlicher Gemeinsamkeit mit der UdSSR in Angriff genommen wurde... Dabei verdichtet sich zugleich das Netz der vielfältigen Verbindungen zwischen den Kombinaten und wissenschaftlichen Einrichtungen der DDR sowie ihren Partnern in den sozialistischen Bruderländern“[7].

Die inhaltlichen Schwerpunkte von Direktbeziehungen zwischen den Wirtschaftseinheiten, die Aufgaben, die dabei zu lösen sind, werden im wesentlichen im Prozeß der Zusammenarbeit auf dem Gebiet der Planungstätigkeit bestimmt, d.h. durch die Koordinierung der Fünfjahrpläne, in der Vorbereitung und beim Abschluß von Regierungsabkommen und Ministervereinbarungen über konkrete Maßnahmen der wissenschaftlich-technischen Zusammenarbeit, der Spezialisierung und Kooperation der Produktion, der Investbeteiligung, gemeinsame Rationalisierungsmaßnahmen bzw. gemeinsame Rekonstruktion von Betrieben oder Produktionsabschnitten.

Eine wichtige Aufgabe wird dabei ohne Zweifel darin bestehen, die auf dem Gebiet der Direktbeziehungen bereits gesammelten Erfahrungen stärker zu analysieren und theoretisch zu verallgemeinern. Das gilt besonders für die wertvollen Erfahrungen, die dazu im Rahmen der Paritätischen Regierungskommission für ökonomische und wissenschaftlich-technische Zusammenarbeit der DDR und der UdSSR bzw. in einigen Kombinaten in der Zusammenarbeit mit Partnern in der UdSSR gesammelt wurden.[8]

Anmerkungen

[1] Neues Deutschland vom 21.6.1984, S. 1.

[2] Erich Honecker, Reden und Aufsätze, Band 1, Berlin 1975, S. 12.

[3] Gemeinsame Stellungnahme des Politbüros des ZK der SED und des Ministerrates der DDR. Zu den Ergebnissen der Wirtschaftsberatung der Mitgliedsländer des RGW auf höchster Ebene in Moskau vom 12. bis 14. Juni 1984, in: Neues Deutschland vom 21 6.1984, S. 1 f.

[4] Vgl. Sozialistische ökonomische Integration und umfassende Intensivierung, Abhandlungen der Akademie der Wissenschaften der DDR, Veröffentlichungen der Wissenschaftlichen Räte, Berlin 1985, S. 14.

[5] Ebenda.

[6] Günter Mittag, Theoretische Verallgemeinerung der Erfahrungen der Kombinate für die Leistungssteigerung in der Volkswirtschaft, insbesondere bei der Nutzung der qualitativen Faktoren des Wachstums, in: Ökonomische Strategie der Partei – klares Konzept für weiteres Wachstum, Wirtschaftswissenschaftliche Konferenz der DDR im Karl-Marx-Jahr 1983, Berlin 1983, S. 72.

[7] Erich Honecker, Unsere Republik – Staat des Friedens und des Sozialismus, in: Neues Deutschland vom 6.9.1984, S. 3.

[8] Vgl. Sozialistische ökonomische Integration und umfassende Intensivierung ..., a. a. O , S. 30.

Hans-Joachim Beyer

Zu den neuen Leistungsansprüchen umfassender Intensivierung

Die Entwicklung von Schöpfertum und Initiative der Werktätigen ist auf das engste mit der Vervollkommnung von Leitung, Planung und wirtschaftlicher Rechnungsführung verbunden. Auf der 9. Tagung des ZK der SED konnte Erich Honecker feststellen, daß insbesondere die Bildung und Festigung der Kombinate, die Qualifizierung von Leitung, Planung und wirtschaftlicher Rechnungsführung und der damit verbundene Aufschwung des Massenwettbewerbs entscheidend zur Erhöhung der ökonomischen Leistungskraft beigetragen haben.[1]

Die weiteren Fortschritte bei der Intensivierung hängen deshalb entscheidend davon ab, wie die mit den Maßnahmen zur Vervollkommnung von Leitung, Planung und wirtschaftlicher Rechnungsführung geschaffenen neuen Möglichkeiten ausgeschöpft und auf die anspruchsvollen Wachstumserfordernisse der umfassenden Intensivierung konsequent angewendet werden.

Dabei rücken eine Reihe von Fragen in den Vordergrund:

1. Die neue Etappe der Verwirklichung der ökonomischen Strategie unserer Partei ist vor allem mit der Aufgabe verbunden, die mit der Intensivierung eingeleitete Wachstumswende, die auf hoher wirtschaftlicher Dynamik durch steigende Effektivität beruht, unumkehrbar zu machen, ihr in allen volkswirtschaftlichen Bereichen dauerhaften Charakter zu verleihen.[2] Die Ergebnisse des Jahres 1984 sind dabei von grundsätzlicher Bedeutung. Die beträchtlichen Steigerungsraten konnten mit einer kaum wachsenden Zahl an Arbeitskräften, mit weniger Materialaufwand und Energieverbrauch, also vorrangig durch höhere Arbeitsproduktivität, realisiert werden.

Diese positive Tendenz steigender Effektivität energisch zu vertiefen, verlangt in erster Linie, Jahr für Jahr einen hohen, gesicherten Effektivitätszuwachs zu erzielen, also Wachstumseffekte beständig zu wiederholen bzw. zu vergrößern. Die Reproduktionsfähigkeit von Einsparungen an Zeit, Material und Kosten entscheidet demnach maßgeblich darüber, wie es gelingt, stabile Grundlagen für ein dynamisches Wachstum zu schaffen. Daraus resultieren in den Kombinaten und Betrieben weitreichende Aufgaben für die Qualifizierung der Planung, die in der Lage sein muß, gerade diesen Prozeß der Einsparungen reproduzieren zu helfen.

Vor allem hinsichtlich ihrer Planung, Realisierung und Abrechnung entsprechen die Einsparungen an Zeit, Material und Kosten noch nicht immer dem ihnen zukommenden Reproduktionsgewicht. Es genügt keineswegs, wenn Einsparungsziele lediglich auf die Kollektive „aufgeteilt" oder Kennzifferngrößen nur „errechnet" werden. Immerhin steht vor den Kombinaten und Betrieben heute bereits die Aufgabe, die Einsparung von Material und Energie sowie von Kosten zu 80 bzw. 75 % durch wissenschaftlich-technische Maßnahmen zu sichern. Das Niveau der Planung muß deshalb zunehmend an der Qualität der Untersetzung dieser Einsparungsziele gemessen werden.

Wie Untersuchungen zeigen, setzen Fortschritte in dieser Richtung unbedingt einen Wandel in den Wachstumsquellen voraus. Die Planung muß sich darauf einstellen, daß es nicht mehr allein um Einsparungen aus dem „ersten Zugriff" geht, sondern um die weitreichenderen Effektivitätspotenzen des wissenschaftlich-technischen Fortschritts. Der relativ leichte Weg, größere Materialeinsparungen durch Sortimentsbereinigung von Erzeugnissen zu gewinnen, ist nicht beliebig ausdehnbar, ohne gegen den volkswirtschaftlichen Bedarf zu verstoßen. Genauso ist die Beseitigung unnötigen überflüssigen Aufwandes letztlich begrenzt, so wichtig solche Schritte auch heute noch sind. Das unterstreicht die Notwendigkeit, die Einsparungsquellen wesentlich zu verändern. Die Einsparungen an Zeit, Material und Kosten würden sich zunehmend erschöpfen und die Möglichkeiten ihrer Wiederholung gegenüber den Vorjahresgrößen abnehmen, könnten nicht durch wissenschaftlich-technische Maßnahmen immer wieder neue Effektivitätsquellen erschlossen werden. Die tatsächlich dauerhaften Wachstumsimpulse gehen vom wissenschaftlich-technischen Fortschritt, einem hohen Niveau wissenschaftlich-technischer Arbeit aus. Auf diese Veränderungen in den Quellen der Einsparungen und des Wachstums muß sich auch die Planung stärker einstellen.

Wesentliche Reserven liegen dabei in der wissenschaftlich-technischen Arbeit selbst. In nicht wenigen Kombinaten und Betrieben beträgt der Anteil technisch-organisatorischer Maßnahmen an den Gesamteinsparungen an Zeit, Material und Kosten mehr als 80 %. Dieses positive Ergebnis macht zugleich deutlich, daß Forschungs- und Entwicklungsaufgaben ein größeres Gewicht bei der Untersetzung von Einsparungs- und Wachstumsraten erhalten müssen.

Den Ausschlag für hohe Wachstumsraten und steigende Effektivität gibt die Erneuerung der Erzeugnisse und Technologien. Davon hängt ab, welcher Verwertungsgrad von Wissenschaft und Technik in den Kombinaten und Betrieben erreicht wird.[3]

Auf diesen inhaltlichen Prozeß muß sich vor allem die Planung der Einsparungsziele und Wachstumsraten einstellen.

– Die Erneuerung erlaubt, die Intensivierungsfaktoren

komplex zu nutzen und den Reproduktionsprozeß umfassend zu ökonomisieren. Ein schneller Anstieg der Arbeitsproduktivität, wachsende Produktion, Spitzenqualität, sinkender Produktionsverbrauch und höhere Grundfondsökonomie sind als Einheit nur über diesen Weg zu verwirklichen. Der Schlüssel hierfür liegt in der Verbindung von Erzeugniswandel, neuer Technologie, Modernisierung der Grundfonds und einem leistungsstarken Rationalisierungsmittelbau. Sie zusammen ergeben erst die notwendige hohe Ökonomie und Rentabilität von Produktion und Erzeugnis.

- Spitzenleistungen, die den bisherigen Lösungen technisch und ökonomisch überlegen sind, entstehen in erster Linie auf der Grundlage höherer Veredlung. Sie hat vor allem deshalb so großes Gewicht für den Effektivitätsfortschritt, weil sie nicht allein die Aufwendungen senkt, sondern insbesondere über die Verbesserung des Ergebnisses zu höchstem Nutzeffekt führt. Der Senkung des Aufwandes sind bei gleichbleibenden Gebrauchseigenschaften der Erzeugnisse mehr oder weniger Grenzen gesetzt. Steigende Gebrauchswertparameter im Verhältnis zum Aufwand dagegen bieten ständig neuen Entwicklungsspielraum. Der wissenschaftlich-technische Fortschritt ist auch in diesem Zusammenhang die wichtigste dauerhafte Quelle, um bestehende Wachstumsbegrenzungen aufzuheben und neue Wachstumsmöglichkeiten zu eröffnen.
- Die Wachstumsbeziehungen zwischen Einsparung, Veredlung und physischem Produktionsvolumen werfen neue Fragen des Zusammenhangs zwischen Effektivität und planmäßig proportionaler Entwicklung der Volkswirtschaft auf. Die Dialektik zwischen Effektivitätserhöhung und der Sicherung der planmäßig proportionalen Entwicklung schließt ein, daß sowohl die relativen als auch die absoluten Einsparungen nicht zu Lasten eines effektiven volkswirtschaftlichen Strukturwandels, der Förderung neuer Hauptrichtungen des wissenschaftlich-technischen Fortschritts und internationaler Qualitätstrends der Erzeugnisse und Materialien gehen dürfen. Dieser volkswirtschaftliche Aspekt der Einsparungen ist für die Planung und Bilanzierung unter den Bedingungen der umfassenden Intensivierung von besonderer Wichtigkeit.
- Mit der umfassenden Intensivierung gewinnt zunehmend die Frage an Bedeutung, welche Aufwendungen für die Erzielung einer Einsparung an Zeit, Material und Kosten notwendig sind. Eine hohe Ökonomie in der Erzielung von Einsparungen setzt voraus, daß die damit verbundenen, z. T. beträchtlichen Aufwendungen an Forschungs- und Entwicklungskosten, Arbeitszeit und Investitionen so effektiv wie möglich eingesetzt werden. Vom Standpunkt der Effektivität geht es auch bei Einsparungen darum, hohe Ergebnisse mit möglichst niedrigen Aufwendungen zu erreichen.

2. Mit dem Übergang zur umfassenden Intensivierung steigen die Anforderungen an die Leistungsbewertung der Kombinate und Betriebe. Insbesondere muß die Leistungsbewertung dazu beitragen, reproduzierbare Quellen des ressourcensparenden Wachstums zu erschließen und der Leistungsentwicklung langfristig stabile Grundlagen zu verleihen.

Für die Leistungsbewertung bedeutet das beispielsweise, die Wachstumsquellen der Nettoproduktion sichtbar zu machen und einen stärkeren Einfluß auf ihre Entstehungsfaktoren auszuüben. Die Entwicklung von Warenproduktion und Nettoproduktion ist unter heutigen Bedingungen der Reproduktion nur dann sicher zu begründen, wenn z. B. ausreichende Kenntnisse über die absolute und relative Entwicklung des Produktionsverbrauchs vorliegen. Analysiert man weiterhin die Zusammenhänge zwischen den Kennziffern Nettoproduktion und Nettogewinn, zeigt sich, daß vor allem das Exportergebnis und die Bestände sehr stark auf den Nettogewinn wirken. Je geringer der Größenunterschied zwischen Nettoproduktion und Nettogewinn, desto mehr Nettoprodukt wurde tatsächlich realisiert und desto effektiver verläuft der Reproduktionsprozeß. Größere Entwicklungsunterschiede zwischen Nettoproduktion und Nettogewinn müssen deshalb stets Anlaß sein, den Einfluß der Bestandsentwicklung und des Exportergebnisses auf die finanzielle Reproduktion der Kombinate und Betriebe gründlicher zu analysieren.

Neben einer intensiven theoretischen Arbeit ist dazu auch eine breitere Beschäftigung mit dem ökonomischen Inhalt der Kennziffern der Leistungsbewertung in den Kombinaten und Betrieben notwendig. Es geht darum, Leitungskader und Kollektive wesentlich mehr mit dem Wesen der Kennziffern bekannt zu machen und die Einsicht in die Leistungsbeziehungen nicht nur bei den unmittelbar verantwortlichen Leitern zu entwickeln, sondern z. B. auch in den wissenschaftlich-technischen Bereichen.

3. Der Übergang zur umfassenden Intensivierung ist nicht nur mit wesentlichen Veränderungen in den Wachstumsproportionen verbunden, sondern wird auch durch neue Qualitätsmerkmale des Reproduktionsprozesses aus der Sicht der Absatzphase charakterisiert.

Die Dynamik der wissenschaftlich-technischen Revolution, die neue Stufe der sozialistisch-ökonomischen Integration und die insgesamt wesentlich größer gewordenen internationalen Marktansprüche machen eindeutig sichtbar, daß dazu eine qualitative Vervollkommnung des Reproduktionsprozesses notwendig ist. Es handelt sich hierbei um ein Qualitätsmerkmal dynamischer Planwirtschaft, das jetzt in vollem Maße auszugestalten ist. Flexibilität und Reaktionsfähigkeit der Kombinate und Betriebe haben sich zu solchen wesentlichen Komponenten der volkswirtschaftlichen Effektivitätssteigerung entwickelt, daß sie in Leitung, Planung und wirtschaftlicher Rechnungsführung adäquate Formen erfordern.

Weltstandsbüros, komplexe Marktbearbeitungsgruppen, Zentren für Kundenberatung und ähnliche Formen tragen dazu bei, daß Kundenwünsche sorgfältig berücksichtigt werden, auf veränderten Bedarf schneller mit eigenen, originellen wissenschaftlich-technischen Lösungen reagiert wird und Qualitätsforderungen sowie Verkaufsargumente stärker in den Mittelpunkt rücken. Zu einem attraktiven neuen Erzeugnis gehört heute auch unbedingt die erforderliche flexible Reaktion der Produktion, eine den Erfordernissen des Marktes angepaßte schnelle Überleitung und rationelle Gestaltung der

Fertigung. Generell kürzere Lieferfristen, eine jederzeit lieferbare breite Angebotspalette verschiedener Erzeugnistypen sowie kundenspezifisch angepaßte Lösungen machen die neuen Leistungsansprüche deutlich. Vor wenigen Jahren noch die Ausnahme einer „eingefahrenen" Serienproduktion, gelten sie heute als normale internationale Anforderungen. Eine solche Wende im Effektivitätsdenken verlangt, eingefahrene Gleise der Leitung zu verlassen, Unbeweglichkeit zu überwinden, die Eigenverantwortung der Leiter zu stärken, schneller, genauer und konsequenter zu entscheiden.

4. Die Mobilisierung aller Triebkräfte in den Kombinaten und Betrieben zur Effektivitätssteigerung hängt maßgeblich von einer einheitlichen Wirkungsrichtung des Leistungsprinzips ab, angefangen von der Leistungsbewertung, über die Erwirtschaftung und Verwendung der Fonds bis hin zur materiellen und moralischen Stimulierung höherer Arbeitsleistungen und Initiativen im sozialistischen Wettbewerb.

Vor allem kommt es darauf an, den mit dem Übergang zur umfassenden Intensivierung verbundenen Wandel in den Kennziffern der Leistungsbewertung der Kombinate und Betriebe konsequent auch in den Leistungskriterien der Arbeitskollektive zu vollziehen. Im Vordergrund steht die Ableitung analoger Kennziffern zur Leistungsbewertung der Kombinate und Betriebe, die von den Kollektiven beeinflußbar, plan- und abrechenbar sind. Initiative und Motivation zu hohen Leistungen hängen aber auch in erheblichem Maße von der Autorität und dem Vertrauen in die gestellten Planziele ab. Es geht um die Bewältigung der komplizierten Dialektik zwischen Stabilität und Flexibilität in der Planung. Einerseits müssen die Reaktionsfähigkeit und Beweglichkeit der Planung entsprechend der zunehmenden Dynamik wirtschaftlicher Prozesse erhöht werden und andererseits sind in den Aufgabenstellungen der Kollektive und ihrer Werktätigen eine möglichst hohe Stabilität und Realität zu sichern. Die Erfahrungen zeigen schließlich, daß die Wirksamkeit der Leistungsanstrengungen entscheidend von dem Zusammenspiel zwischen materieller und moralischer Stimulierung abhängen. Der Aufwertung und sorgfältigen Anwendung von Formen der moralischen Stimulierung kommt deshalb unter den Bedingungen der Intensivierung ein wachsendes Gewicht zu, da damit Eigentümer- bzw. Verantwortungsbewußtsein, Einsatzbereitschaft und Engagement wesentlich gefördert werden können.

Anmerkungen

[1] Vgl. 9. Tagung des ZK der SED, 22./23. 11. 1984, Aus dem Bericht des Politbüros an die 9. Tagung des ZK der SED, Berichterstatter: Gen. Erich Honecker, Berlin 1984, S. 29.

[2] Vgl. Günter Mittag, Ökonomische Strategie der Partei dient der weiteren Verwirklichung des Kurses der Hauptaufgabe, in: Einheit 9/10-84, S. 803.

[3] Vgl. Helmut Koziolek, Gebrauchswerterhöhung und Wertzuwachs durch Höherveredlung, in: Einheit 2/85, S. 129.

Herbert Kusicka

Wissenschaft, Technik und Effektivität

Die im vergangenen Jahr erreichten wirtschaftlichen Ergebnisse, die sich so überzeugend in der veröffentlichten Leistungs- und Effektivitätsbilanz widerspiegeln, und 1984 zum bisher erfolgreichsten Jahr in der Geschichte unserer Republik werden ließen, weisen unter vielem, was hervorzuheben wäre, auch auf einen besonders bemerkenswerten Umstand hin:

In bedeutend höherem Maße kamen Ergebnisse aus Wissenschaft und Technik zum Tragen. Die Möglichkeiten, durch wissenschaftlich-technischen Fortschritt wirtschaftliches Wachstum und Effektivität zu bewirken und unsere Fähigkeit, diese Möglichkeiten im gesamten System der Leitung und Planung sowie durch zielstrebige Führung immer besser zu nutzen, sind in den zurückliegenden Jahren bedeutend gewachsen.

Drei Erfahrungen scheinen mir dabei – vor allem auch aus der Sicht der vor uns stehenden Aufgaben – von besonderer Bedeutung:

Erstens sind die 1984 in die Industrie neu eingeführten 3270 Erzeugnisse und mehr als 2100 neu übergeleiteten Technologien, die einen beachtlichen Teil der Steigerung der Arbeitsproduktivität und Senkung des spezifischen Energie- und Materialverbrauchs, der Veredlung der Produktion aber auch wachsende Ergebnisse in unserer Außenwirtschaft ermöglichten, Resultat der gemeinsamen Anstrengungen von Forschung, Produktion und Absatz. Zweifellos ist die notwendige enge Verflechtung von Wissenschaft und Produktion im Kreislauf der Reproduktion zwingender geworden. Das für das ökonomische Ergebnis so entscheidende Gewicht der Gesamtarbeit, oder des Gesamtarbeiters, das Miteinander zur Bewältigung der Aufgaben bei gleichzeitig hohem Anspruch an die Leistungen jeder Stufe, hat zugenommen.

Zweitens sind die 1984 neu eingeführten Erzeugnisse und Verfahren – vom Standpunkt der Leistungen der Forschung – Ergebnisse, die Anfang der 80er Jahre konzipiert wurden. Teilweise reichen sie – wie die Erfahrungen hinsichtlich der Zeitdauer des gesamten Zyklus von der Forschung bis zur Einführung und Marktwirksamkeit zeigen – bis in die 70er Jahre zurück.

Bedeutungsvoll ist, daß sich in Durchführung der Beschlüsse des X. Parteitages der SED, insbesondere auch im Ergebnis der 3., 5. und 7. Tagung des ZK der SED, der Maßnahmen in Realisierung des Beschlusses zur weiteren Qualifizierung der Leitung, Planung und wirtschaftlichen Rechnungsführung vom 15. 2. 1983 sowie zur Erneuerung der Produktion, beachtliche positive Veränderungen im Niveau und Tempo der wissenschaftlich-technischen Arbeit vollziehen. Die Arbeit mit den Pflichtenheften erfolgt heute wesentlich qualifizierter. Die Vorgabe anspruchsvoller, aus den künftigen Erfordernissen der Leistungs- und Effektivitätsentwicklung abgeleiteten Ziele als gesellschaftlicher Auftrag an die Forschung und die Verteidigung von Aufgaben und Ergebnissen nimmt heute in der Leitungstätigkeit einen wichtigen Platz ein. Die Wahrnehmung der persönlichen Verantwortung der Leiter für die Leitung von Forschung und Technik hat bedeutend zugenommen.

Generell stärker in das Zentrum der Aufmerksamkeit rückte der mit den wissenschaftlich-technischen Ergebnissen zu erreichende Zuwachs an Leistung und Effektivität. Dem Verhältnis von Aufwand und Ertrag wird größere Beachtung geschenkt. Mit diesen Schritten zur engeren Verbindung von Plan und wirtschaftlicher Rechnungsführung, der Einbeziehung von Wissenschaft und Technik in die wirtschaftliche Rechnungsführung sowie der weiteren Durchsetzung des Leistungsprinzips in Forschung und Entwicklung hat sich das Engagement und der Leistungswille in Forschung und Entwicklung weiter erhöht, haben Tempo und Niveau der wissenschaftlich-technischen Arbeit zugenommen. Aus dieser Sicht sind die Ergebnisse 1984 im Hinblick auf die zeitliche Differenz von Forschung und Einführung in die Produktion für die weitere Beschleunigung des wissenschaftlich-technischen Fortschritts und die Erhöhung seiner ökonomischen Wirksamkeit in der vor uns liegenden Etappe von genereller Bedeutung.

Drittens und nicht zuletzt scheint mir besonders hervorhebenswert, daß der Zusammenhang von Intensivierung und wissenschaftlich-technischem Fortschritt, die Möglichkeiten, durch hohe wissenschaftlich-technische Leistungen und ihre rasche produktive Verwertung wirtschaftliches Wachstum, Effektivität und ökonomischen Fortschritt zu bewirken, in den Betrieben, Kombinaten, Genossenschaften und wissenschaftlichen Einrichtungen immer mehr zum praktischen Erfahrungsschatz der Werktätigen wird. Davon zeugen die vielfältigen Initiativen im sozialistischen Wettbewerb bei der praktischen Bewältigung der Aufgaben zur Meisterung von Wissenschaft und Technik, voran die Jugend, die hier wahrhaft Großes vollbringt.

Es beginnen sich die systematischen Anstrengungen zur Beschleunigung des wissenschaftlich-technischen Fortschritts auszuzahlen. Sie bestimmen zunehmend das Wachstum der Produktion und ihre Effektivität.

Die Produktivkraftentwicklung, wie sie sich international und stets wirksamer auch in unserem Lande vollzieht, liefert den überzeugenden Beweis für die Wirksamkeit von Wissenschaft und Technik. Nicht zuletzt lassen die 84er Ergebnisse Rückschlüsse auf die zunehmend größere Rolle zu, die Wissenschaft und Technik

bei der weiteren Ausprägung einer modernen Produktions- und Exportstruktur, bei der Steigerung von Produktivität und Effektivität bei uns spielen.
Es ist deshalb – und auch für ein notwendiges Klima, das höhere Leistungen in Wissenschaft und Technik fördert – gut zu wissen, daß heute nur noch wenige der Meinung sind, beachtliche ökonomische Steigerungsraten seien mit einer kaum wachsenden Anzahl von Arbeitskräften, mit weniger Materialaufwand und gleichbleibendem Energieverbrauch möglich, ohne zugleich Wissenschaft und Technik die gebührende Aufmerksamkeit zu schenken. Jeder weiß, daß sich in unseren ökonomischen Leistungen die Ergebnisse aus Forschung und Technik niederschlagen, sich darin die Beschleunigung des wissenschaftlich-technischen Fortschritts und seine ökonomische Verwertung zeigt.

Natürlich kann und darf uns das erreichte Niveau und Tempo nicht zufriedenstellen. Jeder könnte dafür Beispiele anführen. Deshalb veranlassen uns sowohl das außerordentliche Tempo der internationalen Entwicklung auf diesem Gebiet als auch die Anforderungen zur weiteren Stärkung der Leistungskraft der Volkswirtschaft zu Überlegungen, wie wir die auch in unserem Land beträchtlich gewachsenen Möglichkeiten des wissenschaftlich-technischen Fortschritts noch besser für ein hohes und stabiles Wirtschaftswachstum nutzen und seine Effektivitätspotenzen immer wirksamer erschließen können.

Aus den zweifellos vielfältig damit verbundenen Aufgaben und Problemen möchte ich einige Überlegungen zur Erneuerung der Produktion und des damit zusammenhängenden Zeitfaktors von der Forschung bis zur Marktwirksamkeit entsprechender Stückzahlen und zum Verhältnis von Aufwand und Ergebnis wisssenschaftlich-technischer Arbeit darlegen.

Die immer bessere Beherrschung des mit den jüngsten Beschlüssen unserer Partei forciert eingeleiteten Erneuerungsprozesses der Produktion erweist sich als eine der zentralen Fragen mit weitreichender Bedeutung für höhere Qualität und Effektivität in den ökonomischen Abläufen der intensiv erweiterten Reproduktion.

Immer deutlicher wird für uns das grundlegende Erfordernis, daß der wisssenschaftlich-technische Fortschritt und seine bestmögliche ökonomische Verwertung vor allem über den Prozeß der Erneuerung weiter vorangebracht werden muß. Die Erneuerung hat in vielfacher Hinsicht prinzipielle Bedeutung.

Erstens sind bei dem heute international raschen Generationswechsel in vielen Bereichen, namentlich bei der Produktion von Erzeugnissen mit Besttechnologien, neue Erzeugnisse und Verfahren mit Spitzenniveau, eine der wesentlichen Voraussetzungen für Verkaufschancen und devisengünstigen Export;

Zweitens kann nur über die Erneuerung der Produktionsverbrauch weiter gesenkt und damit das Nettoprodukt erhöht werden, die Erfahrungen und Ergebnisse bestätigen das nachdrücklich;

Drittens erweist sich die Erneuerung und die unabdingbar zu erreichenden Erneuerungsraten von durchschnittlich 30% als wirksamer Hebel zum noch engeren Zusammenschluß, zur Verkettung von Forschung, Produktion und Absatz, der noch festeren Einbindung von Forschung und Entwicklung in den Kreislauf der Reproduktion sowie – was außerordentlich wichtig ist – der besseren Beherrschung des Zeitfaktors;

Viertens ist die Erneuerung, verstanden als Einheit von Erzeugnis und technologischer Entwicklung, hoher Veredlung der Produkte, Modernisierung der Grundfonds und bester Verarbeitungsqualität zugleich der Hauptweg, den wissenschaftlich-technischen Fortschritt über den bereits vorhandenen umfangreichen Produktionsapparat wirksam und effektiv zu machen. Damit wird zugleich der geschaffene Nationalreichtum noch konsequenter für den Fortschritt der Produktivkräfte, insbesondere für eine höhere Ausbreitungsgeschwindigkeit moderner Technologien, genutzt;

Fünftens wird mit der Erneuerung der Produktion der fonds- und ressourcensparende Typ der intensiv erweiterten Reproduktion, der unsere Wirtschaft zunehmend charakterisiert, weiter vorangebracht. Hier eingeschlossen sind all die Konsequenzen zur vollen Erfassung und Wiedereinbeziehung der Sekundärrohrstoffe bis hin zum Maschinenrecycling. Die Erneuerung der Produktion ist somit eine der entscheidenden vor uns stehenden und zu bewältigenden Aufgaben. Zuerst und vor allem stellt das höhere Ansprüche an das Niveau wissenschaftlich-technischer Ergebnisse und ihre ökonomische Verwertbarkeit.

Das Niveau wissenschaftlich-technischer Lösungen für Erzeugnisse und Verfahren und ihr Einfluß auf Produktionsverbrauch und Nettoprodukt sowie unter Berücksichtigung der Markterfordernisse und Kundenwünsche sind zweifellos entscheidende Voraussetzungen für eine hohe ökonomische Wirksamkeit von Wissenschaft und Technik. Bei allen hervorzuhebenden Fortschritten bleibt der Kampf um mehr Neues mit internationalem Spitzenniveau in der Breite unserer Forschung und Entwicklung eine erstrangige Aufgabe. Nur auf dieser Grundlage lassen sich stabile, durchgreifende Wirkungen auf Dauer erreichen.

Es ist deshalb davon auszugehen, daß Niveau und Tempo in Wissenschaft und Technik weiter erhöht werden müssen, um die forschungs- und entwicklungsseitigen Voraussetzungen für einen durchschnittlichen Erneuerungsgrad in der Volkswirtschaft von 30% zu schaffen. Das bedarf in vielen F/E-Einrichtungen noch erheblicher Anstrengungen. Die im Zusammenhang mit der engeren Verbindung von Plan und wirtschaftlicher Rechnungsführung auf dem Gebiet von Wissenschaft und Technik erreichten Fortschritte in der Leitung von Forschung und Technik gilt es daher weiter auszubauen und die Maßnahmen überall konsequent zu verwirklichen. Im Zusammenhang damit müssen den Fragen der Intensivierung der wissenschaftlich-technischen Arbeit, der qualitativen Zusammensetzung und dem Leistungsniveau der Kader, den Fragen der Auswahl, des Einsatzes und der Weiterbildung, insbesondere der Förderung junger leistungsfähiger Kader, der Ausstattung und bestmöglichen Nutzung von Forschungstechnik größere Aufmerksamkeit geschenkt werden. Das trifft auch auf Fragen zu, die mit der Berufung der Wissenschaftler und Techniker als Forscher in unserer sozialistischen Gesellschaft und den Leistungen, die sie zu Recht von ihnen erwartet, zusammenhängen. Hohe Ansprüche sind hier ebenso eingeschlossen, wie ein die Arbeit förderndes Klima und Konsequenz in der Leistungseinschätzung.

In Verbindung damit ist die stärkere Wirksamkeit des Leistungsprinzips für die Ergiebigkeit der Forschung besonders bedeutungsvoll. Infolge der Rolle, die dem Leistungsniveau unserer Forschung und Entwicklung zukommt, müssen wir überall dafür sorgen, daß für diese anspruchsvolle Tätigkeit die dafür befähigsten Kader gewonnen werden, so daß in diesen Bereichen in noch größerer Breite engagierte, motivierte und leistungsstarke Kader arbeiten.

Die 1984 erreichte Neuerungsrate von 21% läßt Rückschlüsse auf die durchschnittliche Zeitdauer der Forschung bis zur produktions- und marktwirksamen Nutzung zu. Diese Zeitdauer spielt ebenso wie der Zeitpunkt des Markteintritts des Erzeugnisses für die Wirksamkeit von Wissenschaft und Technik und die ökonomische Verwertung ihrer Ergebnisse eine immer entscheidendere Rolle. Neben der weiteren Beschleunigung der eigentlichen Forschungs- und Entwicklungszeiten liegen in der weiteren Verkürzung der gegenwärtig häufig noch zu langen Zeitdauer vom Abschluß der Forschung bis zur Marktwirksamkeit neuer Erzeugnisse in den meisten Kombinaten noch bedeutende Reserven. Die eigentliche Stunde der Wahrheit für ein gutes Ergebnis aus Forschung und Entwicklung wird in diesem Zeitabschnitt entschieden. Hier erfolgt der „Salto mortale“ des wissenschaftlich-technischen Ergebnisses in wirtschaftlichen Effekt, wird die ökonomische Verwertung vollzogen. Diese Fristen sind weiter zu verkürzen, um die volkswirtschaftliche Wirksamkeit neuer Erzeugnisse als Einheit von Umfang und Erlös je Erzeugniseinheit zu erreichen. Das ist erforderlich, um dem Tempo des technischen Fortschritts und der damit verbundenen Verkürzung der Marktperiode von Erzeugnissen zu entsprechen.

Aus diesen Gründen ist das möglichst rasche Erreichen eines Erneuerungsgrades der Erzeugnisse von 30% und mehr von so außerordentlich großem volkswirtschaftlichen Gewicht. Die Beherrschung des Erneuerungsprozesses in der heute objektiv erforderlichen Zeitdauer, eine Verantwortung, die wir als gemeinsame Aufgabe von Wissenschaft und Technik, Produktion und Außenhandel zu bewältigen haben, wird weitere erhebliche Potenzen bei der ökonomischen Verwertung des wissenschaftlich-technischen Fortschritts erschließen.

Ein Problem, das unsere Aufmerksamkeit in der weiteren Arbeit erfordert, betrifft die ökonomische Bewertung der wissenschaftlich-technischen Arbeit und damit im Zusammenhang das Verhältnis von Aufwand und Ergebnis. Diese Frage ist in Verbindung mit den weiteren Schritten zur Ökonomisierung der wissenschaftlich-technischen Arbeit und ihrer Einbeziehung in die wirtschaftliche Rechnungsführung von großer praktischer Bedeutung. Im Grunde geht es um ein noch tieferes Eindringen in die Wertbildung, des ihr zugrunde liegenden gesellschaftlich notwendigen Aufwandes sowie der Realisierung des Wertes. Letztlich geht es meines Erachtens überhaupt um Fragen der ökonomischen Bewertung von Ergebnissen, über die wir sicher weiter nachdenken müssen.

Was die wissenschaftlich-technische Arbeit betrifft, so gehen bei der Beantwortung der Frage, was ihr ökonomisches Ergebnis ist, die Meinungen mitunter auseinander. Die Argumente haben für sich genommen alle ihre Berechtigung. In der Tat kann die Frage nach dem ökonomischen Ergebnis nicht nur in einer einzigen Richtung beantwortet werden.

Je nach der konkreten Frage, die zu beurteilen oder zu entscheiden ist, kann es verschiedene Antworten geben. So ist die bei der Neuentwicklung eines Erzeugnisses gegenüber dem Vorgänger erreichte Arbeitszeit- bzw. Materialeinsparung, die Senkung der Kosten usw. ohne Zweifel ein wichtiges ökonomisches Ergebnis. Selbstverständlich ist auch der durch Anwendung des wissenschaftlich-technischen Ergebnisses erreichte Zuwachs in der Warenproduktion bzw. Nettoproduktion ein ökonomisches Ergebnis. All dies ist für die Beurteilung der ökonomischen Wirksamkeit von Wissenschaft und Technik, insbesondere für Entscheidungen von wesentlicher Bedeutung, in welchem Maße durch neue Erzeugnisse und Technologien Zuwachs bzw. Einsparungen zu realisieren sind. Nimmt man jedoch die so ausgewiesenen Größen in ihrem Verhältnis zum Aufwand für die wissenschaftlich-technische Arbeit, so liefern sie für diesen Vergleich meist keine brauchbaren Aussagen. Unter dem Gesichtspunkt des Verhältnisses zum Aufwand kann m. E. das ökonomische Ergebnis der wissenschaftlich-technischen Arbeit nur im Zusammenhang mit den ökonomischen Effekten im Reproduktionsprozeß, im Zusammenhang mit Produktionsstückzahlen, Kosten, Erlösen und Gewinnen beurteilt werden. Und nur dadurch ist ermittelbar, ob z.B. 1 Million Mark Aufwand viel oder wenig, ökonomisch gerechtfertigt ist oder nicht. Es geht also um die Frage, ob die für Forschung und Entwicklung und die Einführung ihrer Ergebnisse verausgabten – z.T. beträchtlichen – Mittel Gewinn oder Verlust für das Kombinat bzw. die Volkswirtschaft bringen. Andere Bewertungen des ökonomischen Ergebnisses der wissenschaftlich-technischen Arbeit haben zweifellos alle ihre Berechtigung. Sie sind für Entscheidungen mitunter sogar von übergeordneter Bedeutung. Aber auch diese Bewertungen werden fundierter, wenn in jedem Falle eine Rechnung von Aufwand und Ergebnis aufgemacht und sie berücksichtigt wird.

Insgesamt muß – und darin besteht kein Zweifel – das mit den wissenschaftlich-technischen Leistungen erzielte ökonomische Ergebnis größer sein als der dafür getätigte Aufwand. Dieses Prinzip hat m. E. volle Gültigkeit für die Volkswirtschaft, für jeden Bereich, jedes Kombinat, jede produktionsorientierte wissenschaftlich-technische Einrichtung als Ganzes.

Auch für jede einzelne Entwicklungsarbeit muß eine sehr sorgfältige Rechnung von Aufwand und Ergebnis durchgeführt und dafür gesorgt werden, daß höchstmöglicher Ertrag entsteht. Das Maximum an Ökonomie aus jeder Aufgabe herauszuholen, ist eine erstrangige Aufgabe. Bedeutet dies aber, daß dieses Prinzip auch auf jede einzelne Aufgabe der Forschung und Entwicklung, selbst auf jede Entwicklungsarbeit übertragbar ist? Kann man es auch hier generell durchsetzen und dort, wo es nicht erreicht wird, auf eine unzureichende Arbeit von Forschung und Entwicklung schließen? Ich meine nicht.

Sieht man davon ab, daß die ökonomische Bewertung

des Verhältnisses von Aufwand und Ergebnis für eine Vielzahl von Aufgaben der Forschung und Entwicklung real überhaupt nicht möglich ist, sprechen vor allem zwei Gründe dagegen.

Erstens zeigen die langjährigen Erfahrungen bei uns und auch international, daß oft viele Versuche und Entwicklungen erforderlich sind, um ökonomisch ein wirklich effektiv verwertbares Ergebnis hervorzubringen. International geht man beispielsweise davon aus, daß etwa 100 Produktideen erforderlich sind, um 20 Entwicklungsarbeiten durchzuführen. Von ihnen sind häufig nur die Hälfte im ökonomischen Sinne produktionsreif. Davon erweisen sich oftmals nur 1–2, mitunter auch keines als eigentlicher „Renner“ oder Verkaufsschlager.

Alle diese Stufen oder einzelnen Aufgaben der Forschung und Entwicklung erfordern aber Aufwand und er ist zu ersetzen. Das Prinzip: Höheres Ergebnis gegenüber dem Aufwand wäre unter diesen Bedingungen dann durchsetzbar, wenn die Einführung von Neuerungen nur unter diesen ökonomischen Gesichtspunkten erfolgt. Daß dies aus verschiedenen, darunter auch volkswirtschaftlichen Gründen nicht immer möglich und m.E. auch nicht notwendig ist, versteht sich von selbst. Aber auch bei einer solchen Annahme blieben die Aufwendungen der Vorstufen, einschließlich der Vorlaufarbeiten.

Deshalb muß bereits in der Forschung – ausgehend von einer hohen ökonomischen Aufgabenstellung – die Rechnung von Aufwand und Ergebnis aufgemacht und in jedem einzelnen Fall gründlich abgewogen und dann bewußt entschieden werden. Dabei zeigt sich, daß beispielsweise von 10 vorgesehenen Aufgaben durchaus die eine oder andere ein relativ ungünstiges Verhältnis von Aufwand und Ergebnis aufweisen kann, sie aber aus zwingenden Gründen in die Produktion eingeführt werden muß. Ebenso eindeutig ist aber auch, daß dies nicht für alle Aufgaben zutreffen darf, will man Effekt und nicht Verlust realisieren.

Zweitens werden positive Aufwand-Ergebnis-Verhältnisse wissenschaftlich-technischer Entwicklungen nicht nur von ihren potentiellen Möglichkeiten, sondern wesentlich von geplanten und auch realisierten Stückzahlen und Erlösen beim Produzenten bzw. Anwender bestimmt.

Im Unterschied zur unmittelbaren Produktion (klammert man die Forschung und ihre Aufwendungen aus) hat beides jedoch erheblichen Einfluß auf den Wertbildungsprozeß, insbesondere auf die Wertgröße. Die negativen Ergebnisse der wissenschaftlich-technischen Arbeit – obwohl Aufwand verursacht – sind ökonomisch wertlos. Die Ergebnisse, die sich durchsetzen, verkörpern hingegen einen Wert, der überhaupt nicht in direkter Beziehung stehen muß zum unmittelbaren Aufwand, der sein Hervorbringen und seine Einführung kostete. Für die tatsächliche Wertbildung und -realisierung spielt dabei die Zeitdauer in der sich dieser Prozeß vollzieht, eine entscheidende Rolle. Fristen von der Forschung bis zur Marktwirksamkeit eines Produkts, die über internationalen Durchschnitten liegen, mindern den Wert und umgekehrt.

Das Problem besteht nun darin, ergiebige Lösungen, die der Volkswirtschaft oder dem Kombinat einen beachtlichen Gewinn ermöglichen, auch entsprechend zu bewerten und dies in der Bezahlung zu berücksichtigen. Gleiches gilt für Ergebnisse mit geringem oder auch keinem ökonomischen Effekt.

Dieser Frage kommt man offensichtlich nur bei, wenn man den ökonomischen Ergebnissen in der Bewertung generell einen größeren Stellenwert gibt, die Bezahlung im wesentlichen vom Verhältnis zwischen Aufwand und Ergebnis abhängig macht. Die ökonomisch effektiven Lösungen müssen die weniger ergiebigen oder Fehlschläge mittragen.

Im Interesse einer engen Verbindung von Plan und wirtschaftlicher Rechnungsführung und seiner weiteren Stärkung spreche ich mich allerdings dafür aus, daß auch in den Beziehungen von Auftraggebern und Auftragnehmern der tatsächliche Aufwand exakt berücksichtigt werden muß. Nur so lassen sich m. E. gesellschaftliche Normen und einheitliche Maßstäbe für Aufwand und Ergebnis fixieren, wird eine wirksame Kontrolle durch die Finanz- und Bankorgane ermöglicht und nicht zuletzt das Einsteuern volkswirtschaftlich wichtiger Forschungsaufgaben auch vom ökonomischen Interesse her weiter gefördert.

Insgesamt müssen – und darüber darf es keinen Zweifel geben – die Ergebnisse bedeutend höher sein als der mit der Forschung und Entwicklung und der Überleitung ihrer Ergebnisse verbundene Aufwand. Auf diese Weise läßt sich auch das Prinzip zwingender verwirklichen, daß dort, wo hoher Aufwand ist, die Ergebnisse noch höher sein müssen. Dem gemeinsamen Interesse von Forschung und Produktion an höheren ökonomischen Ergebnissen aus Wissenschaft und Technik würden weitere kräftige Impulse vermittelt.

Johann Pohl

Anforderungen aus der Entwicklung der Mikroelektronik als Schlüsseltechnologie

Praktische Erfahrungen und Ergebnisse bestätigen, daß ein charakteristisches Merkmal der revolutionierenden Prozesse auf dem Gebiet von Wissenschaft und Technik darin besteht, daß die Rolle der Technologie als Wissenschaft im allgemeinen und die Entwicklung konkreter Technologien im besonderen in den Vordergrund rükken.

Über die Technologie werden die Errungenschaften vieler Wissenschaftsdisziplinen für die immer effektivere Gestaltung der materiellen Produktionsprozesse und damit für die Erhöhung der Arbeitsproduktivität ökonomisch wirksam gemacht. Ist diese ökonomische Wirksamkeit von einem hohen Niveau, einer überdurchschnittlichen Dynamik und einer großen volkswirtschaftlichen Breite gekennzeichnet, dann ist eine Schlüsselfunktion dieser Technologien vorhanden.

Eine derartige Funktion besitzt die Mikroelektronik. Niveau und Tempo ihrer Entwicklung sind gekennzeichnet durch die produktionstechnische Verwertung wissenschaftlicher Ergebnisse der Gebiete Physik, Chemie, Optik, Kristallographie, Elektronik, Werkstoffkunde, Feinmechanik, Maschinenbau, Mathematik und Datenverarbeitung u. a. m.
International ist die Entwicklung in den führenden Ländern durch hohe jährliche Steigerungsraten zwischen 25 und 35% gekennzeichnet. Ökonomisch und strategisch ist diese Tendenz damit begründet, daß die Anwendung der Mikroelektronik trotz steigender Rohstoff- und Energiepreise die drastische Senkung der Preise für elektronische Grundfunktionen und qualitativ neue Gebrauchswerte ermöglicht. Auf diesem Weg ist z. B. erreicht worden, innerhalb von 5–6 Jahren die Kosten pro Speicherfunktion (bit) um 80–90% zu reduzieren und die Zuverlässigkeit für vergleichbare Einheiten auf mehr als das 15fache zu erhöhen.

Der technische Hintergrund für diese Ergebnisse wird dadurch charakterisiert, daß es durch eine hohe Konzentration des wissenschaftlich-technischen Potentials, der finanziellen Mittel und der Schaffung der materielltechnischen Voraussetzungen gelingt, die technologische Basis der Schaltkreisproduktion so zu gestalten, daß im Mittel alle 2,5 bis 3 Jahre die Produktion einer neuen Speicherschaltkreisgeneration mit dem vierfachen Integrationsgrad aufgenommen wird.

Im Rhythmus dieser Bauelementegenerationen sind die zugehörigen Entwicklungen der entsprechenden Technologien und Ausrüstungen erforderlich. Begleitet wird dieser Trend durch eine dynamische Sortimentserweiterung, bestimmt durch die Erfordernisse und Möglichkeiten einer breiten Anwendung der Mikroelektronik.

Die bei der Realisierung der Beschlüsse der Partei- und Staatsführung der DDR zur Durchsetzung der ökonomischen Strategie der 80er Jahre bisher erreichten Ergebnisse bei der beschleunigten Entwicklung, Produktion und Anwendung der Mikroelektronik beweisen die Richtigkeit und Notwendigkeit dieser Entwicklungsrichtung zur Vertiefung der Veredlungsprozesse im volkswirtschaftlichen Maßstab.

Von 1978 bis 1984/85 wurde die Produktion von integrierten Schaltkreisen quantitativ auf mehr als 440% gesteigert. Die Arbeitsproduktivität stieg dabei schneller als die personelle Entwicklung des Forschungs- und Entwicklungspotentials. In diesem Zeitraum wurden 12 Basistechnologien für die Produktion von integrierten Schaltkreisen und anderen Halbleiterbauelementen entwickelt.

Im Mittel wurden alle 3,25 Jahre neue produktivitätsbestimmende Technologie- und Ausrüstungsgenerationen eingeführt. So wurde z. B. durch die Einführung größerer Si-Scheibendurchmesser die Produktivität in den technologisch bestimmenden Prozeßstufen auf ca. 400% erhöht.

Auf dem Gebiet der Montage konnte durch die Entwicklung und den Einsatz vollautomatischer Drahtbonder die Produktivität in diesen Fertigungsabschnitten auf mehr als 700% gesteigert werden.

Auf dieser Grundlage wurde erreicht, daß ca. 80% des Bedarfs der Volkswirtschaft der DDR aus Eigenaufkommen gedeckt wird. Die Produktion des Bereiches Elektrotechnik und Elektronik wird zu zwei Dritteln durch Bauelemente der Mikroelektronik und Halbleitertechnik beeinflußt. Die im Ergebnis der Plandurchführung des Jahres 1984 für diesen Bereich erreichten Steigerungsraten in der Nettoproduktion und in der Arbeitsproduktivität stehen im direkten Zusammenhang mit dem erreichten Stand der Anwendung der Mikroelektronik in der DDR und verdeutlichen die Wirkung auf die Effektivitätsentwicklung.

Auf der 9. Tagung des ZK der SED wurde die Aufgabe gestellt, in relativ kurzer Frist eine weitere Stufe in der Entwicklung, Produktion und Anwendung der Mikroelektronik als entscheidendes Kettenglied für die nächsten Schritte in Richtung auf Höchsttechnologien und weitere Veredlung zu erreichen.

Tempobeschleunigung, Steigerung des Produktionsumfanges und weitere gezielte Sortimentserweiterung sind dabei die qualitativen Merkmale, um im volkswirtschaftlichen Maßstab eine wesentliche Steigerung der Arbeitsproduktivität zu ermöglichen. Welche Anforderungen sind dabei zu berücksichtigen und zu bewältigen?

Der Mikroelektronik ist als einer Schlüsseltechnologie in der DDR die Aufgabe gestellt, auch die nächsten Etappen auf der Grundlage eigener volkswirtschaftlicher Voraussetzungen und einer engen Kooperation und Zusammenarbeit mit der UdSSR und den anderen sozialistischen Ländern zu realisieren. Das erfordert insbesondere, die Kooperation mit den Industriebereichen der Chemie, Metallurgie, Glas und Keramik, Maschinenbau, den Anwenderkombinaten und den Einrichtungen der Vorlaufforschung zu vertiefen. Als Leitungsinstrumente haben sich dabei Koordinierungsvereinbarungen bewährt.

Die Hauptforderung besteht dabei darin, eine hohe Parallelität der wissenschaftlich-technischen und produktionsvorbereitenden Aufgaben und Maßnahmen zu gewährleisten, um im volkswirtschaftlichen Maßstab die erforderliche Tempobeschleunigung zu sichern. Die Sicherung einer eigenständigen Vorlaufforschung in den genannten Bereichen wird dabei zu einer unverzichtbaren Bedingung.

Im eigenen Verantwortungsbereich steht die Aufgabe, die Proportionalität auf den Gebieten der Ausrüstungsentwicklung, Verfahrens- und Halbleitermaterialentwicklung und der zugehörigen Produktionsvoraussetzungen zu gewährleisten.

Da diese hochspezialisierten Kapazitäten in 7 verschiedenen Bezirken angesiedelt sind, ist die Gewährleistung der Proportionalität bei der zentralen Vorgabe bzw. Einordnung der erforderlichen Fonds auf der Grundlage von Entscheidungsvorschlägen des Generaldirektors eine wesentliche Randbedingung.

Die Tempoentwicklung und die Niveauentwicklung auf dem Gebiet der Mikroelektronik wird begleitet von einer verstärkten Verlagerung des Aufwandes vom Anwender zum Hersteller der Bauelemente. Dies entspringt der objektiven Tendenz des Eindringens mikroelektronischer Bauelemente in elektronische Geräte, der Tendenz der immer breiteren Übernahme von systembestimmenden Funktionen durch den hochintegrierten Schaltkreis. Diese Aufwandsverlagerung findet in verschiedenen Formen statt:

- Die wissenschaftlich-technischen Vorleistungen beim Bauelementehersteller nehmen zu;
- die Einsparung herkömmlicher Materialien (Kupfer, Stahl u.a.) wird nur möglich über die Entwicklung und Produktion hochwertiger Spezialmaterialien geringer Tonnage;
- die Bedürfnisse der Sortimentserweiterung unter den Bedingungen einer relativ geringen Produktionsstückzahl nehmen zu;
- die jeweils höher integrierten Schaltkreisgenerationen erfordern für den entscheidenden Teil ihrer Herstellungsprozesse eine neue Ausrüstungsgeneration, die in ihrer Gesamtheit jeweils gleichzeitig verfügbar sein muß und die mit neuen Fertigungsstätten verbunden sind;
- die hohen ökonomischen Effekte der Anwendung der Mikroelektronik bewirken Steigerungsraten von mehr als 20% im Bedarf des gesamten Bauelementesortiments und erfordern die Erweiterung der Produktionskapazitäten;
- die Anwendung der Mikroelektronik erfordert die proportionale Entwicklung der entsprechenden Sortimente und Fertigungskapazitäten auch bei den anderen Halbleitertechnologien, insbesondere der Mikro-Optoelektronik und der Leistungselektronik.

Zur Bewältigung dieser steigenden Anforderungen wurden und werden in unserem Kombinat folgende Wege beschritten:

1. Als entscheidender Faktor ist die Steigerung der Produktivität der wissenschaftlich-technischen Arbeit selbst zu gewährleisten.

Der Aufwand für die Technologieentwicklung wird durch die Vereinheitlichung von Verfahrensschritten so gestaltet, daß die entsprechenden technologischen Lösungen (Verfahrensbausteine), die für die Sortimentsentwicklung erforderlichen Technologievarianten ermöglicht. Damit im Zusammenhang werden in zunehmenden Maße Methoden der rechnergestützten Technologieentwicklung eingesetzt.

Die ökonomische Wirksamkeit der entwickelten Technologien wird maßgeblich bestimmt durch das Tempo der Sortimentserweiterung. Entscheidenden Anteil hat dabei der Konstruktionsaufwand für hochintegrierte Schaltkreise.

Ein wesentlicher Teil des Forschungs- und Entwicklungspotentials ist deshalb ständig dafür eingesetzt, produktivere Methoden des rechnergestützten Entwurfs zu entwickeln. Es sind die zeitlichen Ziele gesetzt, die Produktivität der Entwurfsarbeiten um den Faktor 10 zu erhöhen.

Gleichzeitig wurden solche Schaltkreiskonzepte entwickelt, die es gestatten, den Anwender in angemessener Form in die Bauelementeentwicklung einzubeziehen.

Die sogenannten integrierten Schaltungsanordnungen und Gate-arrays ermöglichen es auf diese Weise, das Problem der Produktion von Bauelementetypen kleiner Stückzahlen ökonomisch günstiger zu lösen.

Gleichzeitig wird damit eine wesentliche Verkürzung der Entwicklungszeit neuer Bauelemente erreicht.

Praktische Ergebnisse liegen bereits vor.

2. Durch eine aktive Applikationsarbeit ist die Anwendung des verfügbaren Bauelementesortiments zu verbreitern, um darüber die Losgrößen für die Produktion der einzelnen Typen zu erhöhen. Unter Berücksichtigung applikativer Gesichtspunkte und rechtzeitig abgestimmter Anwendungsstrategien wird die perspektivische Sortimentsgestaltung so beeinflußt, daß eine Konzentration der Verfahrensentwicklung auf wesentliche, breit nutzbare Grundtechnologien ermöglicht wird.

3. Innerhalb unseres Kombinates wurden Maßnahmen der Umprofilierung wirksam, die darauf gerichtet sind, die Hauptanwender innerhalb des Kombinates (VEB Uhrenwerke Ruhla, VEB Mikroelektronik „Wilhelm Pieck“ Mühlhausen) in den Entwicklungs- und Produktionsprozeß mikroelektronischer Bauelemente planwirksam einzubeziehen.

Der Prozeß der Entwicklung, Produktion und Anwendung der Mikroelektronik stellt auch in der DDR im Zeitraum bis 1990 sehr große Anforderungen, die quantitativ und qualitativ zu bilanzieren sind.

Das hohe Tempo und die damit einhergehende Aufwandsverlagerung lassen es als notwendig erscheinen, ergänzend zu den Maßnahmen der Intensivierung der bisher geschaffenen Entwicklungs- und Produktionskapazitäten im VEB Kombinat Mikroelektronik, Vorschläge für erforderliche Entscheidungen zur Gewinnung von Ressourcen für den weiteren Ausbau der personellen und materiell-technischen Basis der Mikroelektronik vorzubereiten. Die volkswirtschaftlichen Effekte aus der Anwendung der Mikroelektronik sollten zur Erschließung derartiger Ressourcen genutzt werden.

Franz Pleschak

Zu einigen Fragen der Effektivitätsermittlung bei der Automatisierung

In den Referaten der Tagung wurde die Nutzung der Automatisierungstechnik als eine Hauptrichtung bei der weiteren Durchsetzung der umfassenden Intensivierung herausgearbeitet. Dem ist voll zuzustimmen. Die Automatisierung erschließt ein hohes Effektivitätspotential. Unter den Bedingungen häufig wechselnder Entwicklungs- und Produktionsaufgaben kann mit der flexiblen Automatisierung die Reaktionsfähigkeit der Kombinate und Betriebe auf Anforderungen des internationalen Marktes und der Volkswirtschaft erhöht, die Zeitdauer der Prozesse verkürzt, die Qualität der Arbeitsergebnisse erhöht und der Aufwand an lebendiger und vergegenständlichter Arbeit verringert werden. Das Effektivitätspotential der flexiblen Automatisierung wird im allgemeinen dann betrieblich und volkswirtschaftlich real wirksam, wenn durchgängige, auf den Reproduktionsprozeß als Ganzes bezogene Lösungen verwirklicht werden. Hierbei verschmilzt die Erhöhung des technologischen und organisatorischen Niveaus der Produktionsprozesse mit der durchgängigen rechnerunterstützten Arbeit in der Produktionsvorbereitung, der Schaffung flexibler, auf hohem technischen und ökonomischen Niveau stehender Erzeugnissysteme, der Nutzung der Informationsverarbeitungstechnik bei der Leitung und Planung und der persönlichkeitsförderlichen Gestaltung der Arbeits- und Lebensbedingungen.

In welchem Maße das Effektivitätspotential derartig komplexer Lösungen zum Tragen kommt, hängt einerseits von den Eigenschaften und Parametern der einzelnen Elemente der Automatisierungslösung sowie der Strukturierung der Gesamtlösung und andererseits von den Anwendungsbedingungen, im weiteren Sinne den Reproduktionsbedingungen, bei der Nutzung der Lösungen ab. Im Prozeß der Vorbereitung, Erarbeitung, Einführung und Anwendung der Automatisierungslösungen sind die Automatisierungsparameter und die Anwendungsbedingungen unter Berücksichtigung der zwischen ihnen bestehenden Zusammenhänge effektivitätsorientiert zu gestalten. Um zu erkennen, mit welchen Richtungen und in welchen Bereichen mit der Automatisierung der größte Beitrag zum Effektivitätszuwachs geleistet werden kann, sind mit Untersuchungen zur Effektivität der Automatisierung folgende Funktionen wahrzunehmen:

- Ermittlung von Effektivitätszielen als Ausgangspunkt für die Gestaltung von Automatisierungslösungen und als Leitungsinstrument für die Kontrolle, Abrechnung und Stimulierung;
- Auswahl der günstigsten Variante einer Automatisierungslösung beziehungsweise der günstigsten Lösungsstruktur eines Vorhabens und Nachweis der volkswirtschaftlichen Effektivität der günstigsten Variante;
- Bilanzierung des geplanten Nutzens und des Aufwandes mit erzeugnis-, verantwortungsbereichs-, betriebs- und kombinatsbezogenen Zielen und Bedingungen, um die organische Einordnung der Automatisierungslösungen in den Reproduktionsprozeß zu garantieren;
- Abrechnung und Kontrolle der tatsächlichen Effektivität, um den Stand der Planerfüllung sichtbar zu machen und weitere Ansatzpunkte für die Beeinflussung der Effektivität im sozialistischen Wettbewerb zu erkennen.

Gerade für komplexe Automatisierungsvorhaben ist es erforderlich, Nutzen und Aufwand stets vom volkswirtschaftlichen Standpunkt aus zu bestimmen. Die ökonomischen Wirkungsketten neuer automatisierter Erzeugnisse und Technologien reichen über die Betriebs- und Kombinatsgrenzen hinaus; deshalb sind im Interesse volkswirtschaftlich optimaler Lösungen die Verflechtungen und Beziehungen im volkswirtschaftlichen Reproduktionsprozeß zu erfassen und zu gestalten. Die Durchsetzung dieses Erfordernisses stellt hohe Anforderungen an die fachliche und politisch-ideologische Arbeit der Leiter von Automatisierungsvorhaben. Verantwortungsbewußtsein und volkswirtschaftliches Denken, Erkennen der betrieblichen und volkswirtschaftlichen Zusammenhänge müssen ausgeprägt und auf die effektive Nutzung des gesellschaftlichen Eigentums gerichtet sein.

Diese Haltungen sind auch bei der Quantifizierung der ökonomischen Wirkungen der Automatisierung erforderlich. Untersuchungen zeigen einerseits, daß z. T. gegenwärtig noch durch „subjektivistisches Wunschdenken" Überziehungen in der Wertung einzelner Wirkungen auftreten, deshalb partiell auftretende Wirkungen gesamtbetrieblich und volkswirtschaftlich nicht wirksam werden und damit Abstriche bei der Durchsetzung der Maßstäbe der umfassenden Intensivierung zugelassen werden. Es gibt andererseits aber auch Erscheinungen, daß durch unzureichende Berücksichtigung aller Wirkungen bei der Effektivitätsermittlung die Durchsetzung der Automatisierung ungerechtfertigt gehemmt wird. Die Automatisierung führt zu ökonomischen und sozialen Wirkungen, die bisher noch nicht in dieser Form auftraten, deren Quantifizierung und Bewertung nunmehr aber notwendig wird, damit objektiv begründete Entscheidungen über die Automatisierung getroffen werden können. Diese Wirkungen sind, soweit wie möglich, in ökonomische Größen, besonders ausgedrückt in Form der Kostensenkung und des Gewinnzuwachses, zu transformieren. Das alles erfordert, die Effektivitätsermittlungen auf ein höheres Niveau zu heben.

Effektivitätsuntersuchungen dürfen sich nicht auf das Feststellen einzelner Auswirkungen beschränken. Vielmehr sind die effektivitätsbeeinflussenden Faktoren herauszuarbeiten, in ihren Wechselbeziehungen und Abhängigkeiten zu untersuchen und Wirkungsrichtung und Wirkungsintensität dieser Faktoren für die Gestaltung der Automatisierungslösungen auszunutzen. Die Kenntnis der wesentlichen technisch-organisatorischen und technisch-ökonomischen Einflußfaktoren ist auch für die Entfaltung der Initiative der Werktätigen in automatisierten Prozessen von großer Bedeutung. Die Arbeit der Werktätigen ist eng mit den durch diese Einflußfaktoren charakterisierten Sachverhalten verbunden.

Möglichkeiten der aktiven Beeinflussung der Effektivität können im Prozeß der Vorbereitung und Erarbeitung von Automatisierungslösungen durch eine breitere Durchführung von Variantenvergleichen sichtbar gemacht werden. Gerade unter den Bedingungen der durchgängigen Automatisierung ergeben sich aus der Analyse und dem Vergleich des gesamten technisch und arbeitswissenschaftlich sinnvollen Variantenspektrums effektivitätsorientierte Gestaltungslösungen. Damit werden u.a. folgende Fragen beantwortbar: Welche Prozesse bzw. Funktionen sind in die Automatisierung einzubeziehen? Welches Automatisierungsniveau ist das optimale? Bei welchen Strukturen der Automatisierungslösung wird der notwendigen Proportionalität, Flexibilität und der erforderlichen Qualität der Arbeitsergebnisse mit geringstem Aufwand entsprochen? Welcher Weg zur Erhöhung der Zuverlässigkeit ist der effektivste? Welche Lösung entspricht der komplexen ökonomischen und sozialen Zielstellung der Automatisierung am besten? Bei welcher Lösungsstruktur kommen die Erfordernisse der Modernisierung der vorhandenen Grundmittel und die Möglichkeiten des Rationalisierungsmittelbaus für die schrittweise Erweiterung der Lösungen und ihre Verwirklichung in Ausbaustufen am besten zum Tragen?

Charakteristisch für diese Alternativen ist, daß bei prinzipiell gegebener Funktionserfüllung Unterschiede im einmaligen und laufenden Aufwand beziehungsweise Nutzen auftreten. Um zur volkswirtschaftlich optimalen Lösung zu kommen, muß die optimale Relation zwischen einmaligem und laufendem Aufwand gefunden werden. Bekanntlich bietet sich für dieses Entscheidungsproblem die Kennziffer des Nutzkoeffizienten des zusätzlichen einmaligen Aufwandes bzw. des daraus abgeleiteten Gesamtaufwandes (in der UdSSR Reduktionskosten) an. Im Stadium des Variantenvergleiches sollte dieser Kennziffer mehr Aufmerksamkeit geschenkt werden. Darauf wurde bereits in der Diskussion auf der Wirtschaftswissenschaftlichen Konferenz der DDR 1983 hingewiesen. Die methodischen Materialien zur Effektivitätsermittlung berücksichtigen gegenwärtig die Belange des Variantenvergleichs nicht in erforderlichem Maße.

Die rechnerunterstützte Arbeit in den produktionsvorbereitenden Bereichen nach dem Prinzip des Mensch-Maschine-Dialogs gestattet, Vorgänge zu simulieren und Parameter zu variieren, so daß gezielt die Lösungssuche und Variantenbildung gefördert wird. Dabei treten die Bewertungs- und Entscheidungssituationen schärfer als im konventionellen Prozeß hervor. Der wachsende Umfang der Informationen, die zugriffsbereit sind, und die bei durchgängigen Lösungen vorhandene leistungsfähige Speicherorganisation schaffen die Voraussetzungen dafür, komplexe technische, ökonomische und arbeitswissenschaftliche Bewertungen durchzuführen. Aus dieser Sicht ist es erforderlich, die im Zusammenhang mit der Pflichtenheftausarbeitung durchgeführten Effektivitätsermittlungen in den nachfolgenden Stadien des Entwicklungs- und Projektierungsprozesses zu untersetzen und aus der Gesamtentscheidung entsprechend dem Erkenntnisfortschritt im Entwicklungsprozeß Teilentscheidungen abzuleiten. Dafür sind die allgemeinen Effektivitätskriterien in für die jeweilige Entscheidungssituation geeignete Kriterien für eine effektivitätsorientierte Variantenauswahl zu transformieren. Die Bewertungsvorgänge sind in den rechnerunterstützten Ablauf der wissenschaftlich-technischen Arbeit einzubeziehen und selbst rechnerunterstützt durchzuführen. Eindeutige Vorgaben im Pflichtenheft, den Entwicklungszielen entsprechende Bewertungs- und Auswahlkriterien und den konkreten Bedingungen entsprechende Daten über die zu bewertenden Lösungsvarianten sind wichtige Voraussetzungen für die fundierte Integration von Bewertungsschritten in den rechnerunterstützten Arbeitsprozeß. Das alles verlangt vom Ingenieur und Ökonomen eine tiefere Kenntnis der Zusammenhänge von Technik und Ökonomie, von Konstruktionswissenschaft bzw. Technologie und Informatik und von Objekt- und Methodenwissen.

Klaus Steinitz

Produktionsstruktur und Erhöhung der Effektivität

Progressive Veränderungen der Produktionsstruktur bilden eine wichtige Seite der Entwicklung der Produktivkräfte und damit auch der erweiterten Reproduktion. Je nach dem vorherrschenden Reproduktionstyp und dem Grad seiner Ausprägung gibt es jedoch beträchtliche Unterschiede in den Beziehungen zwischen Strukturveränderungen und erweiterter Reproduktion. Die Wechselwirkungen zwischen der Entwicklung der Produktionsstruktur und der erweiterten Reproduktion sind im Vergleich zum extensiven Reproduktionstyp beim intensiven Reproduktionstyp und insbesondere beim Übergang zur umfassenden Intensivierung wesentlich enger, intensiver und vielfältiger. Die Entwicklung der Produktionsstruktur gewinnt mit der umfassenden Intensivierung eine neue Qualität, die sich in veränderten Wirkungsrichtungen, einer größeren Dynamik und einem höheren Stellenwert von Prozessen der Strukturentwicklung für die Produktivitäts- und Effektivitätssteigerung und das Wirtschaftswachstum äußert.

Die größere Bedeutung von Veränderungen der Produktionsstruktur für weitere Fortschritte auf dem Wege der Intensivierung ergeben sich vor allem aus zwei Prozessen: der Schlüsselstellung des wissenschaftlich-technischen Fortschritts, seiner Beschleunigung sowie der höheren ökonomischen und sozialen Verwertung seiner Ergebnisse und aus den veränderten Bedingungen der Reproduktion der Energie und Rohstoffe.

Über die Entwicklung der Produktionsstruktur wird letzten Endes bestimmt, in welchem Tempo, Ausmaß und mit welchem Wirkungsgrad neue wissenschaftlich-technische Erkenntnisse materialisiert und zu entsprechenden Effekten bei der Bedürfnisbefriedigung, der Stärkung der materiell-technischen Basis und der Gestaltung der Außenwirtschaftsbeziehungen führen.

Die Entwicklung der Produktionsstruktur in Richtung verstärkter und komplexer Nutzung der einheimischen Energieträger und Rohstoffe (einschließlich Sekundärrohstoffe) und der höheren Veredlung auf allen Stufen auf Grundlage neuer Erzeugnisse und Technologien ist die langfristig wichtigste Bedingung, um ein dynamisches Wirtschaftswachstum bei gleichbleibendem oder nur gering wachsendem Energie- und Rohstoffaufkommen zu erreichen, die Auswirkungen der Aufwandserhöhung für die Bereitstellung einer Einheit Energie und Rohstoffe auf die volkswirtschaftliche Effektivität auszugleichen bzw. weitgehend einzuschränken und zugleich rationellere Beziehungen zwischen Natur und Gesellschaft zu gestalten.

Die Bedeutung der Strukturveränderungen für Effektivität und Wirtschaftswachstum besteht vor allem darin, daß sie entscheidend dazu beitragen können und müssen, die der umfassenden Intensivierung entsprechende neue Art und Qualität des Wirtschaftswachstums zu erreichen, ein Wirtschaftswachstum, das auf der Einsparung von Energie, Rohstoffen und Naturressourcen und auf der Einheit hoher, stabiler Zuwachsraten der Arbeitsproduktivität und der Effektivität beruht, dessen Träger nicht mehr in erster Linie die nur quantitative Vergrößerung des Produktionsvolumens, sondern immer mehr die Gebrauchswertverbesserung der Produktionsergebnisse ist, das die Bedingungen für seine langfristige Fortführung ständig reproduziert und dessen Wirkungsgrad für die Entwicklung der sozialistischen Lebensweise einschließlich der Erhaltung und Reproduktion der natürlichen Umwelt erhöht wird.

Mit dieser Rolle von Strukturveränderungen für den weiteren gesellschaftlichen Fortschritt sind viele neue Anforderungen an ihre Bewertung, Auswahl, langfristige Vorbereitung sowie komplexe und planmäßige Realisierung ebenso verbunden wie auch neue reproduktionstheoretische Probleme der Effektivität von Strukturprozessen. Auf einige hiermit verbundene Aspekte der Effektivitätssteigerung soll etwas näher eingegangen werden.

1. Strukturveränderungen und Einsparung an Energie und Rohstoffen

Die Arten und Wirkungsrichtungen der Strukturveränderungen müssen sich bei umfassender Intensivierung wesentlich von denen der Vergangenheit unterscheiden. In der Zeit von Ende des 19. Jahrhunderts bis etwa Anfang der 70er Jahre des 20. Jahrhunderts wurde die Strukturentwicklung vom raschen Wachstum der Großchemie, des Maschinen- und Fahrzeugbaus, der Elektrotechnik und der Elektroenergieerzeugung bestimmt, deren schnelles Wachstum mit einem hohen, etwa proportionalen Zuwachs des Energie- und Rohstoffverbrauchs verbunden war. Im Vergleich hierzu geht es heute und in Zukunft um Strukturen, die vor allem in folgenden untereinander verflochtenen Innovationslinien ihre Grundlage haben:

– Mikroelektronik und darauf beruhende Informations-, Kommunikations- und Automatisierungstechnik mit ihren sehr weitgehenden unmittelbaren Konsequenzen für die Produktionsstruktur fast aller Zweige der metallverarbeitenden Industrie sowie für die Herausbildung eines neuen Techniktyps in allen Bereichen der materiellen Produktion und der nichtproduzierenden Sphäre;

- Biotechnologie mit ihren Konsequenzen für die pharmazeutische Industrie und das Gesundheitswesen, die Nahrungsgüterproduktion, die Stoffumwandlung in der Chemie sowie für die rationellere Nutzung der Rohstoffe und Abprodukte bis zur Herausbildung abproduktfreier bzw. -armer Stoffkreisläufe;
- Entwicklung neuer und höher veredelter Materialien in der Metallurgie, Chemie, Glas- und keramischen Industrie.

Diese Strukturveränderungen werden vor allem durch folgende Kriterien gekennzeichnet:

Erstens sind sie wissenschafts- und technologieintensiv; d.h. die Herausbildung und forcierte Entwicklung stellt sehr hohe Anforderungen an die Vorleistungen in Forschung und Entwicklung, bei der Aus- und Weiterbildung der Kader sowie an das technologische Niveau der Modernisierung, Erneuerung und Erweiterung der Grundfonds. Diese Produktionen sind, wenn der gesamte Zyklus von ihrer wissenschaftlich-technischen Vorbereitung bis zum Absatz bzw. bis zur Anwendung betrachtet wird, dadurch gekennzeichnet, daß sie einen höheren Anteil qualifizierter, komplizierter lebendiger Arbeit und einen größeren Anteil hoch veredelter Spezial- und Qualitätsmaterialien im Verhältnis zu Massenwerkstoffen enthalten sowie auf technologisch fortgeschrittenen und leistungsfähigen Grundfonds mit einem hohen Automatisierungsniveau beruhen. Es geht um eine höhere Qualität aller Produktionselemente, die sich in einem höheren Wirkungsgrad und in einer höheren Neuwertschöpfung je Zeit- und Ressourceneinheit realisieren muß.

Zweitens erfordern sie je Einheit Endprodukt einen weit unterdurchschnittlichen Energie- und Rohstoffeinsatz bzw. weisen einen hohen Veredlungsgrad der eingesetzten Energieträger und Rohstoffe auf. Zum Beispiel können bei Sicherung der erforderlichen Vorleistungen in Wissenschaft und Technik und der Aus- und Weiterbildung der Kader sowie der notwendigen materiell-technischen Bedingungen im Komplex der verflochtenen Produktionsstufen, gegenüber den Primärmaterialien, Veredlungseffekte – gemessen am kg-Preis – von 1:1000 und gegenüber traditionellen Erzeugnissen des Maschinenbaus und der Chemie von 1:10 bis zu 1:100 und noch darüber hinaus erzielt werden. Um die Effektivität solcher Veredlungsprozesse beurteilen zu können, müssen die dazu erforderlichen einmaligen Aufwendungen, vor allem in Forschung und Entwicklung und an Grundfonds, sowie der volle Aufwand an Material und lebendiger Arbeit in den daran beteiligten Produktionsstufen berücksichtigt werden. Die mengenmäßigen Einsparungen an Energie und Material beruhen in beträchtlichen Ausmaß darauf, daß qualitativ hochwertige Materialien mit einem höheren Wert je Mengeneinheit eingesetzt werden.

Drittens ermöglichen sie über ihre Anwendung in der materiellen Produktion, im nichtproduzierenden Bereich und in der individuellen Konsumtion beträchtliche Einsparungen an Energie und Material.

2. Produktionsstruktur, Proportionalität, Zeitfaktor

Die auf den Hauptrichtungen der wissenschaftlich-technischen Revolution beruhenden Strukturveränderungen zeichnen sich unter anderen durch folgende Merkmale aus:

Sie weisen einen sehr komplexen Charakter und äußerst vielfältige sowie anspruchsvolle Verflechtungsbeziehungen zu den vorgelagerten Produktionsstufen und zu den Anwendern auf. Daraus ergibt sich, daß sie nur dann ihr Effektivitätspotential realisieren können, wenn unter Berücksichtigung dieser vielen Bereiche und Zweige der materiellen Produktion und zunehmend auch der nichtproduzierenden Sphäre umfassende Verflechtungen vorbereitet und durchgeführt werden. Mit der Durchführung dieser Strukturveränderungen bilden sich in der gesamten Reproduktionskette mit ihren vielen vertikalen und horizontalen Verzweigungen quantitativ und qualitativ neue Proportionen und Beziehungen heraus. Bei ihrer Gestaltung müssen von vornherein die Möglichkeiten der internationalen Arbeitsteilung, insbesondere die weitere Vertiefung der Zusammenarbeit mit der UdSSR und den anderen RGW-Ländern, einbezogen werden.

Die Beziehungen zwischen Veränderungen der Produktionsstruktur und volkswirtschaftlichen Proportionen werden unter den Bedingungen der wissenschaftlich-technischen Revolution auch dadurch charakterisiert, daß revolutionierende Veränderungen der Produktionsstruktur, die einen spürbaren Einfluß auf volkswirtschaftliche Proportionen ausüben, häufig ihren Ausgangspunkt in Produktionskomplexen haben, die ihrem Umfang nach recht klein sind. Beispiele hierfür sind mikroelektronische Bauelemente, Lasertechnik, Lichtleitertechnik, Gentechnik. Halbleiterbauelemente haben z.B. in der DDR bei einem Produktionswert von 2,2 Mrd. M (1983, zu konstanten Planpreisen 1980) einen Anteil an der industriellen Warenproduktion der Industrie von etwa 0,5% und der metallverarbeitenden Industrie von etwa 1,5%. Über verschiedene Zwischenstufen (mikroelektronische Bauelemente – Informationstechnik – mit ME ausgerüstete Maschinen und Konsumgüter – Automatisierung) üben die Bauelemente einen bedeutenden Schneeball- und Multiplikatoreffekt aus. Es kann davon ausgegangen werden, daß durch diese Wirkungskette bis Ende der 80er Jahre der größte Teil des Exports der metallverarbeitenden Industrie beeinflußt wird und darauf ein bedeutender Teil der Arbeitszeiteinsparung und der Einsparung volkswirtschaftlich wichtiger Rohstoffe, Energieträger und Werkstoffe beruhen wird.

Dabei muß berücksichtigt werden, daß dieser Multiplikatoreffekt nicht nur positiv wirkt, sondern daß auch, wenn die objektiv erforderlichen Verflechtungen nicht beherrscht werden, Multiplikatoreffekte negativ auftreten können. Sie sind weiterhin durch eine hohe Dynamik sowohl bei ihrer Einführung und Ausbreitung als auch bei ihrer ständigen Verbesserung und bei der Entfaltung ihres Effektivitätspotentials durch Erzeugnis- und Technologieerneuerung gekennzeichnet.

Das Ausmaß der möglichen positiven Einflüsse auf Effektivität und Wirtschaftswachstum wird in sehr hohem Grade vom Zeitfaktor bestimmt. Eine an sich progressive Strukturveränderung kann, wenn sie zu spät realisiert wird, zu beträchtlichen Effektivitätsverlusten und zu negativen Auswirkungen auf das Wirtschaftswachstum führen. Hinzu kommt, daß zeitliche Rückstände in den Vorstufen sich in der Regel bis zum Finalerzeugnis vergrößern. Dabei muß jedoch berücksichtigt werden, daß die Unterlassung notwendiger Strukturveränderungen zu weit folgenschwereren Effektivitätsverlusten führen kann. Das Erreichen eines zeitlichen Vorsprungs bei ausgewählten Strukturlinien kann sowohl über hohe Extragewinne als auch über die Sicherung stabiler Absatzmärkte Grundlage positiver Wachstumswirkungen sein.

Hieraus ergeben sich Konsequenzen für die Bewertung von Strukturveränderungen in ihrem zeitlichen Verlauf. Wenn die Zeit, in der Strukturveränderungen vorbereitet, durchgeführt und wirksam werden, eine ausschlaggebende Rolle für die reale Effektivitätssteigerung spielt, so kommt der ökonomischen Bewertung des Zeitgewinns als einem wichtigen spezifischen Aspekt des Bewertungsproblems eine wachsende Bedeutung zu. Sie geht aus von der Relation zwischen den erforderlichen zusätzlichen Aufwendungen für einen Zeitgewinn zu den dadurch hervorgerufenen zusätzlichen Nutzenswirkungen, wie höhere Exportpreise, kürzere Rückflußdauer der Fondsvorschüsse. Die Kompliziertheit der ökonomischen Bewertung dieser Zeitgewinne beruht darauf, daß der ökonomische Nutzen je nach der Art der Innovation und des Ausmaßes des Zeitgewinns sowie der Realisierung der neuen Erzeugnisse in der eigenen Volkswirtschaft oder im Export – dabei wieder differenziert nach sozialistischem und kapitalistischem Wirtschaftsgebiet – sehr unterschiedlich sein wird und daß seine Einschätzung mit einer hohen Unsicherheit behaftet ist. Bei diesen Bewertungsfragen geht es letztlich um sehr bedeutsame wirtschaftspraktische Probleme, z. B. um die Frage nach den notwendigen und zulässigen Mehraufwendungen für einen Zeitgewinn oder um die Frage, in welcher Kombination die für eine Innovation verfügbaren Ressourcen für Kostensenkungen durch moderne Technologien und Verfahren oder für die Verkürzung der Zeit bis zur Produktionsaufnahme bzw. bis zur Serienproduktion eingesetzt werden sollen. Bei solchen Entscheidungen muß immer berücksichtigt werden, daß Zeitgewinn in der Regel einen Preis hat und kein Gratisdienst darstellt.

3. Produktionsstruktur und Reproduktion der Effektivität

Die Veränderung der Produktionsstruktur und die Effektivitätssteigerung sind wechselseitig miteinander verflochten. Die Herausbildung und rasche Ausbreitung neuer, progressiver Strukturelemente ist nicht nur die langfristig wichtigste Grundlage für die Erhöhung der Arbeitsproduktivität und der Effektivität. Sie erfordert auch eine dynamische Effektivität. Sie erfordert auch eine dynamische Effektivitätssteigerung als einer unerläßlichen Voraussetzung, um die für Strukturveränderungen erforderlichen hohen Vorleistungen in Forschung und Entwicklung und für die Entwicklung der Grundfonds bereitstellen zu können. Eine hohe Effektivitätsdynamik ist in diesem Sinne sowohl Resultat als auch Bedingung für Veränderungen der Produktionsstruktur, die hinsichtlich Niveau, Tempo und Anwendungsbreite den internationalen Maßstäben entsprechen.

Die Produktionsstrukturen, die auf den Schlüsseltechnologien der wissenschaftlich-technischen Revolution beruhen, sind durch Veränderungen in den Aufwandsstrukturen gekennzeichnet, insbesondere durch die Erhöhung des Anteils der Aufwendungen für Vorleistungen und die Senkung des Anteils der laufenden Produktionsaufwendungen an lebendiger Arbeit und Material. Damit sind mehrere Konsequenzen für die Effektivität verbunden.

Es ergeben sich hohe Anforderungen an die Akkumulation von Mehrprodukt, das für die wissenschaftliche und materiell-technische Vorbereitung und Überleitung neuer Produktionskomplexe bereitgestellt werden muß. Die Effektivität der vorhandenen Produktion muß die Voraussetzungen schaffen für die Einführung neuer Produktionskomplexe bis zu dem Zeitpunkt, zu dem diese neuen Produktionskomplexe das für ihre eigne Erweiterung und qualitative Vervollkommnung erforderliche Mehrprodukt herstellen und darüber hinaus auch Mittel für andere volkswirtschaftliche Aufgaben erwirtschaften. So erfordern die breite Anwendung der auf der Mikroelektronik beruhenden Informations- und Automatisierungstechnik ebenso wie die Biotechnologie über einen längeren Zeitraum hohe volkswirtschaftliche Vorleistungen, die erst nach einem Zeitabschnitt von vielen Jahren wieder zurückfließen.

Damit die volkswirtschaftlichen Belastungen durch Strukturveränderungen nicht übermäßig ansteigen, ist es notwendig, sie so weit wie möglich im Rahmen vorhandener Produktionskomplexe und unter weitgehender Nutzung bestehender Grundfonds bzw. Produktionskapazitäten durchzuführen. Hierbei spielt die höhere Flexibilität der Grundfonds – insbesondere die flexible Automatisierung – und die Modernisierung der Grundfonds auch unter dem Aspekt, die Herstellung neuer Erzeugnisse zu ermöglichen, eine wichtige Rolle.

Für die neuen vorleistungsintensiven Erzeugnisse und Produktionskomplexe ist charakteristisch, daß ihre Effektivität zunehmend davon abhängig wird, daß sich die Vorleistungen auf eine ausreichend große Produktionsmenge verteilen können. Wenn die Jahresmenge neuer Erzeugnisse infolge zu geringer Produktionsserien zu klein und die ökonomische Lebensdauer infolge zu später Produktionsaufnahme zu kurz ist, können die Vorleistungen nicht voll ökonomisch realisiert werden. Aufgrund ihres hohen Anteils an den gesamten Aufwendungen können sich daraus beträchtliche Effektivitätseinschränkungen von Innovationsprozessen ergeben. Hieran wird auch deutlich, wie wichtig es ist, die Zeit für die Überleitung neuer Erzeugnisse in die Produktion bis zur Erreichung eines bedarfsdeckenden Produktionsvolumens zu verkürzen. Vor allem für Erzeugnisse und Produktionskomplexe mit sehr hohen Forschungs- und Entwicklungsaufwendungen und wachsenden Investitionsminima müssen durch die Vertiefung der internationalen sozialistischen Spezialisierung und Kooperation Voraussetzungen geschaffen werden, um die von einer Volkswirtschaft zu erbringenden Vorleistungen zu verringern und zugleich durch höhere Produktionsvolumina diese Vorleistungen je Erzeugniseinheit zu senken.

Die ökonomische Bedeutung eines Zeitgewinns bei der raschen Überleitung und der Erreichung hoher Stückzahlen neuer Erzeugnisse wird um so größer sein, je höher der Neuheitsgehalt (Gebrauchswertzuwachs) der neuen Erzeugnisse im internationalen Maßstab – als Grundlage für einen hohen Extragewinn – und je kürzer ihre ökonomische Lebensdauer ist. Wenn davon ausgegangen wird, daß die Vorleistungen im Verlaufe der international bestimmten ökonomischen Lebensdauer zurückfließen, so ergibt sich z. B. bei einer verspäteten Produktionsaufnahme von 2 Jahren, daß – abgesehen von den nicht realisierbaren Extragewinnen – bei einer ökonomischen Lebensdauer von 8 Jahren die Vorleistungen zu 75 %, bei einer ökonomischen Lebensdauer von 3 Jahren jedoch nur zu 33 % zurückfließen.

Die Vorlaufaufwendungen sind darauf gerichtet, eine hohe Effektivität der neuen Produktionen zu gewährleisten. Dabei haben sie zwei Funktionen zu erfüllen: einerseits möglichst rasch einen Effektivitätszuwachs und den Rückfluß der vorgeschossenen Mittel zu erreichen und andererseits langfristig eine stabile Reproduktion der Effektivität und vor allem einer Effektivitätsdynamik zu gewährleisten. Beide Funktionen sind sehr eng miteinander verflochten, unterscheiden sich aber doch wesentlich voneinander und stellen auch teilweise widersprüchliche Anforderungen an Höhe, Neuheitsgehalt und Struktur der Vorleistungen. Unter sonst gleichen Bedingungen bedeuten höhere Vorleistungen, daß in der Regel ein größerer Vorlauf erreicht werden kann, der günstige Bedingungen für die langfristige erweiterte Reproduktion eines hohen Effektivitätspotentials schafft, andererseits aber die Rückflußdauer der Vorleistungen verlängert wird. Die Lösung wird größtenteils nicht in einer alternativen Entscheidung zugunsten entweder einer minimalen Rückflußdauer oder einer maximalen langfristigen Effektivitätsentwicklung liegen. Es wird auf eine sinnvolle Verbindung beider Aspekte ankommen, die auch als Einheit kurz- und langfristiger Interessen charakterisiert werden kann. Es muß jedoch vermieden werden, daß Strukturveränderungen nur unter dem Aspekt kurzfristiger Effektivitätswirkungen oder rascher Rückflüsse vorgeschossener Fonds durchgeführt werden und dadurch perspektivisch bedeutsame Effektivitätspotentiale einschneidend verringert oder insgesamt gefährdet werden.

Ein generelles Problem der Strukturentwicklung unter den Bedingungen der wissenschaftlich-technischen Revolution, das auch eine große Herausforderung an die sozialistische Planwirtschaft bedeutet, besteht darin, daß mit der zunehmenden Komplexität und Dynamik sowie den revolutionierenden Wirkungen von Veränderungen der Produktionsstruktur eine beträchtliche Kluft zwischen dem Effektivitätspotential und der realisierten Effektivität auftreten kann. Ein wichtiges Anliegen sozialistischer Strukturpolitik muß darin bestehen, durch die Art und Weise der Vorbereitung und Durchführung von Strukturveränderungen das Effektivitätspotential möglichst weitgehend in tatsächliche Effektivität umzuwandeln und durch die stetige Erneuerung der Technologien und Erzeugnisse im Rahmen neuer Produktionskomplexe die Differenz zwischen dem sich weiter dynamisch entwickelnden Effektivitätspotential und der realisierten Effektivität zu verringern.

Uwe Möller

Steigerung der Arbeitsproduktivität und umfassende Intensivierung

Auf der 9. Tagung des ZK der SED führte Erich Honecker aus: „Das Politbüro unterstreicht die grundsätzliche Bedeutung der Leninschen Feststellung, nach der die Arbeitsproduktivität letztendlich für den Sieg der neuen Gesellschaftsordnung den Ausschlag gibt."[1] – In der Feststellung kommt zum Ausdruck, daß der Steigerung der Arbeitsproduktivität in der internationalen Klassenauseinandersetzung die entscheidende Rolle zukommt. Mit der Erhöhung der Arbeitsproduktivität leisten die Werktätigen im Sozialismus ihren wichtigsten Beitrag zur Erhaltung des Friedens. Die Politik der SED läßt sich von der Erkenntnis leiten, daß der Kampf um ein wesentlich höheres Niveau der Arbeitsproduktivität jetzt in eine neue Phase getreten ist. Die weitere Erhöhung des Lebensniveaus des Volkes, der qualitative Ausbau der materiell-technischen Basis, die Entwicklung eines auf gegenseitigen Vorteil beruhenden Außenhandels, die Lösung der Aufgaben auf dem Gebiet der Außenpolitik und der Verteidigung, alle Potenzen der Ökonomie fordern eine hohe Dynamik des Nationaleinkommens, die auf einer ständig gesteigerten Produktivkraft der menschlichen Arbeit beruht. Mit der Verwirklichung der ökonomischen Strategie der SED für die 80er Jahre entstehen sowohl höhere Anforderungen an das Tempo der Steigerung der Arbeitsproduktivität als auch neue Möglichkeiten, weitere Quellen ihres Wachstums zu erschließen. So ist mit dem Kurs der Hauptaufgabe, den unsere Partei seit dem VIII. Parteitag konsequent verwirklicht, ein hohes Niveau der individuellen und gesellschaftlichen Konsumtion erreicht worden. Das betrifft sowohl die Ausstattung der Haushalte mit langlebigen Konsumgütern, die Verbesserung der Wohnbedingungen für Millionen Bürger, das Anwachsen der Nettogeldeinnahmen und vieles mehr. Auf dieser Grundlage vollziehen sich Veränderungen in der Struktur der Bedürfnisse. Es werden qualitativ höhere Ansprüche an das Angebot hochwertiger Industriewaren und Dienstleistungen sowie den Ausbau der Infrastruktur u. a. gestellt. Die immer bessere Befriedigung der gewachsenen individuellen und gesellschaftlichen Bedürfnisse erfordert nicht geringe Aufwendungen für den weiteren Ausbau der materiell-technischen Basis auf dem Wege der Intensivierung. Das betrifft vor allem die Einführung modernster Technologien, die zunächst hohe Anforderungen an die Akkumulationskraft der Volkswirtschaft stellen. Außerdem ist in den kommenden Jahren mit einem wachsenden Aufwand bei der Sicherung der Energie- und Rohstoffbasis unseres Landes zu rechnen.

Schließlich gilt es, die Konsequenzen zu berücksichtigen, die sich aus der Konfrontationspolitik der aggessivsten Kreise des Imperialismus, aus Wirtschaftskrieg und Hochrüstung für die Volkswirtschaft der sozialistischen Länder ergeben. Die Reagan-Administration hat sich das Ziel gestellt, ein militär-strategisches Übergewicht über den Sozialismus zu erlangen und ihm einen Rüstungswettlauf aufzuzwingen, der die ökonomischen Kräfte des Sozialismus übersteigt. Die Entwicklung der letzten Jahre hat gezeigt, daß diese Rechnung in keiner Richtung aufgehen kann.

Zunehmend geraten die imperialistischen Länder, auch die USA, selbst in ökonomische Schwierigkeiten, die aus dem Hochrüstungskurs resultieren bzw. durch ihn unermeßlich verschärft werden. Dies zeigt sich vor allem in den enormen Haushaltsdefiziten und Staatsverschuldungen, die in den USA bereits hunderte von Milliarden Dollar betragen. Zwangsläufig werden die antagonistischen Widersprüche zwischen Kapital und Arbeit verschärft, wenn in den kapitalistischen Staaten versucht wird, durch eine drastische Reduzierung der Ausgaben für soziale Belange dem weiteren Anwachsen der durch die Hochrüstung verursachten Haushaltsdefizite und gewaltigen Staatsverschuldung wenigstens entgegenzuwirken. Gleichzeitig wächst in den imperialistischen Ländern die Erkenntnis, daß es den sozialistischen Staaten gelingt, durch die immer umfassendere Nutzung der Vorzüge der sozialistischen Planwirtschaft sowohl die Wirtschafts- und Sozialpolitik zum Wohle des Volkes weiterzuführen als auch die äußere Sicherheit ihrer Länder zu gewährleisten.

Die langfristige Lösung gleichzeitig beider Aufgaben erfordert aber eine Steigerung der Arbeitsproduktivität in neuen Dimensionen und auf neuen Wegen. Doch nicht nur die Anforderungen, auch die Möglichkeiten zur Erreichung einer neuen Stufe der Arbeitsproduktivität sind qualitativ gewachsen. Niveau und Dynamik der Arbeitsproduktivität sind ein Ausdruck des Entwicklungsstandes der Produktivkräfte und ihrer planmäßigen Beherrschung durch die sozialistische Gesellschaft. Mit der wissenschaftlich-technischen Revolution, die einen qualitativen Sprung in der Entwicklung der Produktivkräfte darstellt, entstehen bisher nicht bekannte Möglichkeiten für die Steigerung der Arbeitsproduktivität. Es entstehen neue Wirkungsbedingungen für die ökonomischen Gesetze des Sozialismus, insbesondere auch für das Gesetz der stetigen Steigerung der Arbeitsproduktivität und das Gesetz der Ökonomie der Zeit. In diesem Prozeß wird der Übergang zur umfassenden Intensivierung, also einem Wirtschaftswachstum, das durch die Ökonomisierung aller Aufwandsarten – der lebendigen Arbeit und der vergegenständlichten Arbeit, sowohl des laufenden als auch des einmaligen Aufwands – charakterisiert ist, zu einer aktuellen wirtschaftspolitischen Aufgabe.

In diesem Prozeß werden neue Quellen und Wege der Steigerung der Arbeitsproduktivität erschlossen. Die Möglichkeiten dafür sind durch die zielstrebige, auf die Vervollkommnung der Produktivkräfte und Produktionsverhältnisse gerichtete Politik der SED, insbesondere im Zeitraum nach dem VIII. Parteitag, geschaffen worden. So haben die von Marx formulierten Bestimmungsfaktoren der Arbeitsproduktivität eine qualitativ höhere Wirksamkeit erlangt. Marx formulierte wie folgt: „Die Produktivkraft der Arbeit ist durch mannigfache Umstände bestimmt, unter anderen durch den Durchschnittsgrad des Geschickes der Arbeiter, die Entwicklungsstufe der Wissenschaft und ihre technologischen Anwendbarkeit, die gesellschaftliche Kombination des Produktionsprozesses, den Umfang und die Wirkungsfähigkeit der Produktionsmittel und durch die Naturverhältnisse.“[2] Dabei vollziehen sich bei jedem dieser Faktoren und in ihrem Zusammenwirken gravierende Veränderungen. So hat der Durchschnittsgrad des Geschickes der Arbeiter ein wesentlich höheres Niveau erreicht: Im Jahre 1983 hatten 83 Prozent der Werktätigen in der sozialistischen Wirtschaft eine abgeschlossene Berufsausbildung gegenüber 61 Prozent im Jahre 1971. Im gleichen Zeitraum stieg der Anteil der Berufstätigen mit einem Hoch- und Fachschulabschluß von 11,6 Prozent auf 20,1 Prozent. Auch für die gesellschaftliche Kombination des Produktionsprozesses wurden mit der planmäßigen Vervollkommnung der sozialistischen Produktionsverhältnisse, vor allem durch die Bildung und weitere Ausgestaltung der Kombinate, der Vertiefung der Kooperation in der Landwirtschaft, der Qualifizierung der Leitung, Planung und wirtschaftlichen Rechnungsführung sowie der neuen Stufe der sozialistischen ökonomischen Integration zusätzliche Möglichkeiten erschlossen. Auch was Umfang und Wirkungsfähigkeit der Produktionsmittel betrifft, haben sich in schnellem Tempo wesentliche Veränderungen vollzogen. Davon zeugt nicht nur der durchschnittliche Grundmittelbestand je Berufstätigen, sondern vor allem auch der gestiegene Automatisierungsgrad der Maschinen und Anlagen, der Einsatz von gegenwärtig 43000 Robotern in der Volkswirtschaft und der wachsende Anteil der Rationalisierungsinvestitionen. Das heißt, all diese qualitativen Veränderungen beruhen in ihrer Wirksamkeit vor allem auf der Entwicklungsstufe der Wissenschaft und ihrer technologischen Anwendbarkeit. Gerade deshalb steht im Vordergrund der Wirtschaftsstrategie der SED für die 80er Jahre, „den wissenschaftlich-technischen Fortschritt zu beschleunigen und ökonomisch wirksam einzusetzen“[3]. Dabei läßt sich die SED konsequent von der Erkenntnis leiten, daß vor allem mit der Einführung neuer Technologien, die dem fortgeschrittensten internationalen Stand entsprechen, die Wissenschaft zur unmittelbaren Produktivkraft wird.

Zeigen doch die Erfahrungen bei der Einführung solcher Hochtechnologien, wie der Mikroelektronik, der flexiblen Automatisierung oder der Biotechnologie, daß sie in dem Sinne auch Schlüsseltechnologien sind, daß sie den Schlüssel darstellen, um in der ganzen Breite der Volkswirtschaft zu einem neuen, höheren Niveau der Arbeitsproduktivität überzugehen.

Das betrifft zunächst die weitere Ökonomisierung der lebendigen Arbeit. Die Hochtechnologien begründen einen neuen Typ der Technik, bei dem der Mensch mehr und mehr aus dem unmittelbaren Fertigungsprozeß heraustritt. Damit sind hinsichtlich der Ökonomie der lebendigen Arbeit zwei grundlegende Prozesse verbunden. Zum einen steigt die Arbeitsproduktivität, weil der Aufwand an lebendiger Arbeit, und zwar vor allem an einfacher, teilweise wenig qualifizierter Arbeit, sinkt. Dies gilt unter anderem für die Automatisierung der Produktion unter Einschluß der dem Hauptprozeß vor- und nachgelagerten Bereiche. Zum anderen steigt die Arbeitsproduktivität, weil mit der Automatisierung gleichzeitig der Anteil qualifizierter Arbeit wächst. Dies gilt z. B. für den gesamten Prozeß der Herstellung von Software. Die dabei verausgabte hochqualifizierte Arbeit schafft in der gleichen Zeit einen größeren Wertzuwachs als einfache Arbeit, doch noch schneller wächst hierbei das gebrauchswertmäßige Ergebnis der Arbeit und damit ihre Produktivität.

Die Einführung modernster Technologien erschließt jedoch nicht nur neue Quellen der Ökonomisierung der lebendigen Arbeit, sondern ermöglicht auch eine wesentliche Erhöhung der Ökonomie der vergegenständlichten Arbeit. Dies hat für die Dynamik, insbesondere die Entwicklung des Niveaus der Arbeitsproduktivität grundsätzliche Bedeutung. Bekanntlich wies Karl Marx im „Kapital“ nach, daß Kriterium des steigenden Niveaus der Arbeitsproduktivität die Senkung des Gesamtaufwandes an lebendiger und vergegenständlichter Arbeit je Gebrauchswerteinheit ist. „Diese Verminderung des in die Ware eingehenden Gesamtarbeitsquantums scheint hiernach das wesentliche Kennzeichen gesteigerter Produktivkraft der Arbeit zu sein... In einer Gesellschaft, worin die Produzenten ihre Produktion nach einem voraus entworfenen Plan regeln, ... würde die Produktivität der Arbeit auch unbedingt nach diesem Maßstab gemessen.“[4]

Hieraus folgt, daß jede Senkung des laufenden Aufwands an vergegenständlichter Arbeit zur Erhöhung der Arbeitsproduktivität führt, sofern diese Aufwandssenkung nicht durch vermehrten Aufwand an lebendiger Arbeit überkompensiert wird. Analysen zeigen, daß die Dynamik von lebendiger und vergegenständlichter Arbeit, ihr jeweiliger Anteil an der Aufwandssenkung und damit auch an der Steigerung der Arbeitsproduktivität, nicht ein für allemal gegeben, unveränderlich sind. Das hängt vielmehr von den jeweiligen konkreten Wirkungsbedingungen für das allgemeine Gesetz der Steigerung der Arbeitsproduktivität ab. Wie die Praxis zeigt, betrifft das vor allem die qualitative Beschaffenheit der materiell-technischen Basis, den jeweils vorherrschenden Typ der Technik sowie des Reproduktionsprozesses.

Im „Kapital“ wird für die mit der industriellen Revolution im vormonopolistischen Kapitalismus geschaffenen Produktionsbedingungen folgende Aussage getroffen: „Die Steigerung der Produktivität der Arbeit besteht eben darin, daß der Anteil der lebendigen Arbeit vermindert, der der vergangenen Arbeit vermehrt wird, aber so, daß die Gesamtsumme der in der Ware stecken-

den Arbeit abnimmt, daß also die lebendige Arbeit um mehr abnimmt, als die vergangne zunimmt."[5] Eine solche Dynamik von lebendiger und vergegenständlichter Arbeit war lange Zeit bestimmend für die Wege der Steigerung der Arbeitsproduktivität. Mit dem Übergang zur umfassenden intensiv erweiterten Reproduktion, die sich auf die Effektivitätspotenzen der wissenschaftlich-technischen Revolution stützt, eröffnen sich neue Perspektiven für die Dynamik von lebendiger und vergegenständlichter Arbeit. Die Einführung moderner Technologien, verbunden mit einer beschleunigten Erzeugniserneuerung, ermöglicht eine teilweise radikale Senkung des spezifischen Aufwands an vergegenständlichter Arbeit, also des Aufwands an laufender vergegenständlichter Arbeit je Produkt- bzw. Gebrauchswerteinheit. Dies hat zugleich wesentliche Auswirkungen auf die Dynamik von vergegenständlichter und lebendiger Arbeit sowie ihren Relationen innerhalb der Wertstruktur. Es zeichnet sich die Tendenz ab, daß innerhalb des gesellschaftlichen Gesamtprodukts der Produktionsverbrauch anteilig sinkt und innerhalb des Nettoprodukts, das insgesamt seinen Anteil erhöht, das Mehrprodukt relativ am schnellsten wächst. Gerade dies sind Erfordernisse des Gesetzes der stetigen Steigerung der Arbeitsproduktivität unter den Bedingungen umfassender intensiv erweiterter Reproduktion.

So gelingt es der Volkswirtschaft der DDR ja auch in der Tat, seit 1979 das Nationaleinkommen stofflich schneller zu steigern als den Produktionsverbrauch, wodurch die Produktionsverbrauchsintensität des Nationaleinkommens sinkt.

Die Grundlagen hierfür werden durch die Materialisierung neuer wissenschaftlich-technischer, vor allem technologischer Erkenntnisse geschaffen. Besonders deutlich wird dies bei den Einsparungseffekten, die die Mikroelektronik gegenüber der herkömmlichen Elektronik ermöglicht. Ähnliche Effekte gehen von der Lichtleitertechnik aus. Besonders ausgeprägt ist die Senkung des spezifischen Material- und Rohstoffaufwands im Zusammenhang mit der Höherveredlung der Produktion. So führt die tiefere Spaltung des Erdöls, der Einsatz von Braunkohle in der Carbochemie, die höhere Veredlung in der Metallurgie usw. dazu, daß aus einer Einheit Primärrohstoff ein höheres volkswirtschaftliches Endprodukt entsteht. Gleichzeitig bewirkt die dabei eingesetzte qualifiziertere Arbeit, daß das Mehrprodukt am schnellsten wächst. Allerdings treten diese Effekte nur unter bestimmten Bedingungen ein:

– Um mit hochveredelten Erzeugnissen auf dem Weltmarkt konkurrenzfähig zu sein und eine hohe Exportrentabilität zu sichern, gilt es den Zeitfaktor zu beherrschen. Nicht irgendwelche Technologien und Erzeugnisse entwickeln, sondern solche, mit denen bei rechtzeitigem Erscheinen auf dem Markt Spitzenpositionen zu erobern sind. Jeder Zeitverzug oder das Begnügen mit einem „mittleren Niveau" bedeuten einen empfindlichen Abzug von dem für Konsumtion und Akkumulation zur Verfügung stehenden Nationaleinkommen.

– Moderne Technologien müssen nicht nur entwickelt, sondern auch in der Anwendung beherrscht werden. Abweichungen vom technologischen Regime haben stets Mehraufwendungen, vor allem auch an lebendiger Arbeit zur Folge, die die Produktion verteuern, anstatt sie zu verbilligen. Darum gilt es, die „Anlaufphasen" neuer Technologien durch eine exakte technologische Vorbereitung der Produktion, insbesondere aber durch die umfassende Einbeziehung der Werktätigen in den technologischen Neuerungsprozeß, so gering wie möglich zu halten.

– Die Einsparung an Energie, Roh- und Brennstoffen sowie andere Materialien darf nicht durch vermehrte Abschreibungen je Produktionseinheit übertroffen werden. Hier erweist sich die große Bedeutung einer hohen zeitlichen Auslastung moderner Anlagen und ihrer stabilen Fahrweise. Entscheidenden Einfluß auf die Summe der Abschreibungen hat aber auch die Arbeitsproduktivität bei der Herstellung dieser neuen Anlagen und Ausrüstungen, die wesentlich ihren Anschaffungspreis für den Anwender mitbestimmt.

Die neuen Möglichkeiten und Maßstäbe der Steigerung der Arbeitsproduktivität sind eng mit dem beschleunigten Strukturwandel verbunden, der für die wissenschaftlich-technische Revolution charakteristisch ist. Hier seien nur folgende Gesichtspunkte hervorgehoben:

– Wissenschaft und Technik als wichtigste Leistungsreserve zu nutzen erfordert, eine noch zielstrebigere Vervollkommnung der Qualifikationsstruktur der Arbeitskräfte, die auf eine hohe Dynamik des technologischen Wandels in der Produktion ausgerichtet ist. Wesentlich an Bedeutung gewinnt die Weiterbildung, das lebenslange Lernen im Beruf. Die Substitution lebendiger Arbeit, vor allem schwerer körperlicher und geistig wenig anspruchsvoller Arbeit, durch vergegenständlichte Arbeit schreitet weiter voran. Dadurch wächst der Anteil geistig anspruchsvoller, komplizierter Arbeit, die nach Marx multiplizierte einfache Arbeit ist, an der Produktion des Nationaleinkommens und der Steigerung der Arbeitsproduktivität.

Die breite volkswirtschaftliche Anwendung moderner Technologien, die beschleunigte Erneuerung des Erzeugnissortiments, die höhere Veredlung der Produktion, all das wirkt in Richtung einer durchgreifenden Senkung des spezifischen Material- und Energieverbrauchs. Das ermöglicht ein beschleunigtes Wachstum der verarbeitenden Industrie, einschließlich auch der Konsumgüterindustrie, gegenüber der außerordentlich fondsaufwendigen Grundstoffindustrie. Dies führt zugleich zu einer immer günstigeren Relation zwischen Nationaleinkommen und Produktionsverbrauch, zur Erhöhung der volkswirtschaftlichen Produktivität und Effektivität insgesamt. Seinen Ausdruck findet dies vor allem darin, daß aus jeder Einheit Rohstoff, Energie oder Material ein wachsendes Endprodukt entsteht.

Sowohl die Anwendung hochqualifizierter lebendiger Arbeit als auch die Senkung des Produktionsverbrauchs durch Maßnahmen des wissenschaftlich-technischen Fortschritts sind von entscheidender Bedeutung, um den negativen Einfluß steigender Rohstoff- und Energiepreise auf die volkswirtschaftliche Effektivität zu kompensieren. Letztlich kommt es darauf an, den Produktionsverbrauch nicht nur gebrauchswertmäßig, sondern auch wertmäßig je Einheit Nationaleinkommen zu senken.

Dabei muß der Kampf um die Senkung des Produktionsverbrauchs und die volle Ausschöpfung des Qualifikationspotentials auch zu einer beschleunigten Senkung der Selbstkosten führen.

Die neuen Quellen und Wege der Steigerung der Arbeitsproduktivität bei umfassender Intensivierung Schritt für Schritt zu erschließen, das hat große Bedeutung für die Lösung der historischen Aufgabe, in einem absehbaren Zeitraum das Niveau der Arbeitsproduktivität der am weitesten fortgeschrittenen kapitalistischen Länder zu erreichen und zu übertreffen. Die dafür wachsenden Möglichkeiten resultieren aus unserer zunehmenden Fähigkeit, eine hohe Ökonomie der lebendigen Arbeit mit einer steigenden Ökonomie der vergegenständlichten Arbeit zu verbinden.

In der Vergangenheit hat die Steigerung der Arbeitsproduktivität in der Volkswirtschaft der DDR vor allem auf einer hohen Ökonomie der lebendigen Arbeit beruht.

Diese hohe Ökonomie der lebendigen Arbeit war jedoch nicht von einer ebenso hohen Dynamik der Ökonomie der vergegenständlichten Arbeit begleitet.

Vor allem führten eine Reihe objektiver Gründe dazu, daß sich die Entwicklungsrelationen zwischen Endprodukt und Materialverbrauch – als einer wesentlichen Seite der Ökonomie der vergegenständlichten Arbeit und damit auch der Arbeitsproduktivität – unterschiedlich entwickelten.

Selbstverständlich ist es immer notwendig, die hinter diesen Entwicklungsrelationen stehenden materiellen Prozesse zu analysieren. So wirkten über lange Zeit die durch die imperialistische Spaltung erzeugten Disproportionen dahin, daß die Grundstoffindustrie in der DDR schneller wachsen mußte als die verarbeitende Industrie, in der BRD war es genau umgekehrt. Umso bedeutender ist es, daß nunmehr die Qualität der materiell-technischen Basis der DDR es erlaubt und erfordert, die Rohstoff-, Energie- und Materialintensität der Produktion Zug um Zug wesentlich zu verringern und so die Ökonomie der vergegenständlichten Arbeit weiter zu verbessern.

Als eine wirksame Unterstützung erweisen sich dabei die Beschlüsse zur Vervollkommnung der Leitung, Planung und wirtschaftlichen Rechnungsführung, ihre volle Einstellung auf die umfassende Intensivierung. Insbesondere die Anwendung der vier Hauptkennziffern der Leistungsbewertung – Nettoprodukt, Gewinn, Fertigerzeugnisse für die Bevölkerung, Export – weisen heute besser den volkswirtschaftlichen Beitrag der Betriebskollektive zum volkswirtschaftlichen Leistungswachstum aus. Dies gilt auch für die Kennziffer Arbeitsproduktivität, die heute in den Kombinaten und Betrieben, aber auch in der Volkswirtschaft insgesamt, am Nettoprodukt gemessen wird. So erfolgt eine reale Beurteilung ihrer Entwicklung. Damit ist es z.B. nicht mehr möglich, durch Einsatz von unnötig teurem Material eine höhere Arbeitsproduktivität auszuweisen. Die Kennziffer Arbeitsproduktivität auf Basis der Nettoproduktion weist so insgesamt besser aus, wo im volkswirtschaftlichen Interesse gehandelt wird und wo noch dagegen verstoßen wird, weil sie die Entwicklung der Arbeitsproduktivität realer – sowohl vom Standpunkt der Ökonomie der lebendigen Arbeit als auch der Entwicklung wichtiger Seiten der Ökonomie der vergegenständlichten Arbeit – zum Ausdruck bringt.

Wichtige Seiten der Entwicklung der Arbeitsproduktivität werden aber auch durch andere Kennziffern widergespiegelt. Das gilt insbesondere für die Kennziffer des Veredlungsgrades im Maßstab der Volkswirtschaft (Endprodukt je Einheit Primärrohstoffe und Energieträger) und die Materialquote, die darüber Auskunft gibt, wieviel Nettoprodukt im Betrieb mit einer Einheit Material-, Roh- und Brennstoffverbrauch erzeugt wird. Diese Kennziffern orientieren darauf, den Kampf um die Erhöhung der Arbeitsproduktivität in seiner ganzen Komplexität zu führen. Der Kampf um eine hohe Materialökonomie, um hohe Erzeugnisqualität, um einen steigenden Erneuerungsgrad der Erzeugnisse und eine wachsende Veredlung der Produktion gehört ebenso dazu, wie die Einsparung von Arbeitszeit und die Gewinnung von Arbeitskräften für neue, produktivere Tätigkeiten.

Als eine Schlüsselfrage für eine durchgreifende Erhöhung des volkswirtschaftlichen Niveaus der Arbeitsproduktivität erweist sich dabei in zunehmendem Maße ein beschleunigter volkswirtschaftlicher Strukturwandel, der auf die Einführung moderner, ressourcensparender Technologien und Erzeugnisse, die höhere Veredlung der Produktion in allen Zweigen der Volkswirtschaft, bis hin zur Produktion attraktiver technischer Konsumgüter, gerichtet ist.

Es gibt im Sozialismus keine systembedingten Schranken für einen progressiven Strukturwandel, der für die Intensivierung typisch ist und das Niveau der Arbeitsproduktivität maßgeblich bestimmt. Im Gegenteil, während die kapitalismustypischen Triebkräfte, insbesondere das Streben nach Monopolprofit, zwangsläufig zu Strukturkrisen führen, erzwingen die Bedürfnisse des Sozialismus geradezu eine progressive, auf den neuesten Erkenntnissen der Wissenschaft beruhende Wirtschaftsstruktur.

Gleichzeitig ist nicht zu übersehen, daß produktivitätsbestimmende Zweige in den kapitalistischen Volkswirtschaften, wie die Mikroelektronik, in den vergangenen Jahren überdurchschnittliche Wachstumsraten von rund 20% aufwiesen.[6]

All dies erhärtet die Feststellung: In welchem Tempo wir die geniale Leninsche Voraussicht zur Realität werden lassen, für den Sieg des Sozialismus in der Klassenauseinandersetzung mit dem Imperialismus eine höhere Arbeitsproduktivität zu erreichen, hängt in entscheidendem Maße von der umfassenden Intensivierung, vom Tempo progressiver Strukturveränderungen, insbesondere infolge der zur Anwendung kommenden Technologien ab, so, wie es die Beschlüsse unserer Partei vorsehen.

Anmerkungen

[1] 9. Tagung des ZK der SED, 22./23. November 1984, Aus dem Bericht des Politbüros an die 9. Tagung des ZK der SED, Berichterstatter: Gen. Erich Honecker, Berlin 1984, S. 31.

[2] Karl Marx, Das Kapital, Erster Band, in: MEW, Bd. 23, S. 54

[3] Beratung des Sekretariats des ZK der SED mit den 1. Sekretären der Kreisleitungen, Referat Erich Honeckers, Über die Aufgaben der Partei in Vorbereitung des XI. Parteitages, in: Neues Deutschland vom 2./3. Februar 1985, S. 2.

[4] Karl Marx, Das Kapital, Dritter Band, in: MEW, Bd 25, S. 271.

[5] Ebenda.

[6] Vgl. 9. Tagung des ZK der SED, a. a. O., S. 39.

Harald Rost

Vervollkommnung der Planung und umfassende Intensivierung

Auf der Grundlage des Programms unserer Partei, das die Festigung und Vervollkommnung der sozialistischen Planwirtschaft als ständige Aufgabe stellt, sowie in Durchführung der Beschlüsse des X. Parteitages der SED haben Parteiführung und Regierung in den zurückliegenden Jahren eine Reihe von Maßnahmen zur Vervollkommnung der Leitung, Planung und wirtschaftlichen Rechnungsführung beschlossen. Mit diesen Maßnahmen wurden im Ergebnis marxistisch-leninistischer Analyse des Erreichten und mit dem Blick auf die neuen Bedingungen und Anforderungen rechtzeitig die notwendigen Schlußfolgerungen für die Weiterentwicklung des Planungssystems in der DDR gezogen. Sie sind darauf gerichtet, unsere bewährte sozialistische Planwirtschaft auf die neuen Anforderungen einzustellen, die sich aus der Umstellung unserer Volkswirtschaft auf die umfassende Intensivierung in der qualitativ neuen Etappe der Verwirklichung der ökonomischen Strategie ergeben. Wodurch ist das Wesen dieser bedeutsamen Beschlüsse gekennzeichnet, die für die staatlichen Leitungen, die Wirtschaftspraxis und die ökonomische Forschung gleichermaßen hohe Ansprüche an die Arbeit in Vorbereitung des XI. Parteitages der SED stellen:

1. Die zentrale staatliche Planung wird als entscheidende Grundlage der sozialistischen Wirtschaftsführung und als Hauptinstrument für die Sicherung der planmäßig proportionalen Entwicklung der Volkswirtschaft weiterqualifiziert. Dabei geht es vor allem darum, die qualitativen Faktoren des ökonomischen Wachstums, abgeleitet aus den volkswirtschaftlichen Erfordernissen, mit dem Plan exakter zu erfassen, notwendige Veränderungen in der Produktions- und Exportstruktur rechtzeitig vorzubereiten und durchzusetzen, die volkswirtschaftlichen Verflechtungen besser zu beherrschen und die Maßstäbe der umfassenden Intensivierung plan- und bilanzwirksam zu machen.

2. Die Übereinstimmung der ökonomischen Interessen der Kombinate und Betriebe mit den volkswirtschaftlichen Erfordernissen wird weiter gefestigt. Dazu werden weitere Schritte auf dem in den letzten Jahren beschrittenen und bewährten Weg der festen Verbindung von Plan und wirtschaftlicher Rechnungsführung gegangen. Leistungsbewertung und ökonomische Stimulierung orientieren die Kombinate und Betriebe auf ein hohes Produktions- und Leistungswachstum mit sinkendem Produktionsverbrauch und geringsten Kosten sowie auf ein dem Bedarf der Bevölkerung und der Exportmärkte entsprechendes Endprodukt. Die Sicherung der Übereinstimmung der ökonomischen Interessen der Kombinate und Betriebe mit den volkswirtschaftlichen Erfordernissen ist und bleibt ein Schwerpunkt der praktischen und theoretischen Arbeit.

3. Zur Erhöhung der ökonomischen Wirkungen von Wissenschaft und Technik als Grundvoraussetzung für ein langfristig stabiles Wirtschaftswachstum wird die Planung auf diesem entscheidenden Gebiet dahingehend vervollkommnet, daß die Erhöhung des Tempos der Erneuerung von Erzeugnissen und Technologien sowie die dadurch zu erreichenden Effektivitätsziele klar mit dem Plan bestimmt werden und ihre Erreichung in allen Phasen bis zur Überleitung in die Produktion einer straffen Plankontrolle unterliegt. Damit sind qualitativ neue Ansprüche an die Arbeit mit den Pflichtenheften verbunden, deren Ausgangspunkt die mit der wissenschaftlich-technischen Aufgabe zu erreichenden, aus den Anforderungen des komplexen Reproduktionsprozesses abgeleiteten ökonomischen Ergebnisse sein müssen. Die Verbesserung von Aufwand und Ergebnis wird also immer stärker ins Blickfeld der Leitung und Planung von Wissenschaft und Technik gerückt. Es bleibt noch viel zu tun, um diesen Ansprüchen überall gerecht zu werden.

4. Leitung, Planung und wirtschaftliche Rechnungsführung auf dem Gebiet der Investitionen und der Grundfondsreproduktion werden grundlegend vervollkommnet mit dem Ziel, den Wirkungsgrad und die Ausnutzung der eingesetzten Grundmittel wesentlich zu erhöhen, die Modernisierung der Grundfonds zur Hauptform der Grundfondsreproduktion zu entwickeln und die aus volkswirtschaftlichen Reproduktionsbedingungen abgeleiteten Effektivitätskriterien für Investitionen den Plänen auf allen Ebenen konsequent zugrunde zu legen. Dazu werden die Planung von Wissenschaft und Technik, die Investitionsplanung und die Planung und Bilanzierung des gesellschaftlichen Arbeitsvermögens enger miteinander verbunden. Dabei kommt dem Plan der Vorbereitung der Investitionen eine wesentlich größere Bedeutung zu. Er soll zu einem wirksamen Instrument für eine höhere Stabilität und Kontinuität der Vorbereitung und Durchführung der Investitionen ausgestaltet werden.

Die zentrale Investitionsplanung nach Vorhaben wird als das wichtigste Instrument zur Konzentration der Investitionskraft der DDR auf die Lösung der volkswirtschaftlichen Schwerpunkte weiter ausgebaut und vor allem auf die konzentrierte Realisierung und rasche ökonomische Wirksamkeit der Investobjekte gerichtet. Die staatliche Begutachtung der Investvorhaben wird ebenfalls ausgedehnt und damit die Kontrolle über die Einhaltung der beschlossenen Effektivitätskriterien für Investitionen verstärkt. In dieser Richtung erhält auch die

Staatsbank weitergehende Aufgaben und Vollmachten. Die Planung des eigenen Rationalisierungsmittelbaus der Kombinate wird auf die materielle Realisierung der Ergebnisse aus Forschung und Entwicklung sowie auf die Beschleunigung des Modernisierungsprozesses konzentriert. Um den eigenen Rationalisierungsmittelbau zur ersten Quelle der Deckung des Ausrüstungsbedarfs der geplanten Investitionen zu entwickeln, ist er in allen Kombinaten weiter auszubauen und qualitativ zu stärken. Bisher zum Teil aufgetretene Widersprüche zwischen der Planung der Investitionen und der Planung des eigenen Rationalisierungsmittelbaus werden überwunden. Über die wirtschaftliche Rechnungsführung und Leistungsbewertung werden die Kombinate an einer beschleunigten Entwicklung der Kapazitäten des eigenen Rationalisierungsmittelbaus ökonomisch interessiert.

5. Die beschlossenen Maßnahmen zur Vervollkommnung der Leitung und Planung des gesellschaftlichen Arbeitsvermögens zielen darauf ab, das Tempo der Steigerung der Arbeitsproduktivität weiter zu erhöhen, das vorhandene Arbeitsvermögen, insbesondere das bedeutend gewachsene Qualifikationspotential der Werktätigen, mit dem Plan voll zu nutzen und auf die Lösung der volkswirtschaftlichen Schwerpunktaufgaben zu lenken sowie die Vollbeschäftigung für alle Bürger der DDR zu sichern.

Die Schwedter Initiative wird zum festen Bestandteil der Planung des Arbeitsvermögens gemacht, indem die Einsparung von Arbeitsplätzen und die Gewinnung von Arbeitskräften für produktivere Aufgaben als einheitlicher Prozeß geleitet und geplant werden. Dazu werden Reproduktionsrechnungen als neues Instrument der Planung und Bilanzierung des Arbeitsvermögens angewandt. Das Zusammenwirken der Kombinate und Betriebe mit den Räten der Bezirke und Kreise auf dem Gebiet der Arbeitskräfteplanung wird enger gestaltet und die Verbindlichkeit der Bilanzentscheide der örtlichen Staatsorgane zur Nutzung des Arbeitsvermögens wird erhöht. Die Erfüllung der Parteibeschlüsse zur Vervollkommnung der Planung des gesellschaftlichen Arbeitsvermögens setzt voraus, daß alle auf diesem Gebiet zu lösenden Aufgaben mit den Werktätigen beraten und in vertrauensvoller Zusammenarbeit persönliche Anliegen mit den volkswirtschaftlichen Erfordernissen in Übereinstimmung gebracht werden.

6. Entsprechend den Erfordernissen der Weiterführung der Hauptaufgabe, der Erhöhung der Wirksamkeit des Leistungsprinzips und der Stärkung der Exportkraft der DDR sind Maßnahmen zur Qualifizierung der Leitung und Planung der Konsumgüterproduktion beschlossen worden. Sie richten sich darauf, die Entwicklung und Herstellung von industriellen Konsumgütern zu einem profil- und wachstumsbestimmenden Faktor beschleunigt auszubauen. Dazu wird die konzeptionelle Arbeit qualifiziert, um zu sichern, daß dem Plan eine der Nachfrage entsprechende Stückzahl und höchste Qualität zugrunde gelegt werden. Den produktionsmittelherstellenden Kombinaten werden mit dem Plan höhere Aufgaben zur Entwicklung und Produktion neuer Konsumgüter für die Bevölkerung und für den Export erteilt. Angesichts des erreichten hohen Ausstattungsgrades der Haushalte der DDR mit langlebigen Konsumgütern muß deren Modernisierung in den Plänen verstärkte Beachtung geschenkt werden.

7. Ein absoluter Schwerpunkt der Vervollkommnung der Planung entsprechend den Erfordernissen der umfassenden Intensivierung ist die Erhöhung des Niveaus und der Qualität der materiellen Bilanzierung. Die dazu beschlossenen Maßnahmen richten sich auf die Festigung des Prinzips des demokratischen Zentralismus in der Bilanzierung, auf die Nutzung der Bilanzen als Instrumente zur Erhöhung des Aufkommens an Erzeugnissen und Leistungen sowie deren effektivster Verwendung, auf die Verbesserung der Arbeit mit Normen und Normativen des Verbrauchs und der Vorratshaltung zur konsequenten Durchsetzung der Planziele in der Material- und Energieökonomie sowie auf die Sicherung der Einheit von Plan, Bilanz und Vertrag. Mit Hilfe der Vorgabe der Produktion volkswirtschaftlich wichtiger Bilanzpositionen nach Quartalen und Monaten, der kontinuierlichen Erfassung und Verwertung der Mehrbestände, des schrittweisen Aufbaus von Bilanzreserven sowie der radikalen Verkürzung der Bestell- und Lieferfristen insbesondere für Rohstoffe, Materialien und Zulieferungen sind bedeutsame Schritte eingeleitet worden, um die Flexibilität und Reaktionsfähigkeit der Planung und Bilanzierung entschieden zu erhöhen. Es kommt nun darauf an, daß alle am Bilanzierungsprozeß beteiligten Hersteller, Verbraucher und Bilanzorgane die gestellten Aufgaben zur Qualifizierung der Bilanzarbeit mit volkswirtschaftlicher Verantwortung in Angriff nehmen und bei verstärkter Nutzung der EDV mit hohem Effekt lösen.

8. Unter den Bedingungen der Intensivierung kommt der Nutzung der wirtschaftlichen Rechnungsführung für die Verbesserung des Verhältnisses von Aufwand und Ergebnis erhöhte Bedeutung zu. In der sozialistischen Planwirtschaft beruht die wirtschaftliche Rechnungsführung auf der bewußten Ausnutzung des Gesetzes der planmäßig proportionalen Entwicklung der Volkswirtschaft und des Wertgesetzes. Unsere Partei geht in ihren Beschlüssen stets davon aus, daß die ökonomischen Kategorien der wirtschaftlichen Rechnungsführung nicht losgelöst vom Plan, sondern auf seiner Grundlage dazu genutzt werden, die Erreichung und Überbietung der Planziele für die Leistungs- und Effektivitätsentwicklung, für die Kostensenkung und den rationellsten Ressourceneinsatz kräftig zu stimulieren.

Diesem Ziel dienen die umfangreichen Maßnahmen zur Schaffung realer Wertmaßstäbe für die lebendige und vergegenständlichte Arbeit. Dazu zählen die vorgenommenen Veränderungen der Industriepreise, die Agrarpreisreform, die Einführung des Beitrages für gesellschaftliche Fonds und die noch in diesem Jahr durchzuführende Umbewertung der Grundmittel in Industrie, Bauwesen, Verkehrswesen und in der Nahrungsgüterwirtschaft. Mit den neuen Wertmaßstäben wird der gesellschaftlich notwendige Aufwand realer widergespiegelt, den Wirtschaftseinheiten auf der Basis dieses Aufwandsniveaus eine normale Rentabilität gesichert und der ökonomische Druck auf die Senkung der Kosten verstärkt. So werden wichtige Voraussetzungen dafür geschaffen, daß betriebliche Rechnungen zu Aufwand und Ergebnis mit den volkswirtschaftlichen Effektivitätsrechnungen übereinstimmen und die wirtschaftliche Rechnungsführung in der gewollten Richtung wirkt. Die sorgfältige Analyse dieser Wirkungen ist eine Aufgabe, die Wirtschaftspraxis und ökonomische Forschung gemeinsam lösen müssen. Ein wichtiger Bestandteil der Maßnahmen zur Vervollkommnung der wirtschaftlichen Rechnungsführung ist die normative Beteiligung der Kombinate und Betriebe am zusätzlichen Nettogewinn sowie am überplanmäßigen Exportergebnis. Damit wird das ökonomische Interesse der Kombinate und Betriebe an einer Gewinnerwirtschaftung erhöht, die aus der bedarfsgerechten Steigerung der Produktion, aus der Senkung der Kosten, aus höherer Auslastung der Grundfonds sowie aus verbesserter Exporteffektivität resultiert. Der finanzielle Spielraum der Kombinate und Betriebe bei der Bildung und Verwendung der eigenen Fonds für die materielle Stimulierung und für die sozialistische Rationalisierung einschließlich der Verbesserung der Arbeits- und Lebensbedingungen der Werktätigen wird also erweitert. Aus den auf diesem Gebiet 1984 gesammelten Erfahrungen gilt es weitergehende Schlußfolgerungen zur Vervollkommnung von Planung und wirtschaftlicher Rechnungsführung im nächsten Planjahrfünft zu ziehen.

Schließlich stehen wir bei der Vervollkommnung der Planung vor der Aufgabe, die materielle Bilanzierung noch enger mit der wirtschaftlichen Rechnungsführung zu verbinden. Das erfordert, den Grad der Übereinstimmung von materieller und finanzieller Planung weiter zu erhöhen sowohl was die Übereinstimmung von Kostenplänen und Bilanzgrößen als auch was die Planung und Normierung der bilanzierten Vorräte und der Umlaufmittel betrifft.

Zusammenfassend wird deutlich, daß die Beschlüsse unserer Partei zur Vervollkommnung der Leitung, Planung und wirtschaftlichen Rechnungsführung eine richtungsweisende Arbeitsgrundlage dafür sind, unsere bewährte sozialistische Planwirtschaft immer wirkungsvoller auf die Erfordernisse der umfassenden Intensivierung einzustellen. Zugleich ergibt sich aus diesen Beschlüssen sowie aus ihrer Umsetzung und weiteren Ausgestaltung ein hoher Anspruch an die schöpferische Gemeinschaftsarbeit der staatlichen Organe, der Wirtschaftspraxis und der ökonomischen Forschung in Vorbereitung auf den XI. Parteitag der SED.

Walter Siegert

Die aktive Rolle der Finanzen bei der Steigerung der Effektivität

Ich möchte einige Erfahrungen und Erkenntnisse zum heutigen Thema der Ratstagung aus der Sicht der Verantwortung der Finanzorgane und ihres Beitrages zur umfassenden Intensivierung und zur weiteren Erhöhung der Effektivität der Volkswirtschaft darlegen.

Im Programm der SED und den Beschlüssen des X. Parteitages der SED ist uns die Aufgabe gestellt worden, die Finanzen wirksamer für die Steigerung der Effektivität der Produktion in allen Bereichen der Volkswirtschaft zu nutzen.

In der Direktive des X. Parteitages der SED zum Fünfjahrplan 1981–1985 heißt es dazu, daß „die Mark der DDR als unbestechlicher Wertmaßstab für ökonomische Leistungen verstärkt auszunutzen"[1] ist und „die Planung der Kosten und des Gewinns zu einem aktiven Instrument der Aufdeckung von Effektivitätsreserven zu gestalten"[2] ist. Die materiellen Faktoren der Effektivität sind in der Kostenplanung konsequent nachzuweisen und planwirksam zu machen.

Eine erstrangige Aufgabe für uns im Ministerium der Finanzen war und ist also, in engem Zusammenwirken mit der Staatlichen Plankommission zu gewährleisten, daß mit dem Plan hohe begründete Effektivitätsanforderungen an die Kombinate gestellt werden. Das heißt, vor allem die Kosten- und Finanzpläne müssen die Möglichkeiten zur Erschließung von Reserven aus der höheren ökonomischen Ergiebigkeit von Wissenschaft und Technik, Insvestitionen, besserer Material- und Grundfondsökonomie möglichst weitgehend berücksichtigen. Das erfordert, vor allem die Analyse, die Berechnungen zum Planansatz und den Prozeß der Planung zentral und in den Kombinaten so zu qualifizieren, daß die notwendigen, verwertbaren Erkenntnisse über Effektivitätsreserven greifbar sind.

Diese Grundanforderungen an eine die materiellen Faktoren der Effektivität wirksam machende Kosten- und Finanzplanung schließt zugleich ein, die Einheit von materieller und finanzieller Planung besser zu sichern und dafür Sorge zu tragen, daß – einfach gesagt – Geld nur in dem Maße geplant und bereitgestellt wird, wie das auf der Grundlage von Normen und Limiten für Material und Energie und bei Sicherung der spezifischen Material- und Energiekostensenkung gerechtfertigt ist. Es geht also darum, auch durch eine so begründete Planung der Kosten, des zu erwirtschaftenden Gewinns und der Fondsbildung intensives Wirtschaften und die Erschließung von Reserven aktiv zu unterstützen.

Dazu sind in den letzten Jahren grundlegende Beschlüsse unserer Parteiführung, wie insbesondere der Beschluß vom 15.2.1983 zur Qualifizierung der Leitung, Planung und wirtschaftlichen Rechnungsführung, gefaßt worden, die praktisch auf die weitere Gestaltung der wirtschaftlichen Rechnungsführung, der Kosten- und Finanzplanung zur umfassenden Durchsetzung intensiven Wirtschaftens gerichtet sind. Diese Beschlüsse setzen die Leitlinien der Qualifizierung der Arbeit in unseren Finanz- und Bankorganen. Ständig wurde und wird daran gearbeitet, das ganze Instrumentarium der Finanzplanung und -kontrolle, vor allem aber unseren Einfluß auf die Kostenarbeit der Ministerien, Kombinate und Bezirke noch konstruktiver und wirksamer zu gestalten.

Immer klarer setzt sich die Erkenntnis durch, daß Reserven in den Kosten- und Finanzplänen nicht zum genauen Rechnen und Kalkulieren zwingen. Die Praxis beweist uns, daß von der Kostenplanung nur dann Impulse für effektives Wirtschaften, die Senkung des Materialverbrauches und die Nutzung von Reserven ausgehen, wenn von vornherein in unlöslicher Verbindung zur materiellen Planung hohe Anforderungen zur Senkung der Material- und Energiekosten usw. gestellt werden und ohne „Polster" geplant wird.

Bekanntlich hob Genosse Erich Honecker auf der 9. Tagung des ZK der SED hervor: „Als charakteristisches Merkmal unseres ökonomischen Fortschritts erweist sich weiter, daß sich das Produktionswachstum bei sinkendem Energie- und Materialverbrauch vollzieht. Von 1981 bis 1984 ... ist der spezifische Verbrauch volkswirtschaftlich wichtiger Energieträger, Roh- und Werkstoffe im jährlichen Durchschnitt um 6 % gesenkt worden."[3] Zu diesem Ergebnis ist auch mit den Mitteln der wirtschaftlichen Rechnungsführung, der Kosten- und Finanzplanung und der Qualifizierung der ökonomischen Kader ein Beitrag geleistet worden. Ich möchte im folgenden deutlich machen, wie die weitere Qualifizierung der Kostenarbeit, vor allem auf der Grundlage des Beschlusses vom 15.2.1983, stärker zum aktiven Faktor der Senkung des Produktionsverbrauches und der umfassenden Intensivierung gemacht wurde und was weiter dazu notwendig ist.

1. Mit den im Auftrag des X. Parteitages der SED eingeleiteten Maßnahmen zur Vervollkommnung der Leitung, Planung und wirtschaftlichen Rechnungsführung wurde eine qualitativ höhere Stufe bei der wirksamen Ausnutzung der Kosten für die aktive Einflußnahme auf die allseitige Erhöhung der Effektivität und die entschiedene Verbesserung des Verhältnisses von Aufwand und Ergebnis erreicht. Sie haben zum Ziel, die Leitung, Planung, Abrechnung, Analyse und Kontrolle der Kosten im Komplex auf die Erfordernisse der neuen Etappe der Verwirklichung der ökonomischen Strategie unserer Partei auszurichten.

Mit diesen Beschlüssen wurden Voraussetzungen dafür geschaffen, die Kostenarbeit fester mit der Leitungstätigkeit zu verbinden, um sie als Gradmesser der Intensivierung und Effektivitätsentwicklung sowie als Instrument zur Erschließung von Reserven noch wirksamer zu machen. Hierzu möchte ich insbesondere vier Aspekte hervorheben:

Erstens war von besonderer Bedeutung, daß die Kosten von einem bis dahin zu einseitig betriebswirtschaftlich genutzten Instrument in den Mittelpunkt der volkswirtschaftlichen Leitung gerückt wurden. Um wirksam auf die Kosten Einfluß zu nehmen, werden sie nun für die gesamte Volkswirtschaft über die Ministerien bis zu den Kombinaten und Betrieben nach einheitlichen Maßstäben geplant und abgerechnet. Gleichzeitig wurde auf der Grundlage der Vervollkommnung der Kostenrechnung und -berichterstattung der Kombinate und Betriebe die volkswirtschaftliche Kostenanalyse weiter qualifiziert.

Zweitens wurden wichtige Maßnahmen zur Stärkung der aktiven Rolle der Kostenplanung eingeleitet, im Sinne der besseren Gewährleistung ihrer vollen Übereinstimmung mit den staatlich vorgegebenen Normen, Normativen, Bilanzanteilen, Kontingenten und Limiten. Es wurde eine größere Wissenschaftlichkeit, Exaktheit und Disziplin bei der Planung der Kosten erreicht. Dabei muß man immer davon ausgehen, daß die materiellen Fonds umfassend faktisch nur über die Kosten – also mit dem Geld – geplant werden und die Kostenplanung zu einem Zeitpunkt stattfindet, wo die materielle Planung/Bilanzierung – die Auseinandersetzung über Fondsgrößen – noch nicht abgeschlossen ist. Die Einheit von materieller und finanzieller Planung ist ein dynamischer Prozeß, der straff und sachkundig geführt werden muß, in dem Anspruchsdenken zurückzuweisen ist und Interessenwidersprüche auf diesem Gebiet zu lösen sind. Entscheidend ist, daß über die Planung der finanziellen Mittel nach objektiven Maßstäben aktiv auf sparsame Verwendung von Energie, Rohstoffen und Material eingewirkt wird.

Drittens wurde die Verantwortung aller für die Arbeit mit den Kosten, d.h. der Konstrukteure, Techniker, Ökonomen, der Leiter, Kollektive und des einzelnen Werktätigen am Arbeitsplatz, gestärkt. Die beschlossenen Maßnahmen zielen darauf ab, das ökonomische Rechnen, beginnend bei den Aufgaben von Wissenschaft und Technik, zum Ausgangspunkt aller Entscheidungen und Initiativen zu machen. Die Senkung der Kosten erfaßt in diesem Sinne den gesamten Kreislauf der intensiv erweiterten Reproduktion.

Viertens ist es gelungen, die Planung von Wissenschaft und Technik und die Planung der Kosten noch enger miteinander zu verbinden. Das erfolgte insbesondere durch die Aufnahme von Kostenobergrenzen in die Pflichtenhefte sowie die Einführung einer ökonomischen Gesamtrechnung für jede Forschungs- und Entwicklungsaufgabe und durch die Jahresabschlußrechnung Wissenschaft und Technik. Wie unsere Untersuchungen zeigen, sind nach wie vor Druckpunkte für die Gewährleistung hoher ökonomischer Ergebnisse die weitere Qualifizierung der ökonomischen Zielstellungen der Pflichtenhefte und die lückenlose Einbeziehung der Effekte aus überzuleitenden wissenschaftlich-technischen Maßnahmen in die Planung der Kostensenkung.

Bei den Ergebnissen der Qualifizierung der Kostenarbeit sollten wir stets im Blick behalten, daß „die Veränderungen mehr und mehr in die Tiefe und Breite der ökonomischen Abläufe wirken, je länger wir unsere Wirtschaft in Richtung auf wachsende Veredlung der Erzeugnisse und hochentwickelte Technologien steuern. Stetiger Fortschritt erfordert deshalb Aufgeschlossenheit, persönliches Engagement für Neues und Vorwärtsführendes."[4]

Ich möchte auf einige Fragen eingehen, aus denen sich anspruchsvolle Aufgaben an die praktische, aber auch die theoretische Arbeit zur weiteren Erhöhung der Wirksamkeit der Leitung, Planung, Abrechnung, Kontrolle und Analyse der Kosten ableiten:

Erstens sind entsprechend den Erfordernissen der neuen Etappe der Verwirklichung der ökonomischen Strategie des X. Parteitages der SED weitere Schritte erforderlich, um dem Prozeß der Intensivierung auf lange Sicht umfassenden Charakter zu geben und auf dieser Grundlage das Tempo der Kostensenkung in allen Zweigen beizubehalten bzw. noch zu beschleunigen. Das erfordert, langfristig die volkswirtschaftlich notwendige Kostensenkung durch wissenschaftlich-technische Maßnahmen sicher zu machen. Dazu sind die in den Ministerien und Kombinaten ausgearbeiteten Veredlungskonzeptionen in bezug auf ihre ökonomischen Ergebnisse weiter zu qualifizieren und mit langfristigen Kostenkonzeptionen für den Zeitraum bis 1990 zu verbinden. Es geht also um eine fundierte, vorausschauende Quantifizierung der mit den konzipierten Veredlungs- und Erneuerungsprozessen erreichbaren Kostensenkung. Dazu wird zur Zeit im Kombinat NARVA an einem Beispiel für eine Aufwands-Nutzens-Rechnung als Bestandteil der Veredlungskonzeption gearbeitet. Ausgehend von den gewonnenen Erfahrungen ist die exakte Leitung dieser Prozesse, insbesondere auch unter Nutzung der Rechentechnik, weiter zu qualifizieren. Insbesondere kommt es darauf an, die beträchtliche ökonomische Ergiebigkeit grundlegender volkswirtschaftlicher Neuerungsprozesse (Mikroelektronik, Robotertechnik, Biotechnik u.a.) im Zweig oder Kombinat noch qualifizierter zu bestimmen. Für Entscheidungen über den Einsatz der Fonds für die Forschung und Überleitung sind zuverlässige Rechnungen und Nachweise über Aufwand und Ergebnis unerläßlich.

Zweitens erfordern eine stärkere theoretische wie praktische Durchdringung die mit der Durchsetzung der umfassenden Intensivierung und einem hohen Tempo der Erneuerung von Technologien und Erzeugnissen verbundenen Veränderungen im Kostenverhalten und in der Kostenstruktur. Dabei ergeben sich solche Fragen, wie z.B.:

– Die Durchsetzung eines neuen Rationalisierungsschubs und die Entwicklung der Modernisierung zur Hauptform der Grundfondsreproduktion, die Neubewertung der Grundfonds und andere Maßnahmen zur Erhöhung der Effektivität der Grundfonds führen zu einer Veränderung des Gewichts der Abschreibungen in den Kosten. Es ist notwendig, diese Fragen des Kostenverhaltens gründlich zu untersuchen, um daraus für die Planung der Effektivitätsentwicklung Maßstäbe entsprechend den Anforderungen der umfassenden Intensivierung zu bestimmen.

- Eine weitere Frage besteht darin, wie die hohen Erneuerungsraten der Produktion unter Berücksichtigung der geltenden Prinzipien der Preisbildung für neue Erzeugnisse auf die Entwicklung der Kosten und Gewinne wirken.

Anmerkungen

[1] Direktive des X. Parteitages der SED zum Fünfjahrplan für die Entwicklung der Volkswirtschaft der DDR in den Jahren 1981–1985, Berlin 1981, S. 90.

[2] Ebenda.

[3] 9. Tagung des ZK der SED, 22./23. November 1984, Aus dem Bericht des Politbüros an die 9. Tagung des ZK der SED, Berichterstatter: Gen. Erich Honecker, Berlin 1984, S. 31.

[4] Erich Honecker, Für alle Bürger Frieden und Glück im neuen Jahr, Neues Deutschland vom 31. Dezember 1984, S. 1.

Bernhard Groche

Zur Einheit von materieller und finanzieller Planung als entscheidende Bedingung für die aktive Rolle des Geldes und der Finanzen bei der Erhöhung der Effektivität

Zur Durchsetzung der ökonomischen Strategie hat der X. Parteitag der SED die Aufgabe gestellt, mit der verstärkten Orientierung der Planung auf die qualitativen Wachstumsfaktoren eine bessere Übereinstimmung zwischen materiellen und finanziellen Fonds zu erreichen. Das verlangt, die finanzielle Planung für die Leitung ökonomischer Prozesse auf allen Ebenen zu vervollkommnen und noch stärker auf die Erhöhung des Tempos der Steigerung der Effektivität zu richten.

Die Einheit von materieller und finanzieller Planung gewinnt mit der weiteren Vertiefung der Intensivierung für den effektivsten Einsatz der materiellen Ressourcen objektiv an Bedeutung. Zugleich wächst damit die aktive Rolle des Geldes im Reproduktionsprozeß. Dabei geht es darum, das Geld noch besser als bisher für die entschiedene Verbesserung des Verhältnisses von Aufwand und Ergebnis auszunutzen. Zwei Gesichtspunkte muß man in diesem Zusammenhang besonders hervorheben:

1. Auch im Sozialismus nehmen die Produkte der Arbeit Warenform an. Ihr Austausch vollzieht sich auf der Grundlage von Ware-Geld-Beziehungen. Unter diesen Bedingungen kann der gesellschaftlich notwendige Aufwand für die Herstellung der Produkte und für die Reproduktion der gesellschaftlichen Verhältnisse überhaupt nur mit Hilfe des Geldes als Wertmaßstab gemessen werden. Daraus ergibt sich, daß das Verhältnis von Aufwand und Ergebnis und folglich die Entwicklung der Effektivität als zentrale Frage der ökonomischen Strategie der Partei nur mit Hilfe des Geldes zum Ausdruck gebracht werden kann. Dabei müssen wir davon ausgehen, daß das exakte Messen der Effektivitätsentwicklung im Prozeß der umfassenden Intensivierung der Reproduktion insofern eine entscheidende Rolle spielt, als es nicht nur darum geht, den Gesamtaufwand für die Erzeugung des materiellen Endprodukts zu senken, sondern darum, daß alle drei Bestandteile des Aufwands – Arbeitszeit, Arbeitsmittel und Arbeitsgegenstände – sinken.

2. Unsere bisher gesammelten Erfahrungen bestätigen, daß die materielle Bilanzierung objektiv einer aktiven Einflußnahme durch die finanzielle Bilanzierung bedarf, um auf der Grundlage einer weitestgehenden Übereinstimmung von materiellen und finanziellen Prozessen mit dem Plan die proportionale Entwicklung der Volkswirtschaft zu gewährleisten. Dabei müssen wir davon ausgehen, daß das Geld als allgemeines Äquivalent Anspruch auf materielle Produkte und Leistungen darstellt und deshalb so geplant werden muß, daß seine Bereitstellung mit den volkswirtschaftlichen Erfordernissen der Effektivitätsentwicklung in Übereinstimmung steht.

Die Grundfragen der Übereinstimmung von materieller und finanzieller Planung bestehen also darin, einerseits zu sichern, daß die finanziellen Fonds dort und für die Zwecke zum richtigen Zeitpunkt gebildet werden, wo sie aus der Sicht der Erfüllung der materiellen Zielstellungen erforderlich sind, und andererseits von vornherein mit finanziellen Aufgabenstellungen einen aktiven Einfluß auf die Senkung des materiellen Aufwandes in der Produktion und die rationelle Verwendung insbesondere des Nationaleinkommens in allen Bereichen der Volkswirtschaft zu gewährleisten.

Das Geld und die Finanzen können diesen Anforderungen gerecht werden, wenn mindestens zwei Voraussetzungen ständig auch weiterhin gewährleistet sind:

Erstens gehören dazu reale Wertmaßstäbe. Dafür haben Industriepreise, die den volkswirtschaftlichen Aufwand decken, sowie die neuen Agrarpreise eine Schlüsselstellung. Für die reale Bewertung der eigenen Leistungen der Kombinate und Betriebe erlangen die Betriebspreise erhöhte Bedeutung. Sie werden ihrer Rolle am besten gerecht, wenn sie kostendeckend sind und einen normalen Gewinn enthalten. Außerdem spielen richtige innere Relationen des Aufwands zwischen vergegenständlichter und lebendiger Arbeit eine bedeutende Rolle.

Mit der Einführung des Beitrags für gesellschaftliche Fonds wurden in bezug auf die lebendige Arbeit neue Wertmaßstäbe gesetzt, die das Geld bei der umfassenden Intensivierung besser zur Wirkung bringen. In dieser Richtung wird auch die Umbewertung der Grundmittel, die in diesem Jahr durchgeführt wird, wirken und das ökonomische Interesse der Kombinate und Betriebe an der besseren Nutzung der vorhandenen Maschinen und Anlagen erhöhen.

Zweitens erfordert die aktive Rolle des Geldes einen stabilen ökonomisch begründeten Geldumlauf auf der Grundlage der volkswirtschaftlichen Leistungs- und Effektivitätsentwicklung.

Für die weitere Verbesserung der Übereinstimmung von materieller und finanzieller Planung sehe ich folgende Schwerpunkte für die praktische Arbeit:

1. Von besonderer Bedeutung ist die Sicherung der Übereinstimmung von materiellen und finanziellen Prozessen in der Phase der Ausarbeitung des Planansatzes auf zentraler Ebene. Dabei geht es insbesondere darum, unter Ausnutzung der in der Sowjetunion entwickelten Prinziplösung einer Natural-Wert-Verflechtungsbilanz die Finanzbilanz des Staates unmittelbarer aus den materiellen Planzielen abzuleiten. Im Ergebnis von Arbei-

ten des Finanzökonomischen Forschungsinstituts wurde deshalb ein Vorschlag unterbreitet, wie – unter Ausnutzung der EDV – ausgehend von den materiellen Zielstellungen für die Entwicklung von Produktion und Kosten eine Finanzbilanz des Staates erarbeitet werden kann, die das Finanzaufkommen aus der Primärverteilung des Nationaleinkommens, die Prozesse der Umverteilung und die Bildung der finanziellen Endeinkommen in unserer Volkswirtschaft detailliert nachweist. Dadurch wird bereits in einer sehr frühen Phase der Planung die Abstimmung zwischen dem finanziellen Endeinkommen und dem materiellen Endprodukt ermöglicht und der Einfluß der Finanzen auf die Proportionalität und Effektivität sowie auf die Sicherung der Bilanziertheit des Planansatzes verstärkt. Da gleichzeitig eine Berechnung nach Ministerien erfolgt, kann dieser Einfluß in konkrete Effektivitätsanforderungen adressiert umgesetzt werden. Dieses Herangehen ist ein konkreter Schritt zur besseren Beherrschung der Übereinstimmung materieller und finanzieller Prozesse in der Volkswirtschaft.

2. Die Sicherung der Übereinstimmung von materieller und finanzieller Planung ist eine wichtige Bedingung für das Funktionieren der wirtschaftlichen Rechnungsführung. Darauf hat Günter Mittag auf der Wirtschaftswissenschaftlichen Konferenz eindringlich hingewiesen. Trotz der erreichten Fortschritte bei der Senkung des Produktionsverbrauchs zeigen Analysen, daß es noch nicht durchgängig gelungen ist, die Kostenplanung in Übereinstimmung mit den Normen für den materiellen Verbrauch volkswirtschaftlicher Ressourcen zu bringen. Die Gewährleistung der Übereinstimmung der Kostenplanung mit der Planung der entsprechenden materiellen Ressourcen ist gegenwärtig eine Aufgabe, auf die die Leitungstätigkeit in den Kombinaten und Betrieben verstärkt gerichtet werden muß.

3. In der Planung ist vor allem den Intensivierungsfaktoren besondere Aufmerksamkeit zu widmen, bei denen Aufwand und Ergebnis zeitlich verhältnismäßig weit auseinander liegen. Ich denke hierbei an Wissenschaft und Technik, Investitionen sowie Maßnahmen der wissenschaftlich-technischen Zusammenarbeit sowie der Spezialisierung und Kooperation im Rahmen der sozialistischen ökonomischen Integration. Das Problem der Gewährleistung der Einheit von materieller und finanzieller Planung besteht hier darin, bei der Entscheidung über diesen Aufwand die zu erwartenden Effekte mit der Elle zu messen, die zum Zeitpunkt des Eintritts der ökonomischen Wirkung an die Effektivität anzulegen ist. Hieraus ergibt sich die große Bedeutung einer zusammenfassenden Aufwands-Nutzens-Rechnung als Bestandteil jeder langfristigen Veredlungskonzeption.

4. Schließlich und nicht zuletzt geht es darum, das Geld noch stärker für die Beschleunigung des Kreislaufs der intensiv erweiterten Reproduktion zu nutzen, d. h. den Prozeß der Realisierung des in den hergestellten Produkten enthaltenen Wertes in Geldform, in möglichst kurzer Zeit für das Wachstum des verfügbaren Nationaleinkommens wirksam zu machen. Diese Aufgabe gilt für alle Phasen des Reproduktionsprozesses, weil bekanntlich über die Realisierung der Erzeugnisse bereits in der Phase der Produktionsvorbereitung, d. h. durch Wissenschaft und Technik, entschieden wird.

Fritz Haberland

Leitung und Planung von Wissenschaft und Technik, beschleunigte Erneuerung der Produktion und Effektivität

In den Schwerpunkten für die heutige Tagung wird unter 2.2. zurecht hervorgehoben, daß die entscheidende volkswirtschaftliche Aufgabe darin besteht, mit der schnellen Erneuerung der Produktion das höhere Effektivitäts- und Qualitätswachstum zu sichern, das für die volkswirtschaftliche Leistungsentwicklung auf lange Sicht notwendig ist.

Bei der Lösung dieser Aufgabe sind in hohem Maße die Kombinate und Betriebe unmittelbar angesprochen. Darauf wies Erich Honecker auf der 9. Tagung des Zentralkomitees der SED nachdrücklich hin: „In den Kombinaten ist der Kreislauf der intensiv erweiterten Reproduktion bekanntlich weitgehend geschlossen. Das unterstreicht ihre Verantwortung, selbst hohe wissenschaftlich-technische Leistungen zu organisieren, sie effektiv für die Produktion zu nutzen und so langfristig die Grundlagen für gute wirtschaftliche Ergebnisse zu legen."[1]

Die Zielsetzung, die planmäßige Erneuerung der Produktion gegenüber Anfang der achtziger Jahre zu verdoppeln oder gar zu verdreifachen, stellt neue Anforderungen an die Leitung und Planung von Wissenschaft und Technik in Kombinaten und Betrieben. Im Ergebnis bisheriger gemeinsamer Untersuchungen mit Praxispartnern kristallisieren sich insbesondere folgende Anforderungen und neue Fragestellungen heraus, die weiterer vertiefender Analyse und theoretischer Verallgemeinerung bedürfen:

Erstens sind im Prozeß der Entscheidungsvorbereitung für die Neuproduktion (neue Erzeugnisse, Werkstoffe, Verfahren und Technologien) klare ökonomische Maßstäbe notwendig. Der für die planmäßige Steigerung des Nationaleinkommens notwendige Wertzuwachs ist nur erreichbar durch die Nutzung qualifizierter Arbeit, durch höchstmögliche Veredlung auf allen Stufen der Produktion. Das heißt, die Fähigkeit der konkreten Arbeit voll auszuschöpfen, insbesondere durch die Anwendung der neuesten Ergebnisse des wissenschaftlich-technischen Fortschritts und die Umsetzung hoher Qualifikation Material und Energie ökonomisch hochwirksam in Erzeugnisse mit höheren Gebrauchswerten umzuwandeln. Dieser Prozeß ermöglicht, den Zuwachs an neugeschaffenem Wert zu vergrößern. Das bedeutet, eine höhere Qualität des Produkts und Verfahrens gegenüber seinen Vorgängern und eine Aufwandssenkung zu erzielen. Die Volkswirtschaft hat nichts gewonnen, wenn neue Produkte und Verfahren mit höherem Aufwand gegenüber vorhergehenden Problemlösungen erkauft werden.

In den bereits erwähnten Schwerpunkten sind unter 2.3. die volkswirtschaftlichen Maßstäbe für die Effektivitätsbewertung der Neuproduktion dargelegt. Von prinzipieller Bedeutung dabei ist, diese Maßstäbe in ihrem inneren Zusammenhang zu beherrschen – so sind die mit der Neuproduktion gewollten höheren volkswirtschaftlichen Effekte nur erreichbar auf der Grundlage wissenschaftlich-technischer Spitzenleistungen (charakterisiert anhand der Kriterien für das Gütezeichen „Q", die den sich dynamisch entwickelnden internationalen Tendenzen und volkswirtschaftlichen Erfordernissen stets aufs neue entsprechen müssen).

Dazu bedarf es noch mehr origineller Ideen und Lösungen, die den bisher bekannten technisch und ökonomisch überlegen sind. Der Maßstab ist also hoch. Mittleres Niveau, Mittelmaß bei der Erneuerung der Produktion reicht nicht aus für den planmäßigen ökonomischen und sozialen Fortschritt unserer Gesellschaft.

Der Maßstab für die Entscheidung ist folglich nicht die mögliche, vielleicht sogar „interessante" oder „elegante", jedoch kostspielige wissenschaftlich-technische Problemlösung, sondern vielmehr ein günstigeres Verhältnis von Aufwand und Ergebnis, sind die Kosten und der Gewinn. Ein neuentwickeltes Erzeugnis oder Verfahren muß dem Käufer höchste Effektivität garantieren und sich durch höhere Erlöse und sinkenden Aufwand bei seiner Herstellung gegenüber dem Vorgänger auszeichnen. Es muß sich folglich durch seine ökonomische Effektivität bestätigen. Das Geld, das beim Verkauf neuer Erzeugnisse und Verfahren auf den Außenmärkten erzielt wird, ist schließlich unbestechlicher Maßstab dafür, ob dem Kombinat oder Betrieb eine Spitzenleistung, ein „Renner" auf dem Weltmarkt gelungen ist.

Im Prozeß der Entscheidungsvorbereitung für die Neuproduktion ist also genau zu analysieren, aus welchen Quellen (Gebrauchswerterhöhung und Aufwandssenkung) der Effektivitätsgewinn konkret kommen kann und kommen muß. Das sind wichtige Arbeiten im Vorfeld der Ausarbeitung der Pflichtenhefte, insbesondere bei der Ermittlung der Kosten- und Preisobergrenzen.

So untersucht beispielsweise das Kombinat Elektromaschinenbau Dresden solche Faktoren wie: Einsatz neuer Werkstoffe; Anwendung neuer konstruktiver Lösungen, die die Anwendung neuer Technologien unter Einschluß der Robotertechnik und Mikroelektronik ermöglichen; die Senkung der Stückkosten, insbesondere auch durch das Erreichen effektiver Produktionsmaßstäbe bereits in der Erstserie; die Beeinflussung der Gemeinkosten, die maßgeblich bestimmt werden von der Rationalität der Transport-, Lager- und Umschlagprozesse; vom effektivsten Einsatz der Umlaufmittel. In diesem Prozeß ist von prinzieller Bedeutung, das erreichte Produktivitätsniveau der auslaufenden Serie nicht nur auf das neue Erzeugnis zu „übertragen“, sondern es bereits in der Erstserie zu übertreffen.

Zweitens ist mit der Erneuerung der Produktion aufs engste die Fähigkeit der Kombinate und Betriebe zu verbinden, auf neue Anforderungen der Anwender, der Kunden schnell zu reagieren, die Produktionsstruktur entsprechend flexibel zu gestalten, neue Ergebnisse des wissenschaftlich-technischen Fortschritts rasch in die Produktion zu überführen und sie unverzüglich mit hohen Erlösen abzusetzen.

Der Markt im sozialistischen und im nichtsozialistischen Wirtschaftsgebiet hat sich bei vielen Investitionsgütern auf Mittel- und Kleinserien, auf Sonderanfertigungen eingestellt. So ist beispielsweise durch die Kombinate und Betriebe des Maschinenbaus der DDR und ihren traditionellen Zulieferern dem internationalen Trend Rechnung zu tragen, daß neben universell einsetzbaren Werkzeugmaschinen in zunehmendem Maße hochautomatisierte Erzeugnisse, zumeist kundenspezifische Rationalisierungs-, Modernisierungs- und Automatisierungslösungen in Verbindung von Hardware und Software, das Erzeugnissortiment bestimmen. Dadurch nimmt der Seriencharakter der Fertigung ab. Der Aufwand für die konstruktive und technologische Vorbereitung der Produktion steigt erheblich an (in einigen Maschinenbaukombinaten müssen heute bereits mehr als 30% der Forschungskapazität für die Entwicklung von Sondermaschinen, für spezifische Kundenwünsche eingesetzt werden). Die längeren Montagezeiten weiten tendenziell den Produktionszyklus aus. Das alles ist mit weitreichenden Konsequenzen für das Verhältnis von Aufwand und Ergebnis sowie für die Leitung dieser Prozesse verbunden.

Wie Erfahrungen zeigen, liegen wesentliche Ansatzpunkte zur Ökonomisierung dieser Prozesse in der

- Entwicklung und Produktion der Werkzeugmaschinen nach dem Baukastenprinzip; selbst bei variabler Gestaltung der Finalerzeugnisse ist auf diese Weise in der mechanischen Fertigung ein bestimmter Wiederholgrad für Einzelteile erreichbar;
- Bearbeitung der Einzelteile mittels in der Regel selbstentwickelter flexibler Automatisierungstechnologien; dadurch lassen sich Klein- und Mittelserien effektiver fertigen, und der Tendenz, die Materialbestände und die Bestände an unvollendeter Produktion zu erhöhen, kann entgegengewirkt werden;
- Reduzierung der Montagezeiten für die hochautomatisierten Maschinen durch die Anwendung neuester technologischer Forschungsergebnisse und automatisierter Prüftechnik sowie eine moderne Organisation der Montageprozesse;
- Erhöhung der Forschungs- und Entwicklungskapazitäten, insbesondere der Konstruktion, im wesentlichen aus dem im Kombinat vorhandenen ingenieurtechnischen Personal, um den schnell ansteigenden Bedarf an Forschungs- und Entwicklungsleistungen abzusichern; das läßt sich auch durch die bessere Nutzung der Möglichkeiten von Variationskonstruktionen, die Anwendung von Rechnerprogrammen und die Schaffung von rechnergestützten Konstrukteurs- und Technologenarbeitsplätzen verwirklichen.

Aufgabe der Leitung des Kombinats und Betriebes ist es, für diese neuen Gegebenheiten ein klares Konzept zu entwickeln, damit auch unter den Bedingungen kleinerer Stückzahlen und steigenden Anteils von automatisierten Sonder-Problemlösungen hohe Zuwachsraten der Produktion, der Arbeitsproduktivität und Effektivität und des Exports erreicht werden.

Eine entscheidende Bedingung für die erfolgreiche Meisterung dieser komplizierten Aufgabe ist die planmäßige Gestaltung von automatisierten Fertigungsabschnitten, -systemen und -stätten. Mit dem von der Partei- und Staatsführung beschlossenen automatisierten Fertigungsabschnitten wurde ein Prozeß eingeleitet, der

- im Maschinenbau und in wichtigen Zulieferbereichen einen Strukturwandel im Erzeugnissortiment herbeiführt,
- für einen raschen technologischen Fortschritt in der metallverarbeitenden Industrie sorgt, damit dieser Schrittmacherbereich des wissenschaftlich-technischen Fortschritts die erforderlichen hohen Leistungs- und Effektivitätsziele sowie die Erfüllung der Exportaufgaben absichert.

Die Vorbereitung und Realisierung der beschlossenen Vorhaben erweist sich als ein eminent wichtiger Lernprozeß für die Beschleunigung der flexiblen Automatisierung, flexibler Fertigungsabschnitte, -systeme und Fertigungsstätten. Damit wird ein neuer Rationalisierungsschub aus eigener Kraft ausgelöst. Wie erste eigene und internationale Erfahrungen zeigen, werden damit bedeutende volkswirtschaftliche Effekte erzielt – beispielsweise wird die Arbeitsproduktivität in derartigen Objekten auf 300 Prozent und zum Teil darüber gesteigert.

Drittens erfordern Erneuerungsraten um 30 Prozent und mehr eine neue Qualität sowie ein weit höheres Maß an Stabilität und Flexibilität in den inneren und äußeren Kooperationsbeziehungen eines Kombinats und Betriebes als bislang. Der volkswirtschaftliche Erfolg des Finalproduzenten hängt bekanntermaßen entscheidend davon ab, daß der Zulieferer in seiner wissenschaftlich-technischen Entwicklung den Anforderungen an eine hohe Qualität und Zuverlässigkeit, einen hohen Neuheitsgrad des Finalerzeugnisses im gleichen Schrittmaß und mit geringstem Aufwand folgt. Der Finalproduzent kann schließlich nur dann Spitzenniveau erreichen, wenn die Zulieferer sich darauf einstellen. Dieser Prozeß wird in dem Maße forciert, wie es gelingt, die Verantwortung der Zulieferer sowohl für die Versorgung der eigenen Wirtschaft als auch für den Direktexport ihrer Erzeugnisse und Leistungen zu erhöhen.

Die beschleunigte Erneuerung der Produktion zwingt in bisher nicht gekanntem Maße zur Herausbildung geschlossener, stabil agierender und zugleich flexibel reagierender „Produktionssysteme“ (wie sich das offensichtlich in der Leichtindustrie bereits ökonomisch effektiv entwickelt).

Die geplante erzeugnis- und marktkonkrete Erneuerungsrate, das schnelle Reagieren auf spezielle Kundenwünsche, bedeutet für viele Zulieferer eine Explosion ihres Sortiments. Deshalb gewinnen Fragen der Standardisierung, Unifizierung, der Wiederverwendung von Typlösungen, von Bauteilen und Baugruppen schnell wachsendes Gewicht.

So sieht beispielsweise das Konzept des Kombinats ORSTA-Hydraulik vor, durch das Anbieten eines standardisierten (Baukasten-)Systems von mikroelektronisch gesteuerten hydraulischen und pneumatischen Erzeugnissen über 90% aller Anwendungsfälle abzudekken. Etwa 5% der verbleibenden Anwendungsfälle sollen durch eine darauf spezialisierte Fertigungsstätte des Kombinats realisiert werden. Für den Rest werden den Anwendern Konstruktionsunterlagen, Baugruppen und -teile zur Verfügung gestellt. Als Bindeglied zwischen dem ORSTA-Kombinat und den Anwenderkombinaten und -betrieben baut das Kombinat ein leistungsstarkes Applikations- und Elektronik-Zentrum aus. Durch Direktexporte wird das Kombinat unmittelbar mit dem internationalen wissenschaftlich-technischen Niveau konfrontiert, was sich auch impulsgebend auf die Anwenderkombinate in der DDR auswirken wird.

Für die Leitung ergibt sich aus den qualitativ neuen Anforderungen an die Kooperation die Konsequenz, für eine frühzeitige intensive Zusammenarbeit zwischen Finalproduzent und Zulieferer zu sorgen. Das erweist sich als absoluter Schwerpunkt. Dabei kommt der gegenseitigen Information und möglichst sogar der Abstimmung der Veredlungskonzeptionen der Partner große Bedeutung zu. Viel wird erreicht, wenn im Vorfeld der Ausarbeitung der Pflichtenhefte die Kooperationspartner die zu erbringenden Leistungen konkretisieren, dazu Koordinierungsverträge und möglichst frühzeitig Leistungsverträge abschließen.

Da sich bei Neuerungsprozessen oftmals Kooperationsbeziehungen mit neuen Partnern notwendig machen, ist es zweckmäßig und geboten, wenn die General- und Betriebsdirektoren grundlegende Fragen einer fruchtbaren Zusammenarbeit persönlich klären.

Viertens stellen sich Fragen einer durchgängigen Sicherung der Qualität, der Zuverlässigkeit der Erzeugnisse in bisher nicht gekannter Schärfe. Das resultiert einerseits aus der größeren Anzahl neu zu entwickelnder Produkte, Werkstoffe, Verfahren und Technologien bei in der Regel wachsendem Kompliziertheitsgrad (insbesondere durch die Integration der Mikroelektronik) und andererseits aus den bedeutend härter gewordenen Konkurrenzbedingungen.

Qualität, Zuverlässigkeit und gute Formgestaltung sind heute zum Verkaufsargument und zur Waffe im Konkurrenzkampf geworden.

Qualität ist der konzentrierte Ausdruck des erreichten Veredlungsgrades, Qualitätsarbeit entscheidet mehr denn je über ökonomische Effektivität. Qualität bedeutet, daß das Erzeugnis neueste wissenschaftlich-technische Erkenntnisse verkörpert und mit modernsten Technologien auf die produktivste Weise hergestellt worden ist.[2]

Unter diesen Umständen ist in jedem Kombinat und Betrieb das derzeitige Qualitätssicherungssystem kritisch zu überprüfen und unverzüglich auf die neuen Anforderungen einzustellen. Gute Ergebnisse bei der generellen Verbesserung der Zuverlässigkeit werden vor allem dann erreicht, wenn

- die Forscher und Entwickler sowie die Werktätigen in den Produktionshaupt- und -hilfsprozessen einheitlich auf Null-Fehler-Produktion, auf einen reklamationsfreien Export eingestellt und dementsprechend stimuliert werden;
- bereits bei der Ausarbeitung der Zielstellungen für die Entwicklung des Finalerzeugnisses die Anforderungen an die Zuverlässigkeit der Zuliefererzeugnisse mit diesen Betrieben abgestimmt und in die Pflichtenhefte aufgenommen werden und die qualitätsgerechte Lieferung über Koordinierungsverträge gesichert wird;
- eine den konkreten Erfordernissen entsprechende (möglichst weitgehend automatisierte) Prüfung gewährleistet wird: vom Wareneingang über die entscheidenden Fertigungsstufen bis hin zur Endkontrolle;
- die Funktionsmuster und Produkte der Null-Serie sorgfältig erprobt und getestet werden, damit nur ausgereifte Lösungen in die Fertigung überführt werden (wie das beispielsweise in den Zuverlässigkeitslabors des Kombinats Chemieanlagenbau Leipzig–Grimma geschieht) sowie
- ein hohes technisch-ökonomisches und organisatorisches Niveau der Fertigungsprozesse und die strikte Einhaltung der technologischen Disziplin gewährleistet werden.

Von entscheidender Bedeutung ist, die Werktätigen in die Meisterung dieser Aufgabenstellung aktiv und ideenreich einzubeziehen.

Eine wichtige Rolle dabei spielen Qualitätszirkel. Im VEB Elektroprojekt und Anlagenbau Berlin, im VEB Optima Erfurt und in weiteren Betrieben sind solche Zirkel bereits sehr erfolgreich tätig. In diesen Arbeitsgremien treffen sich regelmäßig Bereichsleiter, Meister, Technologen, Neuerer und andere Werktätige, um Qualitätsprobleme zu beraten und immer neue Möglichkeiten zur Erhöhung der Zuverlässigkeit und Lebensdauer der Erzeugnisse und zur Senkung des Produktionsverbrauchs zu erschließen. Diese Gemeinschaftsarbeit trägt maßgeblich dazu bei, die eigene Verantwortung für die Qualität der Erzeugnisse und der Produktion immer besser zu erkennen und mit neuen Ideen und Lösungen initiativreich wahrzunehmen.

Verallgemeinerungsfähige Züge trägt die Vorgehensweise des Stammbetriebes im VEB Kombinat KWO „Wilhelm Pieck“ Berlin. Der Initiative „Null-Fehler-Arbeit – Gewinn für uns alle“ haben sich bisher mehr als 2 Drittel aller Beschäftigten angeschlossen. Die Leitung des Stammbetriebes, die Partei- und Gewerkschaftsleitung gehen bei der Verwirklichung dieser Initiative im sozialistischen Wettbewerb von der Tatsache aus: Eine Kette ist nur so stark wie ihr schwächstes Glied; und die Kettenglieder reichen von der Forschung über die Technologie und Produktion bis zum Absatz. Jedes Glied dieser Kette muß also für höchste Qualität bürgen.

Den entscheidenden Einfluß auf die Qualität haben die Forscher und Entwickler. Das Ziel besteht darin, bei jedem neuen Erzeugnis mit Produktionsaufnahme das Gütezeichen „Q“ zu erreichen. Der nächste Schritt ist, die am Reißbrett konzipierte Qualität durch eine dementsprechende Technologie in der Fertigung umzusetzen. Deshalb wurden die Technologien einer gründlichen Prüfung unterzogen.

Die Erfahrungen der Schweriner Kabelwerker nutzend, wurde im eigenen Rationalisierungsmittelbau des

Stammbetriebes ein Meß- und Regelgerät auf mikroelektronischer Basis gebaut. Es ermöglicht, die Stärke des Kabelmantels permanent automatisch zu prüfen und ebenso automatisch für das günstigste Maß zu sorgen. Gleichbleibend hohe Qualität und sinkender Materialaufwand sind garantiert.

Qualitätsarbeit ist heute im Wettbewerb der Kabelwerker eines der wichtigsten Bewertungskriterien. Wer Qualitätsarbeit leistet, spürt das auch deutlich am Lohn und an anderen Formen der Anerkennung. Monatlich werden die Besten als Qualitätsarbeiter mit einer Urkunde und mit einer Prämie geehrt.

Der Wettbewerb zur Erzielung höchster Qualität wird im Stammbetrieb des VEB Kombinat KWO öffentlich geführt. Dafür sorgen vor allem die Qualitätsaktivs, in denen Arbeiter, Meister und Technologen tätig sind. Sie registrieren jede Abweichung von der geforderten Qualität, analysieren die Ursachen, leiten technische und technologische Veränderungen ein. Sie sprechen auch mit jedem, der durch seine Arbeit Mängel zuließ, kümmern sich um Qualifizierung und eventuell um Unterstützung durch erfahrene Facharbeiter. Wichtige Voraussetzung für die Null-Fehler-Produktion der Kabelwerker ist der Abschluß von Qualitätsvereinbarungen mit der Zulieferindustrie. Das betrifft rund 700 Zulieferer, die etwa 12000 unterschiedliche Materialpositionen bereitzustellen haben. Alle Anstrengungen sind darauf gerichtet, das Ehrendiplom „Betrieb der ausgezeichneten Qualitätsarbeit" weiter erfolgreich zu verteidigen. Durchgängige, möglichst weitgehend rechnergestützte Qualitätssicherung im Wareneingang, in Forschung und Entwicklung, in den wichtigsten Stufen bzw. Abschnitten der Produktion und in der Endkontrolle kostet Aufwand. Aber diese Kosten sind in der Regel geringer als gegebenenfalls notwendig werdender Aufwand für Ausschuß und Nacharbeit, für die Bereinigung von Reklamationen.

Fünftens ist die erforderliche Flexibilität im Inland und auf den Außenmärkten, ist internationale Wettbewerbsfähigkeit nur zu erreichen, wenn in der Vorbereitung der Produktion, im Prozeß der Produktionsdurchführung sowie in der Leitung und Planung des gesamten Reproduktionsprozesses moderne Kommunikations- und Informationstechnologien eingesetzt werden.

Das ist ebenso wichtig für die Sicherheit von Entscheidungen wie für die Verkürzung des Zyklus von der Forschung bis zum Absatz. Die zunehmende Differenziertheit im Erzeugnissortiment ist sowohl in Konstruktion und Technologie als auch im unmittelbaren Fertigungsprozeß ohne Anwendung der modernen Rechentechnik nicht beherrschbar. Durch die Anwendung von CAD/CAM-Systemen können – wie Erfahrungen der DDR und internationale Erkenntnisse besagen – folgende Effekte erreicht werden:

- Die Reduzierung der Entwicklungs- und Überleitungszeiten um ca. 30%;
- die Verkürzung der Durchlaufzeiten für neue Erzeugnisse bis zu 50%;
- die Senkung der Kosten in der technologischen Vorbereitung der Produktion um ca. 50%;
- die Erhöhung der Arbeitsproduktivität der Konstrukteure, Projektanten und Technologen um 80–90% sowie
- die Senkung des spezifischen Materialverbrauchs, der Materialkosten um etwa 15%.

Deshalb kommt den Kombinaten und Betrieben die Aufgabe zu, den Lernprozeß zur Einführung, Anwendung und effektiv wirksamen Nutzung von CAD/CAM-Systemen unverzüglich in die Wege zu leiten und alle gegebenen Möglichkeiten zu nutzen, derartige Systeme einzusetzen. Ähnliche Bedeutung kommt dem prozeßnahen Einsatz von Bürocomputern und Basismikrorechnern zu. Es wird ein wichtiges Anliegen der Wirtschaftswissenschaftler sein, die mit der beschleunigten Erneuerung der Produktion verbundenen neuen Anforderungen an die Leitung und Planung des gesamten Reproduktionsprozesses der Kombinate und Betriebe – darin eingeschlossen an die Leitung von Wissenschaft und Technik, dem Hauptkettenglied – tiefgründig zu untersuchen und die besten Erfahrungen der Praxis theoretisch zu verallgemeinern. Damit leisten wir einen wesentlichen Beitrag, um die neue Etappe der Verwirklichung der ökonomischen Strategie durch ein adäquates Niveau der Leitungstätigkeit erfolgreich zu meistern.

Anmerkungen

1 9. Tagung des ZK der SED, 22./23. 11. 1984, Aus dem Bericht des Politbüros an die 9. Tagung des ZK der SED, Berichterstatter: Gen. Erich Honecker, Berlin 1984, S. 36.

2 Vgl. Günter Mittag, Theoretische Verallgemeinerung der Erfahrungen der Entwicklung der Kombinate für die Leistungssteigerung in der Volkswirtschaft, insbesondere bei der Nutzung der qualitativen Faktoren des Wachstums, in: Ökonomische Strategie der Partei – klares Konzept für weiteres Wachstum, Wirtschaftswissenschaftliche Konferenz der DDR im Karl-Marx-Jahr 1983 am 29. und 30. September in Berlin, Berlin 1983, S. 93.

Georg Ritzschke

Vervollkommnung der Effektivitätsplanung 1986–1990

Die Tatsache, daß die intensiv erweiterte Reproduktion heute zur bestimmenden Grundlage für das Wachstum unserer Volkswirtschaft geworden ist, wurde durch die Orientierung der Leitung, Planung und wirtschaftlichen Rechnungsführung auf die ökonomischen Schlüsselfragen der Intensivierung wesentlich gefördert.

Durch die Beschlüsse zur Leitung, Planung und wirtschaftlichen Rechnungsführung, zu Wissenschaft und Technik, zu den Grundfonds und Investitionen wurden starke Impulse ausgelöst, die Erhöhung der Arbeitsproduktivität und Effektivität als der entscheidenden Grundlage für das kontinuierliche, dynamische Wachstum der Volkswirtschaft und die weitere Realisierung der Hauptaufgabe in den Mittelpunkt der Leitung und Planung zu rücken. Den Weg der umfassenden Intensivierung weiter zu beschreiten, und zwar auf lange Sicht, macht den Inhalt der neuen Etappe der Verwirklichung unserer ökonomischen Strategie aus, wie Genosse Erich Honecker auf der 9. Tagung des Zentralkomitees der SED feststellte. Das stellt auch an die Planung und Messung der Effektivität der gesellschaftlichen Produktion höhere Anforderungen. Ihren Niederschlag müssen diese höheren Anforderungen deshalb nicht zuletzt in der Ordnung der Planung der Volkswirtschaft der DDR für die Jahre 1986–1990 finden.

Die Weiterentwicklung der Effektivitätsplanung entsprechend den gestiegenen Anforderungen kommt vor allem in folgenden Richtungen zum Ausdruck:

1. Ausdehnung der Effektivitätsplanung auf alle Bereiche der Volkswirtschaft, um damit das Erfordernis der umfassenden Intensivierung wirksamer zu unterstützen, in allen Bereichen und in allen Sphären der Reproduktion ein hohes Niveau der Arbeitsproduktivität und Effektivität zu sichern. Deshalb ist vorgesehen, daß alle Betriebe, Kombinate, wirtschaftsleitenden Organe, Ministerien, Räte der Bezirke und Kreise sowie die Staatliche Plankommission als Bestandteil des Fünfjahrplanes und der Jahresvolkswirtschaftspläne die Erhöhung der Effektivität der gesellschaftlichen Produktion planen.

Entsprechend der Schlüsselrolle, die die Erhöhung der Arbeitsproduktivität und Effektivität unter den Bedingungen der umfassenden Intensivierung für die Lösung der gesellschafts- und wirtschaftspolitischen Aufgaben spielt, müssen Effektivitätsüberlegungen, -analysen und -rechnungen noch zwingender als bisher zu einem Ausgangspunkt der Planung genommen werden. Dabei hat sich bewährt, Effektivitätsrechnungen und -analysen bereits im Prozeß der Planvorbereitung durchzuführen, damit die qualitativen Faktoren des Wirtschaftswachstums von vornherein die Planansätze bestimmen. Entsprechend der Funktion der Effektivitätsplanung geht es dabei um die

- Ausarbeitung der Leistungs- und Effektivitätsziele zur Vorbereitung und Aufschlüsselung der staatlichen Aufgaben;
- Begründung der in den Planentwürfen enthaltenen Leistungs- und Effektivitätsziele und ihre Beurteilung hinsichtlich des effektivsten Einsatzes aller verfügbaren Ressourcen, insbesondere der komplexen Wirksamkeit der Intensivierungsfaktoren unter größtmöglicher Einbeziehung der Leistungs- und Effektivitätsreserven, bei Sicherung der den Planentwürfen zugrunde liegenden Bedarfsdeckung.

2. Anwendung der Maßstäbe der Intensivierung. Die Durchsetzung des arbeits- und fondssparenden Typs der intensiv erweiterten Reproduktion erfordert unter den veränderten Reproduktionsbedingungen Wachstum, Ressourcen und Aufwendungen in bestimmten Relationen zu entwickeln.

Zu berücksichtigen ist die Tatsache, daß zur weiteren Realisierung der Hauptaufgabe ein stabiles, dynamisches Wirtschaftswachstum unerläßlich ist und dieses Wachstum in der Regel mit einem geringerem Zuwachs und teilweise sogar mit absolut weniger Ressourcen realisiert werden muß. Dazu kommt, daß für die Bereitstellung einer Einheit Ressource in der Regel höhere Aufwendungen zu leisten sind.

Es geht folglich nicht um Effektivitätsverbesserungen schlechthin, sondern um die Durchsetzung volkswirtschaftlich objektiv begründeter Effektivitätsanforderungen, so wie sie in den Beschlüssen der SED als Maßstäbe der Intensivierung formuliert sind.

Diese Maßstäbe sind deshalb zu einem Ausgangspunkt und Bestandteil aller Leistungs- und Effektivitätsrechnungen zu machen. Aus diesem Grund wurden diese Maßstäbe in den Abschnitt zur „Planung der Effektivität der gesellschaftlichen Produktion" der Ordnung und der Planung aufgenommen. Dasselbe gilt für die Kennziffern der Leistungsbewertung – Nettoproduktion, Gewinn, Konsumgüterproduktion und Export –, die die Leitung der Kombinate und Betriebe auf Schlüsselfragen der Intensivierung orientieren.

Diese Maßstäbe werden durch die in den Beschlüssen zur Erneuerung der Produktion und zu Grundfonds und Investitionen enthaltenen normativen Anforderungen, z. B. zum Erneuerungsgrad und den mit dem Erneuerungsgrad zu erreichenden ökonomischen Effekten unterstützt. Solche normativen Anforderungen wurden auch für den Einsatz der Robotertechnik und für Automatisierungslösungen entwickelt. In den Kombinaten gibt es viele positive Beispiele für die Arbeit mit den Intensivierungsmaßstäben, normativen Anforderungen und den Kennziffern der Leistungsbewertung. Es hat sich bewährt, die Anwendung dieser Maßstäbe, Kennziffern und Normative zwingend in das Arbeitsregime zur Ausarbeitung der Pläne einzubeziehen. Für die wirtschaftswissenschaftliche Forschung ergibt sich die Aufgabe, weiter an der Schaffung verallgemeinerungsfähiger Lösungen für die Untersetzung der Intensivierungsmaßstäbe durch normative Anforderungen an die Effektivität und für die komplexe Nutzung der Kennziffern der Leistungsbewertung für Effektivitätsfortschritte zu schaffen.

3. Weitere Qualifizierung der Instrumente zur Herausarbeitung und planmäßigen Nutzung der Wege zur Effektivtätserhöhung. Von qualifizierten ökonomischen Berechnungen zu den Plänen hängt mit ab, inwieweit mit den Plänen reale, anspruchsvolle Ziele gestellt werden, die die Initiativbewegung der Werktätigen stimulieren. Die komplexen Leistungs- und Effektivitätsrechnungen sind in den Händen der Leitungs- und Planungsorgane Instrumente, um mit den Plänen die effektivste Variante zur Entwicklung der Volkswirtschaft zu bestimmen. Sie sind ein wichtiges Element der Ausrichtung der sozialistischen Planwirtschaft auf die qualitativen Faktoren des Wirtschaftswachstums. Es geht deshalb bei den komplexen Leistungs- und Effektivitätsrechnungen nicht nur um Kennziffern, Instrumente schlechthin, sondern um die Beherrschung komplizierter qualitativer Prozesse, wie sie mit der umfassenden Intensivierung verbunden sind.

Es ist deshalb von besonderer Bedeutung, die Instrumente für Effektivitätsrechnungen und -analysen ständig zu vervollkommnen und sie effektiver einzusetzen. Die entsprechenden Regelungen sehen vor, komplexe Leistungs- und Effektivitätsrechnungen, Begründungen zur Entwicklung der Leistungen und Effektivität sowie Leistungsvergleiche durchzuführen.

Bei den komplexen Leistungs- und Effektivitätsrechnungen steht im Mittelpunkt, bei der Auswahl und Realisierung der effektivsten Varianten zur Leistungs- und Effektivitätsentwicklung stets vom Wirksammachen aller Intensivierungsschwerpunkte im Komplex auszugehen, d.h. von der Effektivitätssteigerung für alle Ressourcen und Aufwendungen, für lebendige und vergangene Arbeit, so wie das die umfassende Intensivierung erfordert. Solche Rechnungen werden jeweils für einen Komplex von Kennziffern für Erzeugnisse, Vorhaben, Aufgaben, für Verantwortungsbereiche (Betriebe, Kombinate, Ministerien, Räte der Bezirke und Kreise) und für die Volkswirtschaft insgesamt durchgeführt.

Im Vordergrund der Vervollkommnung dieser Rechnungen steht,

- erzeugnis-, vorhabens- und aufgabenkonkrete Rechnungen weiter auszubauen. Sie gewinnen an Bedeutung, weil im Mittelpunkt der umfassenden Intensivierung steht, durch neue Erzeugnisse und Technologien zu höherer Effektivität zu gelangen. Hier ergibt sich ein weites Feld für die wirtschaftswissenschaftliche Forschung, durch Effektivitätsanalysen und -rechnungen zur Auswahl, Bewertung und Realisierung der effektivsten Varianten des wissenschaftlich-technischen Fortschritts beizutragen.
- gleichzeitig die Effektivitätsrechnungen für Verantwortungsbereiche und für die Volkswirtschaft weiter zu verbessern, weil letztlich das volkswirtschaftliche Gesamtergebnis zählt und die Effektivitätsanforderungen für Teilprozesse in erster Linie aus volkswirtschaftlichen Überlegungen abgeleitet werden müssen. Deshalb wurde das Grundschema dieser Rechnungen weiter vervollkommnet, indem z.B. stärker als bisher Kosten- und Finanzkennziffern einbezogen wurden, um eine bessere Übereinstimmung zwischen materiellen und finanziellen Prozessen herzustellen. Bewährt hat sich in der zentralen staatlichen Planung, solche Rechnungen rechnergestützt durchzuführen.

4. Für die Aufdeckung von Leistungs- und Effektivitätsreserven spielen die Faktorenbegründungen und Leistungsvergleiche eine besonders wichtige Rolle. Bei den Faktorenbegründungen geht es darum, analytisch und vorausschauend die positiven und hemmenden Faktoren, die auf die Effektivität, die Nutzung einzelner Intensivierungsfaktoren Einfluß haben, sichtbar zu machen und auf dieser Grundlage durch komplexe und kontinuierliche Analysen einen aktiven planmäßigen Einfluß auf die Begründung anspruchsvoller, realer Zielstellungen zur Leistungs- und Effektivitätssteigerung einschließlich ihrer Realisierung zu nehmen.

Instrumente für die Durchführung von Faktorenanalysen liegen für die Begründung der Effektivitätsziele auf dem Gebiet der Arbeitsproduktivität, der Grundfondsökonomie, der Exporteffektivität sowie der Nettoproduktion und des Nettogewinns vor. Neu eingeführt wurde ein Nachweis zur Plan- und Bilanzwirksamkeit der Maßnahmen des wissenschaftlich-technischen Fortschritts auf die Gesamtentwicklung wichtiger Kennziffern, wie Zuwachs Industrielle Warenproduktion, Export, Gewinn, Selbstkostensenkung.

Für besonders notwendig wird gehalten, die Faktorenanalyse für die Senkung des Produktionsverbrauchs weiter zu vervollkommnen. Die Durchführung von Leistungsvergleichen ist für die Betriebe, Kombinate, wirtschaftsleitende Organe, Ministerien, Räte und Bezirke und Kreise sowie die Staatliche Plankommission als Bestandteil ihrer Leitungs- und Planungstätigkeit vorgesehen. Ihr Ziel besteht darin, durch Verallgemeinerung der Erfahrungen der Besten Reserven für ein weiteres schnelles Leistungswachstum, die Senkung des Produktionsverbrauchs und die Steigerung der Effektivität zu erschließen sowie in der Ausarbeitung und Durchführung der Pläne die Maßstäbe der Intensivierung durchzusetzen. Eine wichtige Aufgabe besteht darin, die Leistungsvergleiche und die Leistungs- und Effektivitätskennziffern bei der Plandurchführung und -abrechnung zu nutzen, um die schöpferische Initiative der Werktätigen im sozialistischen Wettbewerb zu unterstützen und Maßnahmen zur Erfüllung und gezielten Übererfüllung der Leistungs- und Effektivitätsziele der Pläne durch Mobilisierung von Effektivitätsreserven festzulegen und zu realisieren.

Schließlich erfolgt eine rationellere Gestaltung der Rechnungen durch Reduzierung der Kennziffern, Erhöhung ihrer Aussagefähigkeit sowie eine stärkere Differenzierung zwischen Fünfjahrplan und den Jahresvolkswirtschaftsplänen. Dabei hat sich die Anwendung von EDV-Einsatzprojekten für die Anwendung von Leistungs- und Effektivitätsrechnungen bewährt, z.B. in der zentralen staatlichen Planung des EDV-Projekt „Komplexe Leistungs- und Effektivitätsrechnungen", das Leistungsvergleiche zwischen den Kombinaten und eine komplexe Bewertung der Leistungs- und Effektivitätsentwicklung der Kombinate auf der Grundlage preis- und strukturvergleichbarer Zeitreihen beinhaltet. Durch die wirtschaftswissenschaftliche Forschung sind solche Aufgaben weiter zu bearbeiten, wie die Herausarbeitung aussagefähiger Methoden zur Gesamtbewertung der Effektivität, zur Analyse von Einflußfaktoren, insbesondere des wissenschaftlich-technischen Fortschritts und zur stärkeren Einbeziehung der Belange der Außenwirtschaft und der sozialistischen ökonomischen Integration in die Überlegungen und Rechnungen zur Effektivitätsentwicklung.

Dabei wird davon ausgegangen, daß die Instrumente und Methoden nicht Selbstzweck sind, sondern der Mobilisierung von weiteren Effektivitätsreserven im Interesse der weiteren Realisierung der Hauptaufgabe dienen.

Peter Hoß

Zur stärkeren Ausrichtung der wirtschaftlichen Rechnungsführung auf die Steigerung der Effektivität der gesellschaftlichen Produktion

Auf der 9. Tagung des ZK der SED wurde von Gen. Honecker als charakteristisch für unsere Volkswirtschaft herausgearbeitet, daß sie sich durch ein stabiles Wachstum auszeichnet und dieses Wachstum eindeutig durch die Intensivierung bestimmt wird.

Durch die den dieser gemeinsamen Tagung vorgelegten Schwerpunkten zieht sich wie ein roter Faden das objektive Erfordernis der Steigerung der Effektivität der gesellschaftlichen Produktion. Wenn wir über Wege der Steigerung der Effektivität sprechen, dann wird zurecht in der These 1.9. die Aufgabe gestellt, wirtschaftliche Rechnungsführung und ökonomische Stimulierung wirksamer auf die Durchsetzung der umfassenden Intensivierung und die Erhöhung der Effektivität auszurichten.

Mit dem Beschluß des Politbüros vom Februar 1983 zur weiteren Vervollkommnung der Leitung, Planung und wirtschaftlichen Rechnungsführung und den zur Umsetzung dieses Beschlusses eingeführten Maßnahmen wurden entscheidende Voraussetzungen geschaffen und ganz konkrete Schritte eingeleitet, um über die wirtschaftliche Rechnungsführung und die ökonomische Stimulierung die Effektivität des Reproduktionsprozesses stärker in den Mittelpunkt der Überlegungen und wirtschaftlichen Verhaltensweisen der Kombinate und Betriebe zu rücken. Das betrifft solche Maßnahmen wie die Neufestlegung der Hauptkennziffern der Leistungsbewertung ausgehend von den Erfordernissen der Intensivierung, die damit in Übereinstimmung stehende Neuregelung der Bildung und Verwendung der Fonds der ökonomischen Stimulierung, die stärker auf die Effektivität gerichtete Finanzierungsrichtlinie oder die neuen Regelungen der Stimulierung einer effektiven Grundfondsökonomie, um nur einige zu nennen. Durchgeführte Analysen zur Wirksamkeit der wirtschaftlichen Rechnungsführung in den Kombinaten und Betrieben weisen trotz aller positiven Ergebnisse auch auf vorhandene Probleme hin.

Zu zwei ausgewählten, mir jedoch sehr wichtig erscheinenden Fragen der Funktionsweise und Wirksamkeit der wirtschaftlichen Rechnungsführung möchte ich im folgenden sprechen.

Erstens zur Funktion des Gewinns in der wirtschaftlichen Rechnungsführung. In den letzten zwei Jahren wurde dem Gewinn im System der Leitung, Planung und ökonomischen Stimulierung erhöhte Bedeutung beigemessen, und dies deshalb, weil in ihm alle effektivitätswirksamen Faktoren zum Ausdruck kommen. Er ist die Kategorie, die letztendlich den Beitrag der Kombinate und Betriebe zur Entwicklung des Nationaleinkommens beinhaltet. Der Gewinn kann seiner Funktion in der sozialistischen Ökonomie nur dann voll Rechnung tragen, wenn seine ökonomische Aussage gewährleistet ist. In den letzten Jahren ist viel wertvolle Arbeit dazu geleistet worden, so z. B. die Maßnahmen zur Neufestsetzung der Betriebspreise, zur Angleichung der Rentabilitätsraten, zur Einführung des Beitrages für gesellschaftliche Fonds usw. Diesen Fortschritt haben wir leider noch nicht im notwendigen Maße in der Qualifizierung der Planung des Gewinns fortsetzen können. Die sehr hohen Übererfüllungen und Untererfüllungen des beauflagten Nettogewinns in einer Vielzahl von Kombinaten und Betrieben, die nicht nur Ausdruck ausgezeichneter oder unzureichender Leistungen der Wirtschaftseinheiten sind, weisen auch auf Probleme der planerischen Beherrschung dieser Kennziffer hin. Ich sehe darin eine der Ursachen, warum der Gewinn gegenwärtig noch nicht voll zur zentralen Kategorie der wirtschaftlichen Rechnungsführung avanciert ist. Die zweite Ursache liegt in dem Verständnis des Funktionsmechanismus der wirtschaftlichen Rechnungsführung selbst begründet. Der Grundsatz, daß das, was für die Volkswirtschaft von Nutzen ist, auch zum Vorteil für die Kombinate und Betriebe sein muß, gilt auch für den Gewinn. Hohe Gewinne zu erwirtschaften durch die Steigerung einer bedarfsgerechten, absatzfähigen Produktion, durch die Senkung der Kosten, durch Verbesserung der Exportrentabilität und die ökonomische Nutzung produktiver Fonds muß über die wirtschaftliche Rechnungsführung zu einer Grundfrage ökonomischen Wirtschaftens vor allem unter den Bedingungen der intensiv erweiterten Reproduktion werden. Deshalb kann das ökonomische Streben nach Gewinn nicht nur auf die Bildung der Fonds der persönlichen materiellen Interessiertheit beschränkt bleiben und darf beim Erreichen bestimmter festgelegter Höchstgrenzen nicht außer Kraft gesetzt werden. Hohe Gewinne zu erwirtschaften, muß sich stärker auch für die Reproduktion der Kombinate und Betriebe vorteilhaft auswirken, ohne daß es sich dabei um eine automatische Beziehung handelt. Die Investitionsplanung muß auch weiterhin ein Instrument zentraler staatlicher Planung zur Durchsetzung volkswirtschaftlich effektiver Strukturentwicklungen bleiben. Was aber für die volle Funktionsweise der wirtschaftlichen Rechnungsführung unbedingt notwendig ist, ist, daß bestimmte Anteile aus den erwirtschafteten Gewinnen bei den Kombinaten und Betrieben verbleiben und sich dann auch materialisieren können. Nicht unbedingt als Anforderungen an andere Bereiche, sondern in erster Linie über die Entwicklung des eigenen Rationalisierungsmittelbaus. Hier ergeben sich Anforderungen an die weitere Vervollkommnung der Bilanzierung, die diesen Aspekt berücksichtigen muß. Eine aktive Funktion der wirtschaftlichen Rechnungsführung mit dem Ziel durchzusetzen, höchste Effektivität zu erreichen, erfordert, sie nicht nur als Ergänzung zur Planung und Bilanzierung zu entwickeln, sondern ihr auf der Grundlage der Planung die für ihr Funktionieren notwendigen Wirkungsfelder einzuräumen.

Noch einige kurze Bemerkungen zu einem zweiten Problemkreis. Ein Wesensmerkmal der wirtschaftlichen Rechnungsführung ist die Anwendung ökonomischer Normative. Solche Normative sind durch die zentrale staatliche Planung verbindlich festgelegte Relationen, mit denen die Bildung finanzieller Fonds in den Betrieben und Kombinaten mit entsprechenden materiellen Realisierungsbedingungen in Abhängigkeit von der Leistungs- und Effektivitätsentwicklung geregelt werden. Sie sind ein Element der Stärkung der zentralen staatlichen Planung bei gleichzeitiger Erhöhung der Eigenverantwortung der Kombinate und Betriebe. Mit der Bildung und Festigung der Kombinate sind gute Voraussetzungen für die Entwicklung und Anwendung ökonomischer Normative geschaffen, indem nunmehr für große geschlossene Reproduktionskreisläufe normativ gestellte gesellschaftliche Leistungs- und Effektivitätsanforderungen verbindlich festgelegt werden können. Die gegenwärtig in unserer Wirtschaftspraxis angewandten ökonomischen Normative sind jedoch ausschließlich auf die Überbietung und Übererfüllung staatlicher Plankennziffern bezogen. Analysiert man die gegenwärtige Praxis näher, so ist eine Art Arbeitsteilung festzustellen. Das im Plan enthaltene Wachstum ist Gegenstand der Planung, das über den Plan hinausgehende Wachstum Gegenstand der wirtschaftlichen Rechnungsführung mit ihren ökonomischen Normativen. Das mit der ökonomischen Strategie begründete Erfordernis der Erreichung hoher Wachstumsraten in der Leistungs- und Effektivitätsentwicklung kann von der ökonomischen Interessenlage der Kombinate und Betriebe jedoch viel wirksamer unterstützt werden, wenn auf den gesamten Leistungs- und Effektivitätszuwachs bezogene ökonomische Normative zur Anwendung kommen.

Die entscheidenden Vorteile der Anwendung ökonomischer Normative, die auf den gesamten Leistungszuwachs bezogen sind, bestehen darin, daß das ökonomische Interesse der Kombinate und Betriebe am Erhalt niedriger Pläne gegenstandslos wird. Im Gegenteil führt dies dazu, alle Möglichkeiten der Leistungssteigerung in den Plan aufzunehmen, um die materiell-technische Versorgung der Produktion und deren Absatz planmäßig zu sichern. Ferner können damit auch die Ursachen für die gegenwärtig von den Kombinaten und Betrieben vorgenommenen zu niedrigen Einschätzungen des voraussichtlichen Ist zwecks Erlangung von Vorteilen bei der Basisbestimmung für die Erarbeitung der Pläne wesentlich eingeschränkt werden. Natürlich sind an die Anwendung von auf den Leistungs- und Effektivitätszuwachs bezogenen ökonomischen Normativen auch bestimmte Voraussetzungen gebunden. So müssen diese Normative zeitlich vor der Planausarbeitung in den Kombinaten und Betrieben durch die zentrale staatliche Planung festgelegt werden, damit die ökonomische Wirkung der Normativanwendung bereits im Prozeß der Ausarbeitung der Planentwürfe eintritt und deren Ergebnisse planwirksam gemacht werden können. Solche Normative müssen gesellschaftliche Maßstäbe an die Leistungs- und Effektivitätsentwicklung stellen und deshalb innerhalb der Zweige bzw. Bereiche einheitlich festgelegt werden.

Und schließlich müssen sie auch für einen längeren Zeitraum stabil gehalten werden, um zu sichern, daß die Kombinate und Betriebe ökonomisch interessiert werden an der Erarbeitung längerfristiger Strategien zur Leistungssteigerung und dazu Dispositionsgrundlagen in Form des Normativs erhalten.

In den europäischen Mitgliedsländern des RGW werden in zunehmendem Maße ökonomische Normative, die auf den Zuwachs bezogen sind, angewandt. Mit ihrer Anwendung wird das Ziel verfolgt, die Verbindung von zentraler staatlicher Planung und eigenverantwortlicher Tätigkeit der Wirtschaftseinheiten effektiver zu gestalten und eine bessere Übereinstimmung der gesamtgesellschaftlichen Interessen mit denen der Betriebe und Kollektive zu erreichen. In der weiteren wissenschaftlichen Arbeit sollten deshalb die Erfahrungen der anderen RGW-Länder mit der Anwendung von ökonomischen Normativen in der Planung analysiert und ihre Eignung als ein Weg der stärkeren Ausrichtung der wirtschaftlichen Rechnungsführung auf die Erhöhung der Effektivität der Volkswirtschaft unter den Bedingungen der intensiv erweiterten Reproduktion weiter untersucht werden. Das gilt insbesondere für die in der UdSSR gegenwärtig durchgeführten Arbeiten zur Nutzung ökonomischer Normative, die eine Kernfrage bei der Durchführung der ökonomischen Experimente darstellen.

Roland Müller

Leistungsvergleiche für Effektivitätserhöhung nutzen

Der Leistungsvergleich zwischen und innerhalb von Betrieben, Kombinaten, Kreisen und Gemeinden hat sich in den letzten Jahren vor allem seit dem X. Parteitag der SED zu einem wirksamen politischen Instrument entwickelt, um die Leistung und Effektivität in unserer täglichen Arbeit zu erhöhen. Leistungsvergleiche wurden zu einem unmittelbaren Bestandteil der Initiativbewegung der Werktätigen im sozialistischen Wettbewerb, vor allem weil er jeden anspricht, und damit eine große Breitenwirkung erzielbar ist. In der neuen Etappe der Verwirklichung der ökonomischen Strategie unserer Partei kommt es darauf an, den Leistungsvergleich noch umfassender und gezielter für die Lösung der wirtschaftspolitischen Aufgaben in den Betrieben und Territorien unserer Republik zu nutzen. Es gibt sehr vielfältige und zugleich positive Erfahrungen aus der bisherigen Durchführung von Leistungsvergleichen, an die angeknüpft werden kann und sollte.

Leistungsvergleiche waren immer dann als Schubkraft für Leistungs- und Effektivitätsfortschritt besonders spürbar, wenn

- sie in erster Linie als politische Aufgabe angepackt wurden, die zugleich hohe Anforderungen an aussagefähige ökonomische Analysen und tiefes Eindringen in den volkswirtschaftlichen Reproduktionsprozeß stellen, konkrete Ursachenforschung für leistungssteigende und leistungshemmende Faktoren mit der Anwendung geeigneter Vergleichsmethoden verbinden und Kräfte und Energien zur positiven Veränderung freisetzen;
- die Beteiligten die vorhandenen Bestwerte akzeptieren und zur Norm ihrer eigenen Arbeit gemacht haben, vor allem aber die vorhandenen Leistungsunterschiede der Vergleichspartner immer zuerst als Fragen der Leitungstätigkeit angesehen und weniger auf „objektive Gründe" und „andere Bedingungen" zurückgeführt werden;
- sie nicht als kurzzeitige Maßnahmen angesehen wurden, die in absehbarer Zeit wieder durch andere Methoden ersetzt werden. Unter sozialistischen Bedingungen ist der Leistungsvergleich die naheliegenste Form und Möglichkeit im Rahmen des sozialistischen Wettbewerbs durch Übernahme progressiver Erfahrungen im kameradschaftlichen Erfahrungsaustausch viele vorhandene ökonomische Reserven zum Nutzen der Gesellschaft und jedes einzelnen zu erschließen. Der Leistungsvergleich ist somit unabdingbar für die Verwirklichung der ökonomischen Strategie unserer Partei und gewinnt immer größere Bedeutung.

In der Praxis haben sich die vielfältigsten Formen und Anwendungsgebiete für Leistungsvergleiche bewährt. Es kann und darf da kein enges Schema geben. So reicht die Skala vom Vergleich unserer großen Wirtschaftseinheiten, den Kombinaten, bis zum Leistungsvergleich der Werktätigen innerhalb einer Brigade, also zwischen den einzelnen Arbeitsplätzen. Immer ist dabei von ökonomischen Grundzusammenhängen und Schwerpunkten der Effektivität auszugehen. So wurde zum Beispiel in einem Betriebsvergleich in der Industrie die Entwicklung des Produktionsverbrauchs und ihr Einfluß auf die Nettoproduktion untersucht. Zwischen den untersuchten Betrieben gab es beträchtliche Unterschiede in der Einsparung an Produktionsverbrauch. Sie schwankte zwischen 1 und 8 % im untersuchten Jahr. Dominierenden Einfluß auf den Produktionsverbrauch haben bekanntlich die Materialkosten. Ein Maß dafür ist die Entwicklung der Materialkosten je 100 Mark Warenproduktion. Auch hier waren die Unterschiede beträchtlich. Der Vergleich zeigte, daß die Betriebe mit den höchsten Anteilen der Materialkosten zu der Warenproduktion die niedrigsten Senkungsraten dafür aufgewiesen und umgekehrt. Also bei der materialintensiven Produktion wurde in einem geringeren Tempo Material eingespart als bei der stärker lohnintensiven Produktion. Bei beiden Gruppen gab es interessanterweise Ausnahmen. Die weitere Untersuchung des Zusammenhangs zum wissenschaftlich-technischen Fortschritt zeigte, daß die guten Ergebnisse der Senkung des Produktionsverbrauchs bei den weniger materialintensiven Kombinaten in einer über dem Vergleichsdurchschnitt liegenden Einführung neuer, materialeinsparender Erzeugnisse begründet waren.

Materialkosten je 100 Mark Warenproduktion und Erneuerungsgrad der Produktion

Betrieb (Auswahl)	Niveau/ abs.	Senkung zum Vorjahr auf (%)	dar. Konsumgüter	Erneuerungsgrad der Produktion (%) einschl. Konsumgüter
A	75,1	98,0	98,4	15,1
B	72,4	97,8	99,5	17,7
C	68,2	98,2	98,4	19,5
D	62,0	98,5	98,7	18,6
E	50,1	94,5	98,2	22,8
F	45,2	95,7	98,0	21,7
G	41,0	96,0	99,1	24,5
H	39,0	94,8	94,2	23,0

Objektiv ist hier, daß in einem bestimmten Maße zwischen materialintensiven und lohnintensiven Erzeugnissen zu unterscheiden ist. Subjektiv wäre gewesen, aus den Ergebnissen generell zu schlußfolgern, daß diese

Unterscheidung eine in dem ermittelten Maße unterschiedliche Entwicklung der Materialökonomie rechtfertigte. Die Aufgabe, das Erzeugnissortiment schnell zu erneuern und dabei hohe Materialeinsparungen zu erreichen, ist aber – ausgehend von den objektiven Kriterien der Intensivierung – allen Produktionsbetrieben gestellt, besonders denen, die materialintensive Erzeugnisse fertigen.

Ein Vergleich nur zwischen den materialintensiven Betrieben und zwischen den lohnintensiven Betrieben in „vergleichbaren" Gruppen hätte diese Aussage nicht so deutlich ergeben. Vertiefende Untersuchungen zeigten dann, daß die erreichten hohen Erneuerungsraten bei der Konsumgüterproduktion dieser Kombinate und Betriebe sich nur sehr schwach auf die Materialeinsparungen ausgewirkt haben. Auch hier lag die Ursache nicht darin, daß es Konsumgüter waren, sondern daß nicht im gleichen Maße die Anstrengungen von Forschung und Entwicklung auf die Materialeinsparung bzw. Veredlung bei der Produktion neuer Konsumgüter gerichtet waren. Hier konnte also die volkswirtschaftliche Zielstellung noch nicht erreicht werden. Hohe Erneuerungsraten der Produktion sind kein Selbstzweck. Sie müssen sich in meßbaren ökonomischen Effekten niederschlagen. Insgesamt ergab sich bei diesem Vergleich, daß in fast allen untersuchten Kombinaten bzw. Kombinatsbetrieben zum Teil erhebliche Fortschritte bei bestimmten Teileffektivitäten bzw. einzelnen Abschnitten des Reproduktionsprozesses (zum Beispiel Effektivität der lebendigen Arbeit, Grundfondseffektivität) durch Effektivitätseinbußen bei anderen Prozessen (zum Beispiel Materialeinsparungen) kompensiert, teilweise sogar überkompensiert wurden. Die maximale Gesamtleistung wird aber nur erreicht, wenn bei allen wesentlichen Reproduktionsphasen deutliche Effektivitätsfortschritte erreicht werden. Die Bremswirkung ist vor allem dann groß, wenn eine nicht ausreichende Effektivitätsentwicklung bereits in den ersten Phasen des Zyklus Wissenschaft–Produktion–Produktion–Absatz vor allem in der Entwicklung und Überleitung effektiver Erzeugnisse und Verfahren in die Produktion auftritt. Deshalb gehört zur Fragestellung vieler Leistungsvergleiche auch, wie die Zusammenhänge zwischen den einzelnen Reproduktionsstufen und ihre Ökonomie beherrscht werden.

Der erreichte Stand in der Durchführung von Leistungsvergleichen ermöglichte und erforderte nunmehr auch Regelungen in der Planungsordnung.

Im Abschnitt 3 der Ordnung der Planung der Volkswirtschaft der DDR 1986–1990 „Planung der Effektivität der gesellschaftlichen Produktion" ist die Durchführung von Leistungsvergleichen als Bestandteil der Leistungs- und Effektivitätsrechnungen verbindlich festgelegt. Die Betriebe, Kombinate, Wirtschaftsleitenden Organe, Ministerien, Räte der Bezirke und Kreise haben „Leistungsvergleiche als Bestandteil ihrer Leistungs- und Planungstätigkeit mit dem Ziel vorzubereiten und durchzuführen, durch Verallgemeinerung der Erfahrungen der Besten Reserven für ein weiteres schnelles Leistungswachstum, die Senkung des Produktionsverbrauches und die Steigerung der Effektivität zu erschließen sowie in der Ausarbeitung und Durchführung der Pläne die Maßstäbe der Intensivierung durchzusetzen".

Um die tatsächliche Nutzung der Ergebnisse von Leistungsvergleichen zu sichern, wurde festgelegt, daß im Ergebnis von Leistungsvergleichen Entscheidungen zur plan- und bilanzwirksamen Nutzung der ermittelten Reserven und zum effektivsten Fondseinsatz zu treffen, sowie höhere Leistungs- und Effektivitätsziele in die Jahrespläne und den 5-Jahr-Plan aufzunehmen sind. Gerade hierbei gibt es noch Hemnisse in der Wirtschaftspraxis, weil Leistungsvergleiche nicht immer mit konkreten Schlußfolgerungen und Berechnungen über zu erzielende Einsparungen abschließen, nur einmalige Einsparungen bedeuten, wenn nicht Änderungen von Normen und Normativen (vor allem erzeugnis- und technologiebezogene) erfolgen und damit auch für die kommenden Planjahre wirksam sind. Eine ganz wesentliche Voraussetzung ist dabei, auch schon bei den Planberatungen der Kombinate, Betriebe, aber vor allem der einzelnen Arbeitsbereiche und Kollektive, sich offen und ehrlich für die Einbeziehung nachvollziehbarer Leistungen anderer Kollektive auszusprechen. Gegenstand der Planberatungen muß dann aber auch sein, welche Bedingungen und Voraussetzungen zu schaffen sind, um diese Ziele zu erreichen. Dabei bleibt es infolge der arbeitsteiligen Beziehungen im Produktionsprozeß nicht aus, daß auch andere Bereiche und Brigaden zwangsläufig einbezogen werden müssen.

Es ist deshalb die Fähigkeit der verantwortlichen Leiter weiter auszuprägen, von solchen Aufgaben im Leistungsvergleich auszugehen, durch deren Lösung wichtige Impulse für den gesamten Reproduktionsprozeß eines Betriebes gegeben werden.

Wie zahlreiche Veröffentlichungen bereits beweisen, macht auch der internationale Leistungsvergleich gute Fortschritte. Als eine Hauptform wurde der erzeugnisbezogene Leistungsvergleich UdSSR–DDR entwickelt, bei dem der naturalmäßige Aufwand bei der Produktion vergleichbarer Erzeugnisse verglichen wird. Diese Vergleiche werden 1985 verstärkt fortgeführt.

Wie die bisherigen Ergebnisse zeigen, profitieren beide Seiten davon, sparen Material, Energie und Arbeitszeit bei diesen Erzeugnissen ein. Ein wichtiges Hilfsmittel sind hierbei methodische Hinweise, die die bisherigen Erfahrungen und Herangehensweisen verallgemeinern. Dabei hat sich als wichtiger Grundsatz bewährt, daß spezifische Besonderheiten der Konstruktionen, Rezepturen, Technologien und der betrieblichen Organisation der Produktion kein Hinderungsgrund für erfolgreiche Leistungsvergleiche sind und sein dürfen. Das, was auf diesem Gebiet national gilt, trifft also auch auf den internationalen Vergleich zu. Für reale Einschätzungen des erreichten Standes sind auch hier Vergleiche mit internationalen Spitzenleistungen erforderlich, obwohl es die bekannten Informationsprobleme gibt. Hierzu muß die Arbeit verstärkt werden. Die methodischen Hinweise berücksichtigen notwendigerweise die Spezifik der Erzeugnisse und Technologien in den einzelnen Zweigen der Volkswirtschaft. So ist z. B. für Erzeugnisse der chemischen Industrie festgelegt, daß der Leistungsvergleich u. a. beinhaltet:

- Bestimmung der Art der eingesetzten chemischen Grundstoffe:

  Gruppen oder Sortiment der zu verwendenden Rohstoffe, Hauptqualitätsmerkmale und technische Parameter.

– Hauptrichtungen des Verbrauchs von chemischen Rohstoffen:
  Verwendet als chemische Grundreagenz, im Gemisch mit anderen Komponenten, als Katalysator, als Füllstoff usw.

Bei Erzeugnissen z. B. der metallverarbeitenden Industrie wird eine für Leistungsvergleiche entwickelte Materialnomenklatur empfohlen, die den Allunionsklassifikator der UdSSR (OKP) mit der Erzeugnis-Leistungs-Nomenklatur der DDR (ELN) verbindet. Das ist eine unbedingte Voraussetzung für die praktische Durchführbarkeit von Leistungsvergleichen beider Länder.

Ziel des Vergleichs dieser Erzeugnisse ist, möglichst 90% des direkten Materialverbrauchs zu erfassen. Bei vielen Erzeugnissen ist auch der Vergleich des Aufwandes an Arbeitszeit der Produktionsarbeiter in den Hauptprozessen der Produktion sehr aussagefähig für entsprechende Schlußfolgerungen.

Die von der Staatlichen Plankommission und den Ministerien geleiteten und von den Kombinaten durchzuführenden Erzeugnisvergleiche mit der UdSSR, die der weiteren Intensivierung der Produktion in beiden Ländern durch Erhöhung der Effektivität der Ausnutzung und Einsparung von Brennstoff-, Material-, Energie- und Arbeitszeitressourcen dienen, entwickeln sich zu einem gewichtigen politischen und ökonomischen Faktor der brüderlichen Zusammenarbeit beider Länder und tragen zur weiteren Vertiefung der Direktbeziehungen von Betrieben, Kombinaten und Produktionsvereinigungen beider Länder bei.

Getraude Hummel

Die Veredlungskonzeption der Kombinate – Instrument zur Erhöhung der Effektivität der Produktion

Der vor uns liegende Fünfjahrzeitraum 1986 bis 1990 wird der erste sein, der von Anfang an von der umfassenden Intensivierung geprägt ist. Die Sicherung des volkswirtschaftlich notwendigen Wirtschaftswachstums hängt maßgeblich davon ab, wie es gelingt, das Verhältnis von Aufwand und Ergebnis der Produktion weiter entschieden zu verbessern und für die Leistungsentwicklung auf dem Wege der intensiv erweiterten Reproduktion stabile Grundlagen zu schaffen.

Durch unsere Parteiführung sind mit der ökonomischen Strategie der Entwicklung der Volkswirtschaft in den 80er Jahren sowie mit den insbesondere auf der 9. Tagung des ZK der SED aufgezeigten Hauptrichtungen der Gestaltung der Struktur der Volkswirtschaft die Wege dazu herausgearbeitet worden. Die gesamtvolkswirtschaftliche Effektivität steht dabei im Vordergrund; aber ich bin mir bewußt, daß sie durch qualifiziertes, hocheffektives Wirtschaften der Kombinate und Betriebe untersetzt und realisiert werden muß. Die Maßstäbe der umfassenden Intensivierung verkörpern hohe Anforderungen an die von volkswirtschaftlicher Verantwortung getragene initiativreiche Leitungs- und Planungstätigkeit der Kombinate und Betriebe. Gründliche Überlegungen und Berechnungen sind bereits in der längerfristigen Vorbereitung der Produktion notwendig, um die volkswirtschaftlich effektivsten Wege herauszuarbeiten, mit den real verfügbaren Ressourcen und Fonds einen hohen Beitrag zum volkswirtschaftlichen Endprodukt zu sichern und dazu die qualitativen Faktoren des Wachstums zu erschließen. In der gegenwärtigen Phase, in der es gilt, den Fünfjahrplanzeitraum 1986 bis 1990 vorzubereiten, ist eine entscheidende Leitungsaufgabe zur Konkretisierung der ökonomischen Strategie für jedes Kombinat die Veredlungskonzeption. Über sie müssen auf der Grundlage kontinuierlicher analytisch-prognostischer und langfristiger konzeptioneller Arbeit die Weichen für die Erreichung der Effektivitätsentwicklung entsprechend den gesetzten Maßstäben für die umfassende Intensivierung gestellt werden.

Günter Mittag fordert von den Veredlungskonzeptionen, daß sie ein sicherer Kompaß zur Erschließung neuer ökonomischer Reserven werden.[1]

Im Verlaufe des Jahres 1984 ist hierzu in den Kombinaten eine umfangreiche Arbeit geleistet worden. Dabei zeigten sich ganz deutlich die neuen, höheren Anforderungen gegenüber der Vorbereitung vorangegangener Planzeiträume. Anhand der 1984 gewonnenen Erfahrungen wurden die neuen Anforderungen an die Ausarbeitung der Veredlungskonzeption und Fragestellungen deutlich, für deren Lösung weitere Forschungsarbeiten erforderlich sind.

1. Umfassende Intensivierung verlangt, im Planungs- und Entscheidungsprozeß die Sicherung hoher gesamtvolkswirtschaftlicher Effektivität zu verfolgen. Es gilt, die Vorzüge sozialistischer Planwirtschaft zu nutzen, indem die Entwicklung der Wirtschafts- und Industriebereiche und der Wirtschaftseinheiten auf die erforderlichen Leistungs- und Effektivitätsentwicklung der Volkswirtschaft ausgerichtet wird. Daraus resultieren für die Ausarbeitung der Veredlungskonzeption folgende Anforderungen:

a. Die Kombinate müssen ihre volkswirtschaftliche Verantwortung voll wahrnehmen.

b. Die Maßstäbe der umfassenden Intensivierung und die notwendigen Ziele der Leistungs- und Effektivitätsentwicklung sind an den Anfang der Ausarbeitung der Veredlungskonzeption zu stellen und durch reale Lösungswege und möglichst konkrete Maßnahmen zu untersetzen.

c. Zur Vorbereitung des Fünfjahrplanes 1986 bis 1990 bedarf es eines engen Zusammenwirkens der Ministerien mit den Kombinaten sowie der Ministerien und Kombinate untereinander, um die konzeptionelle Arbeit der Kombinate entsprechend den volkswirtschaftlichen Erfordernissen zu orientieren.

Insgesamt sind für die Bestimmung der ökonomischen Ziele der Kombinate aus volkswirtschaftlichen Erfordernissen günstige Bedingungen vorhanden: Die Maßstäbe für die umfassende Intensivierung sind klar definiert, es existiert eine Reihe zweigbezogener Beschlüsse und Entscheidungen, und die Ministerien haben parallel zu den Kombinaten für den jeweiligen Industriebereich Veredlungskonzeptionen ausgearbeitet.

In jenen Industriebereichen, in denen den Kombinaten rechtzeitig zentrale Orientierungen für die Ausarbeitung der Veredlungskonzeption gegeben worden sind, ist es den Kombinaten besser als in vorangegangenen Zeiträumen gelungen, ihre eigenen konzeptionellen Vorstellungen auf die konkretisierten volkswirtschaftlichen Aufgaben auszurichten.

Zur Vorbereitung des Fünfjahrplanzeitraumes 1986 bis 1990 erscheint es m. E. notwendig, die Abstimmungen zwischen den Ministerien und den Kombinaten noch intensiver zu gestalten, um die Konzeptionen der Kombinate aus der Sicht der zentralen staatlichen Planung zu prüfen und notwendige Zwischenentscheidungen treffen zu können, da in der Entscheidung nach gesamtvolkswirtschaftlichen Kriterien eine wichtige Reserve für hohe Effektivität der Volkswirtschaft liegt.

An dieser Stelle möchte ich auf ein Problem aufmerksam machen: Es gilt in der konzeptionellen Vorbereitung des Fünfjahrplanes die Erfahrungen der Kombinate für volkswirtschaftliche Entscheidungen noch wirksamer zu nutzen. Dabei sind die Kombinate im Rahmen ihres Verantwortungsbereiches nur begrenzt in der Lange, ihre Konzeptionen nach dem Kriterium höchster volkswirtschaftlicher Effektivität auszuarbeiten. Es sind folglich Methoden der Verbindung volkswirtschaftlicher Effektivitätsrechnungen mit Berechnungen der Effektivität im Kombinatsmaßstab erforderlich, mit denen im Prozeß der Ausarbeitung der Veredlungskonzeptionen relativ kurzfristig qualifizierte Entscheidungen getroffen werden können.

2. Ein grundlegendes Effektivitätserfordernis ist die Gewährleistung bedarfsgerechter und rentabel absatzfähiger Erzeugnisse. Dieses Erfordernis steht mit zunehmender Veredlung der Produktion in bisher nicht gekannter Schärfe vor den Kombinaten und macht es notwendig, daß die konkreten Veredlungsrichtungen den Bedürfnissen der Verbraucher entsprechen müssen.

Bei der Ausarbeitung der Veredlungskonzeption wurde deshalb – ausgehend von den ökonomischen Zielen der Kombinate – folgerichtig die Bestimmung der Erzeugnisstruktur bzw. die Entwicklung des Produktionssortiments als erster Arbeitsschritt vollzogen und als eine wesentliche Prämisse für die Gestaltung des Prozesses der Erneuerung der Produktion bis zur Marktwirksamkeit neuer Erzeugnisse gesetzt. Die Grundlage ist verstärkte analytisch-prognostische Arbeit zu wissenschaftlich-technischen Entwicklungstrends, zur Bedürfnis- und Bedarfsentwicklung und zu Markttendenzen. Bei den Kombinaten hat sich die Erkenntnis durchgesetzt, daß sie dazu ihre eigene Informationsbasis anreichern und den Einfluß der Absatzorgane auf den Forschungs- und Entwicklungsbereich verstärken müssen.

In der langfristigen konzeptionellen Arbeit muß es noch besser gelingen, der Dynamik von Bedarf und Markt voll Rechnung zu tragen. In mehreren Kombinaten wird die Lösung im wesentlichen in 2 Richtungen verfolgt:

Erstens stellen sie sich auf kontinuierliche Arbeit an der Veredlungskonzeption ein. Das ermöglicht es, ständig neue Erkenntnisse aufzunehmen und eine hohe Aktualität der Konzeption zu sichern. Zweitens wird die Veredlungskonzeption auf die Schaffung von solchen Bedingungen im Reproduktionsprozeß gerichtet, die ein flexibles Reagieren auf sich verändernde Bedarfsanforderungen und Markterfordernisse ermöglichen.

3. Ein wesentliches Kriterium umfassender Intensivierung besteht in der Effektivitätssteigerung durch Senkung des Aufwandes sowohl an vergegenständlichter als auch an lebendiger Arbeit. Bereits auf dem X. Parteitag der SED stellte Erich Honecker fest: „Es genügt nicht, das eine oder das andere zu tun. Lebendige Arbeit und Material sparen, vorhandene Grundfonds und Investitionen besser nutzen – erst zusammen bringt das den Ertrag, den wir brauchen.“[2] Man kann feststellen, daß die meisten Veredlungskonzeptionen diesen umfassenden Charakter tragen. Sie berücksichtigen die Erfordernisse des gesamten Reproduktionsprozesses und sind auf die ökonomischen Schlüsselfragen der Intensivierung gerichtet. Den absoluten Schwerpunkt bilden hierbei die Vorhaben und Maßnahmen zur Beschleunigung des wissenschaftlich-technischen Fortschritts und seiner ökonomischen Verwertung als Hauptweg zur Leistungs- und Effektivitätssteigerung. Auf diese Weise konnten bedeutende Fortschritte in der Begründung und Untersetzung der Ziele für die Aufwandssenkung erreicht werden. Noch weit mehr ist jedoch die komplexe Beherrschung der Kombination dieser Maßnahme erforderlich. In der aktiven Gestaltung dieser Komplexität des Reproduktionsprozesses einschließlich der vielseitigen Maßnahmen zur Erhöhung seiner Effektivität liegen echte Effektivitätsreserven. Bei der zukünftigen Arbeit an den Veredlungskonzeptionen sollte ein weiterer Schwerpunkt sein, die Aufgaben der Erneuerung der Produktion, der Energie- und Materialökonomie der Grundfondsreproduktion, der rationellen Nutzung des gesellschaftlichen Arbeitsvermögens und der effektiven Kooperation im nationalen Maßstab sowie mit der UdSSR und den anderen RGW-Staaten noch besser in der zeitlichen und inhaltlichen Verflechtung mit dem Ziel des Effektivitätsgewinns zu gestalten und zu planen.

Am wirkungsvollsten wird diese Aufgabe in den Kombinaten gelöst, die bei der Ausarbeitung der Veredlungskonzeption von einer die volkswirtschaftlichen Gesamterfordernisse berücksichtigende Zielstellung ausgegangen sind und hiervon alle übrigen Maßnahmen abgeleitet haben. Zum Beispiel besteht in einer Reihe von Kombinaten diese Ausgangsprämisse in der Sicherung einer bedarfsgerechten Erzeugnisstruktur auf der Basis einheimischer Rohstoffe, ihrer Veredlung und der stärkeren Verwertung von Sekundärrohstoffen. Hiervon werden Schwerpunktaufgaben für die Erzeugnisentwicklung und die Entwicklung spezieller moderner Technologien für die Verarbeitung einheimischer und Sekundärrohstoffe und die zur Realisierung neuer Erzeugnisse und Technologien notwendigen personellen und materiellen Voraussetzungen und entsprechenden Lösungswege abgeleitet. Das betrifft vor allem Aufgaben der Rationalisierung und Modernisierung der Grundfonds, Maßnahmen zur Qualifizierung der Werktätigen und ihres effektiven Einsatzes sowie des Ausbaus und der Profilierung des eigenen Rationalisierungsmittelbaus. Eine solche aufeinander abgestimmte, streng zweckgebundene Herausarbeitung der verschiedenen Maßnahmekomplexe ist, wie Erfahrungen bestätigen, ein beachtlicher Effektivitätsfaktor.

Es ist jedoch festzustellen, daß für die effektivere Gestaltung der inneren und äußeren inhaltlichen sowie der zeitlichen Verflechtungen des Reproduktionsprozesses ein hinreichendes methodisches Rüstzeug zur Verfügung stehen muß. Hier ergeben sich Ansatzpunkte für die weitere Forschung.

4. Die Gestaltung des Reproduktionsprozesses nach den Erfordernissen umfassender Intensivierung bedeutet in erster Linie Beherrschung des Prozesses der Höherveredlung der Produktion. Ein charakteristisches Merkmal des Veredlungsprozesses besteht darin, daß er sich vom Rohstoffeinsatz bis zum Finalerzeugnis erstreckt.

Bei der Ausarbeitung der Veredlungskonzeptionen zeigte sich sehr deutlich, daß die Effekte der Veredlung erst über die verschiedenen Stufen der Produktion voll wirksam werden können. So muß auch die umfassendere Erschließung einheimischer Rohstoffe mit deren höchstmöglicher Verwertung einhergehen. Neue Werkstoffe bilden die Grundlage für die Reduzierung der Arbeitsstufen im technologischen Prozeß und für die Entwicklung von Erzeugnissen mit völlig neuen Gebrauchseigenschaften. Wissenschaftlich-technische Effekte in den Vorstufen, wie z. B. die Veredlungsmetallurgie und die Mikroelektronik, rufen tiefgreifende Veränderungen in den nachfolgenden Produktionsstufen hervor.

Diese neuen Möglichkeiten, die sich mit der Veredlung erschließen lassen, wie auch die wachsende Abhängigkeit der Produktionsstufen bei der Beschleunigung der Neuerungsprozesse zwingen immer mehr dazu, die äußeren Verflechtungen des Reproduktionsprozesses eines Kombinates oder Betriebes bereits in der langfristigen konzeptionellen Arbeit zu gestalten und als Effektivitätsfaktor zu nutzen. Das erfordert die enge Zusammenarbeit im Rahmen der bestehenden Kooperationsketten wie auch mit neuen Partnern auf der Grundlage neuer wissenschaftlich-technischer Erkenntnisse und der Erschließung von Möglichkeiten ihrer praktischen Anwendung. Bei der bisherigen Ausarbeitung der Veredlungskonzeptionen wurde ein solches Herangehen sichtbar.

Aber insgesamt ist diese Effektivitätsreserve noch wirksamer zu erschließen. Dazu ist sicher auch die Organisation der langfristig konzeptionellen Arbeit über alle Industriebereiche weiter zu durchdenken. Gefördert wird z. B. das Interesse der Kombinate an einem engen Zusammenwirken bei der Ausarbeitung der Veredlungskonzeption, wenn sich dieses Zusammenwirken in der gemeinsamen oder abgestimmten Erzeugnisentwicklung und bis hin zur Sicherung der Produktionskooperation fortsetzen kann.

5. Schließlich ist noch hervorzuheben, daß die umfassende Intensivierung die Aufgabe auf die Tagesordnung gesetzt hat, die Kosten- und Gewinnentwicklung gleichberechtigt und in Einheit mit den materiellen Prozessen, beginnend mit der konzeptionellen Vorbereitung des Fünfjahrplanes, zu beherrschen. In den Kosten spiegelt sich schließlich der gesellschaftliche Aufwand der Produktion wider, und sie sind deshalb Bestandteil der Effektivität. Bei der Arbeit an der Veredlungskonzeption besteht somit die Aufgabe, sowohl anhand der Kostenentwicklung im Ergebnis der vorgesehenen wissenschaftlich-technischen Maßnahmen die Untersetzung der ökonomischen Ziele des Kombinates für den Zeitraum bis 1990 nachzuweisen als auch mit der Fixierung der notwendigen Kostensenkung Maßstäbe für die Gestaltung der materiellen Prozesse zu setzen und somit aktiv auf diese einzuwirken.

In einer Reihe von Kombinaten wurden in dieser Richtung erfolgreiche Schritte gegangen. Die Grundlage bildeten erzeugnis- bzw. erzeugnisgruppenbezogene Analysen und Berechnungen zur Entwicklung der Kosten und des materiellen Aufwandes. Zu begrüßen ist in diesem Zusammenhang das gemeinsame Experiment des Finanzökonomischen Forschungsinstitutes mit dem Kombinat NARVA zur Anwendung von Aufwand-Nutzens-Rechnung als Bestandteil der Veredlungskonzeption.

Für die breite Anwendung der Einheit von materieller und finanzieller Planung in der konzeptionellen Vorbereitung des Fünfjahrplanes gilt es noch eine Reihe von Fragen zu beantworten, die insbesondere die Aussagekraft der verwendeten Daten und der Berechnungen sowie das Verhältnis von Aufwand und Nutzen in der Planungsarbeit betreffen.

Anmerkungen

1 Vgl. Günter Mittag, Nach neuen Maßstäben die Intensivierung umfassend organisieren, Berlin 1984, S. 45.

2 Bericht des ZK der SED an den X. Parteitag der SED, Berichterstatter: Gen. Erich Honecker, Berlin 1981, S. 55.

Gerhard Köhler

Die Herausarbeitung volkswirtschaftlich effektiver Produktions- und Außenwirtschaftsstrukturen auf der Grundlage der Natural-Wert-Verflechtungsbilanz

Im Zusammenhang mit den Aufgaben zur weiteren Qualifizierung der sozialistischen Volkswirtschaftsplanung wurde auf dem X. Parteitag der SED das große Gewicht herausgearbeitet, das die volkswirtschaftliche Verflechtung und Bilanzierung, die Berechnung und Beeinflussung des Verhältnisses von Aufwand und Ergebnis hat[1]. Es wurde weiter unterstrichen, daß die notwendige Abgestimmtheit der Aufgaben in den Plänen erfordert, die wesentlichen Veränderungen der volkswirtschaftlichen Zusammenhänge in den Bilanzen zu erfassen, durch die Qualifizierung dieser Instrumente Reserven für den erforderlichen erzeugniskonkreten Leistungsanstieg zu erschließen und die Effektivität bei der planmäßigen Verwendung der materiellen Fonds weiter zu erhöhen. Das erfordert, konkrete Erkenntnisse über die materiellen Zusammenhänge zwischen den Bilanzen und den in ihnen erfaßten Prozesse zu vergrößern, die den Bilanzgrößen zugrunde liegenden volkswirtschaftlichen Zusammenhänge exakter zu erfassen und zu beherrschen.

Die genauere Erfassung der volkswirtschaftlichen Zusammenhänge durch Bilanzen ist Erfordernis der intensiv erweiterten Reproduktion. Die Aufgabenstellung, den Weg der umfassenden Intensivierung zu beschreiten, verlangt, solche Planungsgrundlagen einzusetzen, die es gestatten, tiefer in die Zusammenhänge des Reproduktionsprozesses einzudringen. Aus volkswirtschaftlicher Sicht sind solche Produktions- und Außenwirtschaftsstrukturen herauszuarbeiten, die wesentlich zur Erhöhung der Effektivität beitragen.

In der zentralen staatlichen Planung wird seit einigen Jahren erfolgreich die Natural-Wert-Verflechtungsbilanz (NWVB) eingesetzt. Die volkswirtschaftlichen Strukturbeziehungen werden auf der Basis der Material-, Ausrüstungs- und Konsumgüterbilanzen erfaßt und umfassen den gesamten volkswirtschaftlichen Reproduktionsprozeß. Über den vollen Aufwand sind die Aufwendungen aller Stufen des volkswirtschaftlichen Reproduktionsprozesses für die Fonds des Endprodukts, für die Leitungsbereiche (Ministerien), für die einzelnen bilanzierten Erzeugnisse oder Erzeugnisgruppen und nach verschiedenen Aufwandkomponenten zu erfassen. Auf Basis des vollen Aufwandes werden verschiedene Effektivitätskennziffern gebildet, wie der volle Aufwand für Exporte, der Valutareinerlös, der Nettodevisenertrag, der volle Primärenergie- und Primärmaterialaufwand sowie der Veredlungsgrad. Wie bedeutungsvoll diese aus der Verflechtungsrechnung resultierenden Effektivitätsaussagen sind, soll an wenigen Beispielen verdeutlicht werden.

Die Primärenergiebilanz der DDR enthält z. B. nur etwa 80 % des tatsächlichen Energieaufwandes für unsere Produktion, 20 % des Energieaufwandes werden bereits als Produktionsverbrauch im Ausland für Erzeugnisse aufgewendet, die insbesondere aus der UdSSR und den anderen sozialistischen Ländern importiert werden.

Oder untersucht man die Verwendungsstruktur wichtiger Importmaterialien aus dem sozialistischen Wirtschaftsgebiet, so läßt sich feststellen, daß 80 % dieser Materialimporte in 109 Finalerzeugnisse eingehen.

Die Kennziffer Veredlungsgrad zeigt, wieviel Einheiten Endprodukt (insgesamt oder der einzelnen Fonds des Endprodukts) aus einer Einheit des Primärmaterial- und -energiefonds hergestellt wird. Den Rechnungen liegt zugrunde, daß der Volkswirtschaft ein primärer Energie- und Materialfonds zur Verfügung steht, der in den verschiedenen Bereichen und Zweigen und bei den verschiedenen Erzeugnissen durch Hinzufügung lebendiger Arbeit und Übertragung vergegenständlichter Arbeit (Amortisationen) verwertet wird, bis er volkswirtschaftliches Endprodukt wird.

Analysen des Veredlungsgrades über ausgewählte Stoffflüsse – und nicht nur für Einzelerzeugnisse – geben Einsichten, wie von Stufe zu Stufe die höhere Veredlung realisiert wird. Der Veredlungsgrad der Industriewaren liegt z. B. um etwa 45 % über dem Durchschnitt des volkswirtschaftlichen Endprodukts, der von technischen Konsumgütern sogar um etwa 50 %. Zwischen den einzelnen Warengruppen besteht natürlich wiederum eine erhebliche Differenzierung. Es wird aber auch von dieser Seite aus deutlich, welche Bedeutung eine günstige strukturelle Entwicklung des Bevölkerungsverbrauchs zugunsten der technischen Konsumgüter für die Rohstoff- und Energiebilanz hat.

Welche Aufgaben lassen sich nun für die künftige praktische Arbeit, für den Einsatz der aus dem vollen Aufwand abgeleiteten Kennziffern im Planungsprozeß und dabei dieserum besonders in der Phase des Planansatzes ableiten? Welche neuen Ansprüche ergeben sich an die theoretische Arbeit?

Ausgehend von dem gegenwärtig erreichten Stand der analytischen Durchdringung des volkswirtschaftlichen Strukturgefüges werden folgende Linien bedeutsam, um den Einfluß auf die Herausarbeitung einer volkswirtschaftlich effektiven Produktions- und Außenhandelsstruktur zu erhöhen:

1. Da die Koeffizienten der Verflechtungsbilanz nicht nur technisch-ökonomische Abhängigkeiten abbilden, ist davon auszugehen, daß sie zugleich Kennziffern sind, die Effektivitätsrelationen zwischen den Strukturgliedern der Verflechtungsbilanz zum Ausdruck brin-

gen. Diese Betrachtungsweise ist Ausgangspunkt dafür, die auf Basis des vollen Aufwandes gebildeten Kennziffern in eine aktive Funktion im Planungsprozeß zu bringen. Diese Kennziffern sind in der Planung als vermittelnde Glieder zwischen Effektivität und Proportionalität – oder genauer gesagt der Struktur – zu nutzen. Sie gestatten es, die Entwicklung des mengenmäßigen und des wertmäßigen, absoluten und spezifischen Energie- und Rohstoffeinsatzes tiefer zu erfassen.

Es geht dabei nicht nur um die Berechnung der Proportionalität, Struktur und Effektivität, sondern um ihre Nutzung zur Herausbildung volkswirtschaftlich günstiger Produktions- und Außenhandelsstrukturen. Dabei sind sowohl die Kennziffern des Veredlungsgrades als auch die Kennziffern des vollen Primärenergie- und Primärmaterialeinsatzes, des vollen Importaufwandes für Exporte im besonderen Maße geeignet.

2. Die Struktur des Endprodukts, damit auch die einzelnen Fonds des Endprodukts, ist eine wesentliche Einflußgröße auf die Effektivitätssteigerung und Strukturveränderung. In diesem Sinne stellt die planmäßige Gestaltung der Strukturen der Fonds des Endprodukts eine bedeutende Reserve für die Durchsetzung der umfassenden Intensivierung dar. Es sind hierbei mehrere Aspekte zu beachten:

Mit der Kennziffer Veredlungsgrad werden nicht nur die Aufwandsgrößen (z. B. an Energie, Material) einbezogen, sondern zugleich auch die Ergebnisgrößen, nämlich die Fonds des Endprodukts. Ziel ist es, die Struktur des volkswirtschaftlichen Endprodukts bewußt zugunsten von Erzeugnissen mit einem relativ hohem Verarbeitungsgrad zu verändern. Dabei ist jedoch zu beachten, daß es eine historisch gewachsene Produktionsstruktur gibt. Die Veränderung dieser Struktur muß vom Bedarf, dem technischen Fortschritt, der Veredlungsstrategie her begründet sein. Die Endproduktstruktur kann somit nicht ausschließlich nach Kriterien des geringsten Energie- und Rohstoffaufwandes entwikkelt werden. Einen entscheidenden Einfluß haben solche Faktoren, wie die Bedarfs- und Marktentwicklung, die Verkaufsfähigkeit und Devisenrentabilität der Erzeugnisse.

Planmäßiger Strukturwandel bedeutet, daß Strukturveränderungen auf allen Stufen des arbeitsteiligen Reproduktionsprozesses durchgesetzt sind. Das ergibt sich daraus, daß Strukturveränderungen in den Fonds des Endprodukts über die Verflechtungsstufen auf die materialproduzierenden Zweige bis zu den Energie- und Materialressourcen wirken. Damit wird der Bedarf in allen Arbeitsstufen beeinflußt. Die Voraussetzungen zur Strukturveränderung sind in einer Vielzahl von Zweigen zu schaffen. Dabei ist auch zu berücksichtigen, daß wichtige Neuerungsprozesse, insbesondere die Bereitstellung hochveredelter Materialien, wie z. B. neue hochwertige Plastwerkstoffe oder mikroelektronische Bauelemente, tiefgreifende Veränderungen in der Produktionsstruktur verlangen, die Konsequenzen bis zu den Finalerzeugnissen hin auslösen. Die zunehmende Komplexität und Verflechtung solcher Strukturveränderungen, die auf die Durchsetzung wichtiger Neuerungsprozesse gerichtet sind, erlangen auch in diesem Zusammenhang ein besonderes Gewicht.

3. Obwohl die Natural-Wert-Verflechtungsbilanz kein spezifisches Instrument für die Ableitung von konkreten Aufgabenstellungen für Wissenschaft und Technik ist, können durch die Analyse des Veredlungsgrades, des vollen Importaufwandes für Exporterzeugnisse oder durch die vollen Material- und Energieaufwendungen für die einzelnen Bereiche der Volkswirtschaft und für die erfaßten Erzeugnisse (oder für Erzeugnislinien) sozusagen „Effektivitätslücken" aufgedeckt werden. Aus der Berechnung der Aufwendungen über alle Produktionsstufen läßt sich sichtbar machen, bei welchen Erzeugnissen und in welcher Produktionsstufe die höchsten oder geringsten Energie- und Materialaufwendungen entstehen. Das heißt, der Veredlungsgrad zeigt an, bei welchen Erzeugnissen und in welcher Produktionsstufe der größte Effekt der Veredlung erreicht wird.

Aus diesen Kennziffern ergeben sich Anhaltspunkte, wo Neuerungsprozesse in der Volkswirtschaft einen Beitrag zu einer hohen Veredlung bzw. zur Einsparung von Energie und Material leisten müssen. Die Wirksamkeit von Neuerungsprozessen muß letztlich danach eingeschätzt werden, wie sie dazu beitragen, mit sinkendem Ressourcenaufwand ein größeres volkswirtschaftliches Endprodukt bereitzustellen. Auf der Grundlage der Natural-Wert-Verflechtungsbilanz lassen sich somit Schwerpunkte aufzeigen, aus denen wissenschaftlich-technische Aufgaben abzuleiten sind.

4. Die Beziehungen zwischen Makrostrukturen und Mikrostrukturen sind als flexibler und wirkungskräftiger Prozeß zu begreifen. Sie sind nicht voneinander zu trennen, sie beeinflussen sich gegenseitig. Die Planung und Umsetzung von Strukturveränderungen bei Erzeugnissen und Verfahren hat die durch sie vermittelten Wirkungen auf Makrostrukturen zu berücksichtigen. Mit der volkswirtschaftlichen Verflechtungsbilanz werden die Strukturen in dieser Einheit sichtbar.

5. Es ist weiter daran zu arbeiten, die Effektivitätsaussagen, die auf den Kennziffern des vollen Aufwandes beruhen, den Verantwortungsbereichen und Bilanzorganen zur Verfügung zu stellen. Zum Beispiel stellt der volle Energie- und Rohstoffeinsatz wichtiger Materialarten eine für die materialökonomische Arbeit bedeutsame Größe dar. In dem Maße, wie es gelingt, den Kombinaten für energie- und rohstoffintensive Materialarten volle Aufwandskoeffizienten für den Verbrauch ausgewählter volkswirtschaftlich entscheidender Energieträger, Rohstoffe sowie Importmaterialien zu übergeben, werden weitere Voraussetzungen geschaffen, den volkswirtschaftlichen Energie- und Rohstoffeinsatz weiter zu senken.

Mit der Nutzung von Effektivitätsaussagen auf Grundlage der Natural-Wert-Verflechtungsbilanz wird insgesamt ein Beitrag geleistet, die Ziele der Wirtschafts- und Sozialpolitik konsequent umsetzen zu helfen. Das wird erreicht, indem

- eine engere Beziehung zwischen Aufwand und Endergebnis hergestellt,
- ein maximaler Zuwachs an Endprodukt aus den real zur Verfügung stehenden Rohstoffen und Energieträgern gesichert und
- die Herausarbeitung einer effektiven Produktions- und Außenhandelsstruktur unterstützt wird.

Anmerkungen

[1] Vgl. Bericht des ZK der SED an den X. Parteitag der SED, Berichterstatter: Gen. Erich Honecker, Berlin 1981, S. 78.

Eberhard Garbe

Ansatzpunkte für eine veredlungsgerechte Materialökonomie im Betrieb

Bei einer veredlungsgerechten Materialökonomie müssen in den Kombinaten und deren Betrieben zwei prinzipielle Bedingungen einer hohen Material- und Energieökonomie erfüllt sein, die über eine qualifizierte Leitung und Planung durchzusetzen sind.

Erste elementare Bedingung ist eine jederzeit bedarfsgerechte Produktion, d. h. die Herstellung von Erzeugnissen, die hinsichtlich Menge, Sortiment, Qualität und Bereitstellungstermin dem volkswirtschaftlichen (einschließlich dem Export-) Bedarf entsprechen; denn es gilt nach wie vor die Prämisse: Erzeugnisse, die über den Bedarf hinaus produziert wurden oder infolge nicht ausreichender Qualität und Zuverlässigkeit bzw. eines nicht zeitgerechten Angebotes keinen Abnehmer finden, haben keinen realen Gebrauchswert. Die für ihre Vorbereitung und Produktion aufgewandte lebendige und vergegenständlichte Arbeit ist dann meist zu einem erheblichen Teil unnötig verausgabt worden. Eine solide Begründung der Produktionspläne durch sorgfältige Bedarfsanalysen ist daher zugleich auch eine elementare Voraussetzung effektiver Materialverwendung. Das gilt grundsätzlich für alle Erzeugnisse.

Zweite elementare Bedingung hoher Materialökonomie im Betrieb ist eine qualitätsgerechte Produktion. Erzeugnisse, die in nachfolgenden Produktionsstufen als Material eingesetzt werden (als Bauteile oder auch als Katalysatoren, als Zwischenprodukt in der chemischen Industrie usw.) verursachen dann einen überhöhten Bearbeitungsaufwand und überdurchschnittliche Materialverluste, wenn sie den begründeten Qualitätsanforderungen nicht gerecht werden. Umgekehrt wird bei der Herstellung von Produktionsmitteln praktisch gesellschaftliche Arbeit vergeudet, wenn die mit zusätzlichem Aufwand erzielte höhere Erzeugnisqualität in den verbrauchenden Produktionsstufen nicht zur Produktivitätssteigerung, zur Kostensenkung oder zur Qualitätserhöhung genutzt wird. Ein Beispiel dafür wäre eine hochweiße Chemiefaser, die in folgenden Produktionsstufen bunt eingefärbt wird.

Die qualitätsgerechte Produktion wird in starkem Maße durch das Niveau der Kooperationsbeziehungen beeinflußt, die bereits im Stadium der Ausarbeitung von Pflichtenheften zu beachten sind. Zu den grundlegenden Bedingungen der Materialintensität der Produktion müssen auch eine hohe technologische Disziplin und eine qualifizierte Arbeit mit Normen und Kennziffern der ökonomischen Materialverwendung gerechnet werden.

Die ständige Gewährleistung dieser prinzipiellen Bedingungen vorausgesetzt, bildet der wissenschaftlich-technische Fortschritt das entscheidende Mittel zur Verringerung der Materialintensität der Produktion. So vielfältig die Möglichkeiten im einzelnen auch immer sein mögen, den spezifischen Material- und Energieverbrauch mittels wissenschaftlich-technischer Maßnahmen zu beeinflussen, unterscheiden sich diese gewissermaßen nur nach dem Ansatzpunkt der wissenschaftlich-technischen Veränderungen:

- Eine 1. Gruppe bilden Maßnahmen, die Ansatzpunkt für die Verringerung des spezifischen Material- und Energieverbrauchs, die Gestaltung der Erzeugnisse bzw. die Veränderung ihrer Eigenschaften bilden.
- Eine 2. Gruppe umfaßt Maßnahmen, durch welche mittels gezielter Vervollkommnung der technologischen Verfahren der spezifische Material- und Energieverlust systematisch gesenkt wird und
- eine 3. Gruppe von Maßnahmen bezieht sich faktisch auf eine nachträgliche Verringerung der Materialintensität der Produktion. Es sind all jene Maßnahmen, die auf die Herausbildung von rationellen Stoffkreisläufen bzw. eines Recycling in der Volkswirtschaft gerichtet sind.

Alle 3 Ansatzpunkte wissenschaftlich-technischer Veränderungen zur Durchsetzung einer hohen Material- und Energieökonomie besitzen in der Praxis der Industriekombinate einen gleichhohen Stellenwert. Hier sollen jedoch einmal einige auf den dritten Ansatzpunkt, also auf die Recyclingproblematik gerichtete Aspekte, besonders hervorgehoben werden. Immerhin ist es bedenkenswert, wenn in Rohstoffprognosen die Auffassung ausgedrückt wird, daß künftige Generationen vor der gewaltigen Aufgabe stehen werden, die Relation von jetzt ca. 12 % sekundären und etwa 88 % primären Rohstoffen zur Deckung des Rohstoffbedarfes über rationell gestaltete volkswirtschaftliche Stoffkreisläufe so grundlegend zu verändern, daß primäre Rohstoffe in Anteilen von 20–30 % nur noch zur „Kreislaufstützung" notwendig sein werden.

In den mit Chemikern, Werkstoff- sowie Verarbeitungs- und Verfahrenstechnikern durchgeführten Forschungsarbeiten bildete die recyclinggerechte Erzeugnis- und Verfahrensgestaltung stets eine organische Einheit. Über diese können vor allem bereits im Forschungs- und Entwicklungsstadium ganz erhebliche Material- und Energiereserven in Form einer Senkung des spezifischen Aufwandes je Bedarfseinheit erschlossen werden. Bei der Gewährleistung eines rationellen Recycling sollte deutlich zwischen den 3 prinzipiellen Arten von Stoffkreisläufen unterschieden werden: Während Stoffkreisläufe in der Natur- wie der atmosphärische Wasserkreislauf, der Kohlenstoffkreislauf, der Stickstoffkreislauf und viele andere meist geschlossene

Stoffkreisläufe darstellen und auf der Grundlage von Naturgesetzen ohne Zutun des Menschen ablaufen, dienen technische Stoffkreisläufe vorwiegend dem Energietransport in Form von Kühlwasser-, Kältemittel- und Heizenergiekreisläufen. Technische Stoffkreisläufe existieren aber auch bei der Rückführung von Verarbeitungsabfällen zur unmittelbaren erneuten Verarbeitung. Hervorzuheben sind hier jene technischen Stoffkreisläufe, in denen das sogenannte Kreislaufmaterial zirkuliert, also in der Thermoplastverarbeitung, bei der Herstellung von Metallguß, in der Glasverarbeitung usw.

Neben den natürlichen und technischen Stoffkreisläufen sind die Stoffkreisläufe der Wirtschaft besonders bedeutsam. Sie sind dadurch gekennzeichnet, daß Produktionsabfälle aus verschiedenen aufeinanderfolgenden Stufen des gesellschaftlichen Produktionsprozesses volkswirtschaftlicher Finalprodukte sowie Altstoffe und Konsumtionsabfälle ganz oder teilweise, direkt oder nach spezieller Aufbereitung, in vorangehenden Stufen des gesellschaftlichen Produktionsprozesses wieder als Sekundärrohstoffe eingesetzt und verwertet werden. Die in den „Exkrementen" der Produktion und Konsumtion enthaltenen nutzbaren Inhaltsstoffe gelangen dabei nicht oder nur noch teilweise wieder in die Natur – also in den natürlichen Stoffkreislauf – zurück, sondern verbleiben im gesellschaftlichen Reproduktionsprozeß.

Der wirtschaftliche Stoffkreislauf muß aber noch weiter gefaßt werden; denn weitere Reserven bestehen beispielsweise in denjenigen Rohstoffen und unfertigen Erzeugnissen, die sich als Umlauffonds im Kreislauf der gesellschaftlichen Produktion befinden. Das betrifft sowohl Hunderttausende Tonnen von Stahl in der Metallurgie als auch Buntmetalle, aber auch eine Vielzahl von Produkten in der chemischen Industrie, in der Leichtindustrie, im Bauwesen; letztlich in allen Zweigen der materiellen Produktion.

Zum Teil wird mit diesen Umlauffonds und Beständen noch nicht sorgfältig genug umgegangen. Zu hohe bzw. blockierte Bestände sind ein Problem, das unter dem Aspekt einer hohen Stoffkreislaufökonomie angegangen werden muß. Zweifelsohne sind in den vergangenen Jahren Untersuchungen und ökonomische Forschungsergebnisse zur Bestandsoptimierung vorgelegt worden, doch beziehen sich diese meist auf abgegrenzte Wirtschaftsbereiche, weniger auf ein ganzes Stoff-flußsystem. Vor längerer Zeit wurde der Versuch unternommen, den Stoff-fluß vom Caprolactam über die Chemiefaser bis zum textilen Finalerzeugnis mittels Gebrauchswert-Kosten-Analysen ökonomisch zu durchdringen. Unter den komplexen Forderungen der Stoffkreislaufökonomie müssen derartige Untersuchungen, in welche die vielfältigen Optimierungsrechnungen einzubeziehen sind, erneut und verstärkt aufgegriffen werden.

Die Aufgaben der Rohstoff-, Material- und Energieökonomie setzen bereits bei der Gewinnung bzw. mit dem Abbau der mineralischen Rohstoffe ein. Aus Statistiken ist bekannt, daß die Abbau- und Förderverluste weltweit noch außerordentlich groß sind und die extraktive Industrie auch in der DDR noch gewaltige Aufgaben zu lösen hat.

Insbesondere das Erdöl ist beispielhaft dafür, daß auch primäre Rohstoffquellen unzureichend ausgenutzt werden. So begnügte man sich noch bis zum Jahre 1955 mit einem Entölungsgrad von durchschnittlich 25 %, der selbst durch verbesserte Fördertechniken im Jahre 1975 im Weltdurchschnitt erst etwa 30 % erreicht hatte – und er wird vielleicht Anfang der neunziger Jahre maximal 45 % betragen.[1] Wenn auch nicht in diesen Größenordnungen liegen ähnliche Situationen im Kali- und im Braunkohlenbergbau vor.

Sowohl bei der Gewinnung und Aufbereitung als auch bei der Verarbeitung und Nutzung von Rohstoffen sind abproduktarme und -freie Technologien zu erforschen und anzuwenden. Insbesondere bei der Verarbeitung können Rohstoffe durch sinnvolle Nutzung eingespart werden. Die prinzipielle Orientierung für eine hohe Rohstoffausnutzung und -veredlung führt zu besseren bzw. anwendungs- oder verarbeitungsgerechten Produktqualitäten. Ein typisches Beispiel für eine Roh- bzw. Werkstoffoptimierung während der Verarbeitung ist die Herstellung von korrosionsbeständigen Erzeugnissen. Dabei müssen nicht Mengen hochwertiger Rohstoffe eingesetzt werden, sondern es ist möglich, einen bisher geringer bewerteten Rohstoff zu verwenden, dessen Oberfläche aber so behandelt wird, daß die geforderte Korrosionsbeständigkeit gesichert ist. Als Verfahren hierfür ist in den letzten Jahren die Ionen-Implantation bekanntgeworden.

Im Rahmen der Vorbereitung von Investitionsentscheidungen – insbesondere in den Bereichen der Stoffwirtschaft – muß bei der Auswahl technologischer Verfahren eine entsprechende Methodik der Verfahrensbewertung entwickelt werden, mit der es möglich ist, in der Phase der Entscheidungsvorbereitung eine Aussage darüber zu treffen, welche der technologischen Verfahrensvarianten, die für die Herstellung eines bestimmten Erzeugnisses in Frage kommen, der Strategie der abproduktarmen bzw. -freien Technologie am besten entspricht.[2] Bei der abproduktarmen und -freien Technologie geht es auch darum, nicht genutzte Abprodukte bzw. unzureichend genutzte natürliche Ressourcen als auch einer Ursache der Umweltverschmutzung zu beseitigen. Durch weitgehend geschlossene Stoffkreisläufe im Rahmen der gesamten Volkswirtschaft kann einerseits die Ausnutzung der Rohstoffe gesteigert und andererseits die Belastung der Umwelt durch Abprodukte verringert werden.

Auf den Konstrukteur und den Projektanten kommt die Forderung nach recyclinggerechter Erzeugnisgestaltung hinzu. Recyclinggerechtes Konstruieren, Minimierung des Aufwands zur späteren Nutzung der in den Erzeugnissen enthaltenen Roh- und Werkstoffe als Sekundärrohstoff, ist nur die eine Seite. Eine recyclinggerechte Konstruktion muß vor allem durch günstige Voraussetzungen für eine später mögliche Rekonstruktion bzw. Modernisierung charakterisiert sein. Eine recyclinggerechte Produktgestaltung ist zugleich auch eine Voraussetzung für das Regenerieren von Bauteilen und -gruppen und steht in einem direkten Zusammenhang mit der Lebensdauer einer Maschine bzw. einer Anlage. International hat sich der Begriff des Maschinenrecycling herausgebildet. Dahinter verbirgt sich letztlich die gesamte Aufgabenstellung, die mit der Rekonstruktion von Maschinen, Anlagen und Anlagensystemen verbunden ist und der im Rahmen der intensiv erweiterten Reproduktion eine immense Bedeutung zukommt.

Die Lebensdauer der Erzeugnisse ist aus stoffkreislaufökonomischer Sicht die Zeitspanne von der Fertigstellung eines Arbeitsmittels oder eines für den längerfristigen Gebrauch bestimmten Konsumtionsmittels bis zur endgültigen Aussonderung aus dem Arbeitsprozeß (Verschrottung, Abbruch) bzw. bis zum endgültigen Ausscheiden aus dem Konsumtionsprozeß infolge des physischen oder moralischen Verschleißes und/oder modischen Verhaltens.

Eine hohe Lebensdauer von Erzeugnissen kann langfristig zu einer wesentlichen Verringerung des spezifischen Materialeinsatzes zur Befriedigung bestehender Bedürfnisse beitragen und ist deshalb durch die konstruktive Gestaltung der Erzeugnisse sowie ihre pflegliche Behandlung und Nutzung in Verbindung mit zweckmäßiger Wartung und Instandhaltung wirksam zu fördern, soweit sie nicht den wissenschaftlich-technischen Fortschritt und die auf ihm basierende Erhöhung der Effektivität der Arbeit hemmt oder in Gegensatz zu den Modebedürfnissen gerät. Die Verlängerung der Lebensdauer von Erzeugnissen verringert tendenziell das Aufkommen an Abprodukten und Sekundärrohstoffen und bewirkt dann eine Effektivierung des Stoffkreislaufes der Wirtschaft.

Einige Bemerkungen zur Abprodukten- und Sekundärrohstoffnutzung im volkswirtschaftlichen Stoffkreislauf:

Abprodukte (Exkremente) der Produktion, der Zirkulation und der Konsumtion können als Abfälle oder als Altstoffe anfallen. Produktionsabfälle sind Teile der stofflichen Substanz der eingesetzten Arbeitsgegenstände, die beim gegebenen Stand der Technologie nicht in die Fertigmasse der Finalprodukte des betreffenden technologischen Prozesses eingehen, sondern in Form von Verschnitt, Spänen, Preß- und Filterrückständen, Schlämmen usw. zurückbleiben. Ihr Anfall steht in einem relativ engen, weitgehend determinierten Zusammenhang mit dem Produktionsausstoß. Analog dazu sind Konsumtionsabfälle Teile der stofflichen Substanz von Verbrauchsgütern der Konsumtion, die nicht unmittelbar zur Bedürfnisbefriedigung beitragen (wie Küchenabfälle, Verpackungsreste usw.) Ihr Anfall steht in engem Zusammenhang mit der Art und dem Niveau der Befriedigung von Tagesbedürfnissen der Menschen.

Altstoffe sind dagegen ehemalige Arbeitsmittel oder Gebrauchsgüter der Produktion, die nach mehr oder weniger langer Nutzungsdauer ausgesondert werden, weil sie materiell und/oder moralisch verschlissen oder aus anderen Gründen nicht mehr in der Lage sind, die Bedürfnisse ihrer Nutzer zu befriedigen. Ihr Anfall steht in einem engen Zusammenhang mit dem Aussonderungsverhalten der Nutzer. Dieses ist bei Arbeitsmitteln durch die Bedingungen der Reproduktion der Grundfonds und die Reproduktionserfordernisse der Betriebe, Zweige und Wirtschaftsbereiche insgesamt bestimmt; bei langlebigen Verbrauchsgütern der Konsumtion aber auch durch Saisoneinflüsse, Einflüsse der Mode und der mit der wissenschaftlich-technischen Entwicklung verlaufenden Erzeugnisinnovationen.

Wird der gesellschaftliche Produktionsprozeß in historischen Dimensionen betrachtet, sind alle Exkremente der Produktion, Zirkulation und Konsumtion, die heute noch Abprodukt sind, also nicht als Sekundärrohstoff genutzt werden können, potentielle Sekundärrohstoffquellen. Gelänge es einmal, alle oder nahezu alle Exkremente als Sekundärrohstoffe zu nutzen, d.h. auch den letzten bislang als Abprodukt geltenden Abfall oder Altstoff in Sekundärrohstoff zu verwandeln, dann würde natürlichen Ressourcen nur noch jener Stoff entnommen werden müssen, der zur Erweiterung des Stoffkreislaufes benötigt wird, dann wäre wirtschaftliche Tätigkeit nicht mehr mit ökologischen Belastungen verbunden.

Nach vorliegenden Berechnungen machten in der Industrie der DDR im Jahre 1983 Rohstoffe aus sekundären Quellen 11,5% der eingesetzten industriellen Rohstoffe aus. Folglich stammten noch 88,5% der industriellen Rohstoffe aus primären Quellen. In den letzten Jahren hat sich der Anteil der sekundären Rohstoffe am Gesamteinsatz industrieller Rohstoffe in der Industrie um etwa 0,5% im Jahresdurchschnitt erhöht. Es wäre ein Ergebnis von hohem Rang, wenn es gelänge, auch in den nächsten Jahren den Anteil der Sekundärrohstoffe um jeweils etwa 0,5% zu vergrößern.

Innerhalb des Stoffkreislaufes hat die Rückgewinnung der Abprodukte und ihre Aufbereitung und Verwertung als Sekundärrohstoffe eine große ökonomische Bedeutung. Allein aus energetischer Sicht stellt sich das überzeugend dar, wenn man folgende zwei Vergleiche anstellt:[3]

- Gewinnt man Stahl aus Erz über den Verfahrenszug „Hochofen-LD-Konverter" ist ein Energieaufwand von ca. 30GJ/t erforderlich. Bei der Stahlgewinnung aus Schrott werden im Elektroofen aber nur etwa 8GJ/t verbraucht; d.h. nur etwa 25% des Energieaufwandes, der bei der Stahlgewinnung aus Erz erforderlich ist.
- Ähnlich verhält es sich bei der Aluminiumgewinnung. So sind bei der Erzeugung von Aluminium aus Bauxit 180GJ/t an Energie notwendig, während bei der Aluminiumgewinnung aus Schrott der Shredder-Induktionsofen lediglich ein Zehntel, also 18GJ/t, verbraucht.

Es ist auch von großer Bedeutung, wenn solche Kombinate wie das Leuna-Kombinat und das Kombinat VEB Chemische Werke Buna – aber z.B. auch das Kombinat Feinkeramik – dazu übergehen, die im Stoffkreislauf anfallende Abwärme als Sekundärenergie wirksam zu machen. Der Aufwand, der dafür notwendig ist, beträgt nach einer Hochrechnung nur ein Zehntel jener Mittel, die notwendig sind, um dieselbe Energiemenge über die Erweiterung der Kapazität der Tagebaue zu gewinnen. Bemerkenswert ist, daß z.B. der VEB Vereinigte Porzellanwerke Colditz immerhin bereits 10% seines Elektroenergiebedarfes mit Sekundärenergie deckt.

Aus Altplasten gewonnene Sekundärrohstoffe wie auch sekundäre NE-Metalle (z.B. Kupfer) sind schon heute um zwei Drittel billiger als die entsprechenden primären Rohstoffe bzw. NE-Metalle.

Die Sekundärrohstoffressourcen werden durch folgende Tendenzen objektiv aufgewertet:

1. Durch das permanente Ansteigen der Weltmarktpreise für primäre Rohstoffe wird es von Jahr zu Jahr lohnender, einheimische Rohstoffe, darunter Sekundärrohstoffe, zu gewinnen und zu verwerten, anstatt zur Deckung des wachsenden Rohstoffbedarfs mehr Im-

portrohstoffe zu beziehen. Dies gilt zumindest, solange der Importaufwand schneller steigt als der Aufwand für die Gewinnung äquivalenter Mengen einheimischer Rohstoffe. Steigende Importaufwendungen weiten die Grenzen der Abbauwürdigkeit der einheimischen Primärrohstoffe aus und erweitern analog dazu das nutzungsfähige einheimische Sekundärrohstoffpotential.

2. Ähnlich wie eine steigende Tendenz des Aufwandes für Importrohstoffe führt auch eine steigende Tendenz des Aufwandes für die Gewinnung und Aufbereitung einheimischer Primärrohstoffe zur Aufwertung der einheimischen Sekundärrohstoffressourcen. Je höher der Aufwand für die Gewinnung primärer Rohstoffe – spezifischer Fondsaufwand ebenso wie laufende Kosten je Mengeneinheit – desto lohnender wird das Sammeln und Aufbereiten von Sekundärrohstoffen. Dasselbe gilt für die Nutzbarmachung sekundärer Energiequellen im Vergleich zur Vergrößerung des Primärenergieaufkommens.

3. Der wissenschaftlich-technische Fortschritt wertet die verfügbaren Sekundärrohstoffaufkommen in dem Maße auf, wie neue leistungsfähigere Gewinnungs-, Aufbereitungs- und Verwertungstechnologien den Fondsaufwand, den Aufwand an lebendiger Arbeit und den Produktionsverbrauch je Einheit Sekundärrohstoff verringern.

Die genannten Tendenzen verdienen in der prognostischen bzw. der langfristig-konzeptionellen Arbeit größte Aufmerksamkeit. Ihre exakte Beurteilung ist unerläßlich, um auf lange Sicht volkswirtschaftlich richtige Entscheidungen über die Entwicklung des Sekundärrohstoffaufkommens und über die effektive Nutzung von Sekundärrohstoffen treffen zu können. Das erfordert, die Entwicklung des Aufkommens und der Nutzung ganzer Rohstoffkomplexe – primärer und sekundärer Rohstoffe – konsequent zum Gegenstand prognostischer Einschätzungen zu erheben. Darin muß auch die notwendige enge Beziehung zwischen sozialistischer Volks- und Betriebswirtschaft zum Ausdruck kommen.[4]

Anmerkungen

1 Vgl. W. Palm, Rohstoffe im Engpaß, Leipzig 1979, S. 108.

2 Vgl. J. Wotte, Bewertung technologischer Verfahren in der Stoffwirtschaft vom Standpunkt der abproduktarmen und -freien Technologie, Dissertation B, Technische Universität, Dresden 1984.

3 Vgl. W. Lindenbaum/J. Kretzer, Rationeller Stoffkreislauf, Leipzig 1984, S. 13.

4 Die Darlegungen basieren auf Forschungsergebnissen zu dem im Zentralen Forschungsplan der marxistisch-leninistischen Gesellschaftswissenschaften 1981–1985 enthaltenen Thema „Leitung und Planung der betrieblichen Abprodukten- und Sekundärrohstoffwirtschaft“, das an der Technischen Hochschule „Carl Schorlemmer“ Leuna-Merseburg bearbeitet wird.

Harry Maier

Wissenschaftlich-technische Neuerungsprozesse – der Schlüssel zur intensiv erweiterten Reproduktion

Auf der 9. Tagung des ZK der SED hob Erich Honecker mit großem Nachdruck hervor: „Die Möglichkeiten der wissenschaftlich-technischen Revolution mit aller Konsequenz für den Fortschritt der Produktivkräfte zu erschließen – das steht auf der Tagesordnung. Wie wir dieser gebieterischen Notwendigkeit entsprechen, entscheidet über die Zukunft der DDR als modernes Industrieland mit entwickelter Landwirtschaft und starken Positionen auf den internationalen Märkten."[1] Die wissenschaftlich-technische Revolution wird heute vor allem durch zwei widersprüchliche Prozesse charakterisiert:

1. Einmal durch drastische Veränderung der Ressourcensituation, die zu einer Neu- und Umbewertung der natürlichen Ressourcen der Produktion und damit im Zusammenhang zu einer Entwertung existierender Erzeugnisse und Technologien geführt hat. Ganz offensichtlich handelt es sich hier – im Marxschen Sinne – um eine „Wertrevolution". Sie zeigt sich einmal in der explosionsartigen Erhöhung der Preise für Primärenergieträger – vor allem natürlich bei Erdöl, wo der Preis sich von 1973 bis 1983 nominell verachtzehnfachte – und zum anderen im Preisverfall bei Standard-Industriegütern, die gegenwärtig den niedigsten Preisstand seit dreißig Jahren haben.

2. Der zweite Prozeß, der die wissenschaftlich-technische Revolution gegenwärtig charakterisiert, ist die Entstehung eines neuen wissenschaftlich-technischen Problemlösungspotentials, daß unter dem Druck des mit der neuen Ressourcensituation verbundenen Bedarfs dabei ist, einen kräftigen Innovationsschub auszulösen, der zu einer spürbaren Beschleunigung des wissenschaftlich-technischen Fortschritts führt. Das Ergebnis dieses Innovationsschubs wird ein solches Produktivitätsniveau sein, daß bis Ende dieses Jahrhunderts 2- bis 3mal höher sein dürfte wie das gegenwärtige.

Produzenten, die es vermochten, die die wissenschaftlich-technische Revolution tragenden Basisinnovationen rechtzeitig zu nutzen, realisierten Wachstumsraten der Produktion und der Neuwertschöpfung pro Ressourceneinheit, die weit über dem Durchschnitt ihres Produktionsfeldes liegen.
Denken wir nur an den Industrieroboter – dessen Patent im Frühjahr 1985 30 Jahre alt wurde – oder an andere Elemente der flexiblen Automatisierung, wie CNC-Maschinen, CAD/CAM-Systeme u. a.

Ihre hohen Wachstumstempi signalisieren die Tiefe und Dynamik des Strukturwandels, der sich weltweit unter den Bedingungen der wissenschaftlich-technischen Revolution im System der Produktivkräfte vollzieht.

Hieraus ergeben sich zwei eng miteinander verbundene Aufgaben:
1. Modernisierung und Rekonstruktion vorhandener Anlagen und Erzeugnislinien, um die Unterminierung ihres Effizienzpotentials zu verhindern;
2. Nutzung der durch die Basisinnovationen unserer Zeit geschaffenen Möglichkeiten, mittels neuer Produkte und Verfahren neue Wege für ein überdurchschnittliches Effektivitätswachstum zu erschließen.

Es ist klar, daß erst dann, wenn der Effektivitätszuwachs der wissenschaftlich-technischen Neuerungsprozesse deutlich die Belastungen aus der veränderten Ressourcensituation übersteigt, ein ausreichender Spielraum für ein weiteres ökonomisches Wachstum auf dem Wege der intensiv erweiterten Reproduktion entsteht. Die wissenschaftlich-technischen Neuerungsprozesse sind daher der Schlüssel zur intensiv erweiterten Reproduktion. In der intensiv erweiterten Reproduktion ist die Einsparung von Arbeitszeit, Energie, Material und Rohstoffen eine wichtige Seite, aber erst, wenn pro Ressourceneinheit ein höheres Produktionsergebnis – oder genauer gesagt – erst wenn diese Trägerin eines höheren Neuwerts wird, kann von intensiv erweiterter Reproduktion gesprochen werden. Dies ist das eigentliche Kriterium der intensiv erweiterten Reproduktion.

Wie alle Erfahrung lehrt, können wir diesem Kriterium nur entsprechen, wenn wir die reale Entwicklung des Neuwerts pro Einheit eingesetzter Ressourcen mit solchen unbestechlichen Kriterien, wie z. B. Devisenerlöse pro Ressourceneinheit, erfassen. Kriterien, die zum Teil noch gebrauchswertorientiert sind, spiegeln die reale Leistungsentwicklung nicht real wider.

Die liegt m. E. vor allem an Unzulänglichkeiten der gegenwärtigen Effektivitätsbewertung von Neuerungsprozessen, die wir durch unsere Forschungsarbeit helfen sollten, möglichst bald zu überwinden. Diese bestehen m. E. darin, daß
1. die Unterschiede zwischen den einzelnen Typen von Innovationen stärker beachtet werden müssen;
2. die unterschiedlichen Effektivitätssituationen in den einzelnen Phasen des Neuerungszyklus real zu berücksichtigen sind;
3. es uns gelingen muß, den Zeitfaktor das ihm zukommende Gewicht in der Effektivitätsrechnung zu geben.

In meinen Ausführungen möchte ich einige kurze Anmerkungen zu diesen Problemkreisen machen.

Für die langfristige Sicherung der Reproduktionsbedingungen der Volkswirtschaft und der Kombinate ist ein richtiges Verhältnis von Basis-, Verbesserungs- und Rationalisierungsinnovationen – wie gerade die Erfahrungen der letzten Jahre zeigen – von größter Bedeutung. Erst durch die Berücksichtigung dieses Verhältnisses bekommt die volkswirtschaftliche Bewertung von Proportionalität, Effektivität und Strukturwandel eine strategische Dimension. Die Spezifik der Basisinnovationen – oder der Schlüsseltechnologien – besteht darin, daß es durch die mit ihnen verbundenen Produkt- und Prozeßinnovationen möglich ist, ein umfassenden Effektivitätspotential aufzubauen und damit neue Felder für das ökonomische Wachstum zu erschließen. Solche Basisinnovationen sind die Mikroelektronik, die flexible Automatisierung, der Industrierobotereinsatz, die Kernenergie in ihren verschiedenen Nutzungsformen, die moderne Biotechnologie und Gentechnik u. a.

Verbesserungs- und Rationalisierungsinnovationen dagegen sind jene Produkt- und Prozeßinnovationen, die das von den Basisinnovationen geschaffene Effektivitätspotential für das Produktivitätswachtum erschließen. Basisinnovationen bilden daher die Grundelemente der revolutionären Prozesse des wissenschaftlich-technischen Fortschritts. Der durch Verbesserungs- und Rationalisierungsinnovationen erzielte Effektivitätszuwachs nimmt in dem Maße ab, wie das von den Basisinnovationen geschaffene Effektivitätspotential absorbiert wird. Dies geht bis zu dem Punkt, wo die Verbesserungsinnovationen nicht mehr in der Lage sind, die Effektivität der Produktion dauerhaft zu erhöhen, wodurch sie sich allmählich in Pseudoinnovationen verwandeln, d. h. in Produkt- und Prozeßveränderungen, die nicht in der Lage sind, ein strategisch relevantes Effektivitätspotential zu schaffen oder zu nutzen. Pseudoinnovationen scheinen manchmal ein verlockender Ausweg zu sein, wenn es versäumt wurde, rechtzeitig durch intensive Suche nach neuen Problemlösungen ihre Innovationskraft zu erhöhen. Diese Scheinlösungen erweisen sich sehr bald als Quelle gesellschaftlicher Verluste, da sie Mittel für Tätigkeiten absorbieren, ohne ein stabiles Effektivitätspotential aufzubauen.

Aus der Spezifik der Basis-, Verbesserung- und Pseudoinnovationen ergeben sich auch unterschiedliche Bewertungskriterien und Vorgehensweisen in Leitung und Planung:

1. Da die Effektivität der Basisinnovationen zunächst sehr schwer einzuschätzen ist, andererseits aber Zeitverluste bei ihrer Hervorbringung und Nutzung zu irreversiblen Verlusten führen, kommt der Einschätzung ihres Effektivitätspotentials eine besondere Bedeutung zu.

Wie die Erfahrung lehrt, kann eine solche Einschätzung nur erfolgreich sein, wenn sie das Ergebnis der interdisziplinären Zusammenarbeit von Natur-, Gesellschaftswissenschaftlern und Ingenieuren ist.

2. Die Erstrealisierung einer Innovation ist der kritische Punkt. Sie ist um so schwieriger, je fundamentaler die Neuerung ist, je mehr sie den Charakter einer Basisinnovation trägt. Der Erfolg der Erstrealisierung hängt entscheidend davon ab, wie es gelingt, die Schöpfer der Problemlösung an dem Prozeß der Erstrealisierung zu interessieren. Es ist eine gesicherte internationale Erfahrung, daß hierzu die Gründung kleiner, spezialisierter Hoch-Technologie-Produktionseinheiten sowohl vom Standpunkt des Zeitgewinns als auch der Minimierung des Risikos für die Durchsetzung von grundlegenden Neuerungen äußerst wichtig ist.

Auf der 9. Tagung des ZK der SED wies Erich Honecker darauf hin, daß es darauf ankommt, eine solche Erneuerungsrate der Produktion zu gewährleisten, daß aufbauend auf wissenschaftlich-technischen Problemlösungen unserem Inlandsbedarf qualitativ anspruchsvoll entsprochen und auf den Weltmärkten unsere Positionen ausgebaut werden können.[2] Produkterneuerungsstrategien müssen von einer differenzierten Analyse des Effektivitätspotentials der neuen Erzeugnisse, ihrer Wettbewerbsfähigkeit sowie ihrer Neben- und Langzeitwirkungen ausgehen. Sie müssen darauf konzentriert sein, den Anteil der auf den Basisinnovationen – vor allem der Mikroelektronik und zunehmend auch der modernen Biotechnologien – beruhenden Erzeugnisse zu erhöhen. Hierbei ist es wichtig, die Produkterneuerungsrate vor allem auch an ihrem Anteil am Umsatz bzw. am Devisenerlös eines Kombinats oder Betriebs zu messen. Wir wissen, daß z. B. die Produkterneuerungsrate bei führenden Mikroelektronik-Produzenten in der Welt gegenwärtig 54 % beträgt (gemessen am Beitrag der Produkte, die jünger als 5 Jahre sind, zum Gesamtumsatz).

Noch zu zwei anderen Problemen unserer Effektivitätsrechnung einige kurze Anmerkungen. Nur mit Hilfe von technischen Leistungsparametern und durchschnittlichen Aufwand/Ergebnis-Relationen scheint es mir kaum möglich, daß Effektivitätspotential von wissenschaftlich-technischen Neuerungsprozessen mit der nötigen Genauigkeit zu erfassen. Vor allem ist es mit diesen Kennziffern – so wichtig sie in anderem Zusammenhang auch sind – nicht möglich, dem Wesen einer Innovation, das ja nach Marx in ihrer „ausnahmsweisen Produktivkraft" liegt, auf die Spur zu kommen.

Eine Innovation kann eigentlich nur im Vergleich zu dem bereits im Durchschnitt existierenden Produktivitätsniveau bewertet werden. Die sich daraus ergebende relative Effektivität, also der Quotient von dynamischer Effektivität der Innovationen und der durchschnittlichen Effektivität des Produktionsfeldes, vermag eine wichtige strategische Orientierung für die Produkterneuerung und des Effektivitätswachstums einer Produktionseinheit zu geben. Hierbei ist es m. E. wichtig zu erkennen, daß das Verhältnis von dynamischer und durchschnittlicher Effektivität sich in den einzelnen Phasen des Lebenszyklus einer wissenschaftlich-technischen Neuerung verändert, und daß das Nichtbeachten dieser Zusammenhänge zwangsläufig zu Effektivitätsverlusten führen muß.

In der Einführungsphase der Innovation ist sowohl die dynamische Effektivität als auch die Masse des produzierten Nettoprodukts noch wesentlich geringer als beim größten Teil der Produzenten des Produktionsfeldes. Denken wir z. B. daran, daß man beim Industrieroboter mehr als 13 Jahre benötigte, ehe seine dynamische Effektivität größer wurde als die durchschnittliche Effektivität seines Produktionsfeldes.

Dies ändert sich in der Phase des schnellen Wachstums – also der 2. Phase. Hier befindet sich heute der Roboter wie die flexible Automatisierung überhaupt, wo sowohl die dynamische Effektivität als auch die Masse des produzierten Nettoprodukts schneller wachsen als die Effektivität und Nettoprodukt der übrigen Produzenten dieses Produktionsfeldes.

In der Reifephase beginnt sich die dynamische Effektivität zu verringern. Dies setzt sich in der Saturationsphase fort, wo die dynamische Effektivität der innovativen Produktionseinheiten drastisch sinkt und sich der durchschnittlichen Effektivität des Produktionsfeldes annähert. Andererseits wächst die Masse des von der Produktionseinheit hervorgebrachten Nettoprodukts weiter an und erreicht seinen höchsten Stand. Hierdurch entsteht oftmals der Eindruck, als ob man sich in einer außerordentlich günstigen Situation befindet, wenn die Gefahren, die sich aus dem Sinken der dynamischen Effektivität ergeben, verkannt werden.

Wird in der Einführungsphase einer Innovation das Risiko der Innovation gewöhnlich überschätzt, so wird es oft in der Saturationsphase – auf Grund des hohen Nettoprodukts – unterschätzt. Sowohl die Überschätzung als auch die Unterschätzung des Risikos wird mit irreversiblen Verlusten an Effektivität bezahlt. Es gibt nur ein Mittel zur Vermeidung solcher Verluste: ein qualitativ hohes Niveau der wissenschaftlich-technischen Arbeit in unseren Kombinaten, auf der Ebene der Volkswirtschaft sowie in den Forschungseinrichtungen.

Als wichtiges Instrument für die Einschätzung der Stabilität der Effektivitätsentwicklung eines Kombinats erweist sich die Erarbeitung einer Positionsmatrix, in der anhand des Weltstandsvergleiches die vorhandenen Produkte und Verfahren nach ihrem Platz im Innovationszyklus geordnet und bewertet werden. Ein stabiles Effektivitätswachstum sowohl auf der Ebene der Volkswirtschaft als auch der eines Kombinats und Betriebes kann nur dann gesichert werden, wenn die Masse der das Produktionswachstum bestimmenden Produkte und Verfahren sich in der II., III. und IV. Phase des Innovationszyklus befindet. Erfreulicherweise haben Kombinate diesen Gedanken bereits aufgegriffen und beginnen ihn in ihrer langfristigen Planung anzuwenden.

Die Bewertung der Produkte und Verfahren – und zwar bereits vorhandener bzw. sich noch in der Forschung und Entwicklung befindlicher – mit Hilfe einer Positionsmatrix hilft der Lösung eines der kompliziertesten Probleme der Effektivitätsrechnung näher zu kommen, nämlich der ökonomischen Bewertung des Zeitfaktors. Inwieweit das mit einer Innovation verbundene Effektivitätspotential tatsächlich zu einem überdurchschnittlichen Effektivitätswachstum führt, hängt zu über 80% davon ab, wie es gelingt, dem Zeitfaktor im Entscheidungsprozeß Rechnung zu tragen. Wird z. B. im Zyklus einer Innovation aus der Phase des „schnellen Wachstums“ eine Phase des „verzögerten Wachstums“, dann werden die gesamten hohen Vorleistungen in Forschung, Entwicklung und Produktion ökonomisch entwertet. Dies heißt, daß die Berücksichtigung des Zeitfaktors eine hohe Flexibilität in Forschung und Produktion erfordert. Noch zu häufig tendieren die Produktionseinheiten dahin, den ökonomischen Stellenwert der Flexibilität zu unterschätzen. In Produktionseinheiten mit ausgereiften Produkten und Technologien existiert – auf Grund der dargelegten Gründe – ein starkes Interesse an der Erhaltung des vorhandenen Produktionsprofils. Auf dem ersten Blick erscheint die Schaffung von flexiblen Produktionsbedingungen als unnötig und viel zu teuer. Der wahre Stellenwert der Flexibilität, der hohe ökonomische Nutzen der dafür bereitgestellten Mittel zeigt sich oftmals erst dann, wenn, durch unerwartete Innovationserfolge anderer, plötzlich das Effektivitätspotential der bisherigen Erzeugnisse schwindet bzw. sich eröffnende Möglichkeiten, mit neuen Produkten ein überdurchschnittliches Effektivitätswachstums zu realisieren, nicht mehr wahrgenommen werden können. Die richtige Bewertung der Flexibilität und der für sie notwendigen Aufwendungen und Vorleistungen hängt daher vor allem vom Niveau der wissenschaftlich-technischen Strategienbildung für die Produkterneuerung auf der Ebene der Kombinate, der Volkswirtschaft und der Forschungseinrichtungen ab.

Hieraus ergeben sich auch Konsequenzen für unsere Investitionspolitik. In Ländern mit einer hohen Erneuerungsrate stehen bis zu 10% der gesamten Investitionssumme für die Erstrealisierung von Produkt- und Prozeßinnovationen zur Verfügung. Doch dieser Teil der Investitionssumme muß entsprechend der Spezifik der Erstrealisierung der Innovation und ihrer ökonomischen Verwertung eingesetzt werden. Hierbei gilt es mir als zweckmäßig, auf der Ebene der Volkswirtschaft und Kombinate spezielle Fonds zu bilden, die nach den Prinzipien der wirtschaftlichen Rechnungführung eingesetzt werden sollten. Hierdurch wäre es m. E. möglich, z. B. kleine hochinnovative Struktureinheiten innerhalb der Kombinate zu bilden.

Anmerkungen

1 9. Tagung des ZK der SED, 22./23. 11. 1984, Aus dem Bericht des Politbüros an das ZK der SED, Berichterstatter: Gen. Erich Honecker, Berlin 1984, S. 40.

2 Vgl. ebenda, S. 36.

Heinz Hanspach

Zum Beitrag der WAO für die weitere Steigerung der Produktivität und Effektivität der Arbeit (Ergebnisse und Aufgaben)

Meine Überlegungen stützen sich auf die Feststellung in den Schwerpunkten, daß die Effektivität Ausdruck und Ergebnis des komplexen Wirkens aller Intensivierungsfaktoren ist, die von einer höheren ökonomischen Wirksamkeit von Wissenschaft und Technik durchdrungen sein müssen. Um eine Steigerung der Produktivität und Effektivität zu erreichen, die den Bedingungen der intensiv erweiterten Reproduktion entspricht, konzentriert sich unsere Forschung auf die Überführung von Erkenntnissen der sozialistischen Arbeitswissenschaften bei allen Maßnahmen zur Realisierung des wissenschaftlich-technischen Fortschritts. Es ist von vornherein die Gewährleistung eines hocheffektiven Arbeitens der Werktätigen in neu zu schaffenden Arbeitsprozessen zu sichern. Und es sind durch Rationalisierung geschlossener Prozesse vorhandene Reserven zielgerichtet zu erschließen.

Die in den letzten Jahren durchgeführte Forschung auf dem Gebiet der Ökonomie und Organisation der Arbeit galt den Problemen zur effektiven Nutzung des gesellschaftlichen Arbeitsvermögens durch breite Anwendung der wissenschaftlichen Arbeitsorganisation. In Zusammenarbeit mit Kombinaten, Betrieben und den Territorien wurden achtbare Ergebnisse erreicht. Ihre Berücksichtigung in der Leitung und Planung auf den verschiedensten Ebenen unserer Wirtschaft bestätigen immer wieder, daß die lebendige Arbeit immer wichtiger zur gegenwärtigen und künftigen Leistungsentwicklung wird.

Ich knüpfe an die im Material enthaltene Feststellung an, daß bei der Verwirklichung der neuen Etappe der ökonomischen Strategie die Beschleunigung des wissenschaftlich-technischen Fortschritts und seine ökonomische Verwertung zur erstrangigen Aufgabe wird.

In unserer Arbeit hat sich bestätigt: Die Beschleunigung und die ökonomische Verwertung des wissenschaftlich-technischen Fortschritts wird entscheidend davon bestimmt, wie die Arbeit organisiert ist und wie die physischen und geistigen Potenzen des Arbeitsvermögens eingesetzt und genutzt werden. Es kann keine Rede davon sein, daß mit der Entwicklung von Wissenschaft und Technik der Einfluß der lebendigen Arbeit eingeschränkt wird. Die Arbeit ist das lebendige, gestaltende Feuer im Prozeß der Produktion und Reproduktion. Diese These von Marx gilt bei umfassender Intensivierung in noch höherem Grade. Die lebendige Arbeit ist Ausgangspunkt für die Wirksamkeit quantitativer und qualitativer Wachstumsfaktoren. Das ist auch das Kernproblem zur besseren Nutzung des Arbeitsvermögens für die Erschließung des Effektivitätspotentials beim wissenschaftlich-technischen Fortschritt.

Wissenschaft und Technik werden unter den Bedingungen der intensiv erweiterten Reproduktion zu hoher Effektivität geführt, wenn der Mensch als Hauptproduktivkraft und Subjekt der Produktion seine Bildung, Qualifikation, Disponibilität, sein gesellschaftliches Verantwortungsbewußtsein und seinen Leistungswillen als wichtige qualitative Faktoren seines Arbeitsvermögens mit hoher Wirksamkeit entfalten kann. Die Forschungen auf dem Gebiet „Arbeit und Lohn" belegen, daß auf diese Weise wichtige Quellen des Leistungswachstums erschlossen werden.

Wie die Erfahrungen bei der Verwirklichung der Beschlüsse des X. Parteitages der SED zeigen, kann der Kampf um ein hohes Effektivitäts- und Produktivitätswachstum nur erfolgreich geführt werden, wenn auf allen Ebenen unseres gesellschaftlichen Lebens zugleich die wissenschaftliche Arbeitsorganisation als das Hauptfeld der Mitwirkung der Werktätigen an der Gestaltung solcher Bedingungen verwirklicht wird, die zur Entfaltung der qualitativen Faktoren des Wirtschaftswachstums beitragen. Die Leistungs- und Produktionsentwicklung, die Erhöhung der Effektivität und Qualität der Arbeit sind folglich mit der Schaffung produktivitäts- und persönlichkeitsfördernder Arbeitsaufgaben und der Verbesserung der Arbeitsbedingungen verbunden. In Verwirklichung der Beschlüsse des X. Parteitages der SED hat es hier achtbare Ergebnisse gegeben.

In der Volkswirtschaft der DDR wurden seit 1975 bis 1983 mehr als 1,8 Millionen Arbeitsplätze durch Maßnahmen der WAO verändert. Für nahezu 3 Millionen Werktätige wurde die Arbeit effektiver und für mehr als 250000 Werktätige wurden erschwerte Arbeitsbedingungen beseitigt. Annähernd 1/3 der erzielten Einsparungen an Arbeitszeit resultiert aus WAO-Maßnahmen, die einen Beitrag zur umfassenden Intensivierung darstellen, diese Entwicklung dynamisch und stabil gestalten sowie durch neue und weiterentwickelte Erzeugnisse und Technologien eine hohe Effektivitätssteigerung sichern.

Wie in der Mitteilung der Staatlichen Zentralverwaltung für Statistik über die Durchführung des Volkswirtschaftsplanes 1984 mitgeteilt wurde, sind im Zusammenhang mit der Modernisierung von Produktionsanlagen und Fertigungsabschnitten in Anwendung von Erkenntnissen der WAO 225600 Arbeitsplätze neu- bzw. umgestaltet wurden. In diesem Prozeß sind für 26900 Werktätige Gesundheitsgefährdungen sowie Belastungen durch körperlich schwere Arbeit vollständig beseitigt worden. An der Einsparung von 620 Millionen Stunden Arbeitszeit, was einem Arbeitsvermögen von 340000 Werktätigen entspricht, hat die WAO mindestens zu 25 % Anteil.

Wir stehen in einem Prozeß grundlegender Vervollkommnung der WAO für ihre prozeßbezogene Anwendung. Es geht um ihre Funktion zur Erhöhung der Effektivität und Produktivität der Arbeit sowie um ihren Beitrag zur Beschleunigung des Kreislaufs der intensiv erweiterten Reproduktion in den Kombinaten und Betrieben.

Dabei konzentrieren wir uns auf drei bestimmende Richtungen:

1. Aufgaben zur Erhöhung der Wirksamkeit von Wissenschaft und Technik. Sie sind stets mit der weiteren Ausprägung des sozialistischen Charakters der Arbeit mit der Gestaltung anspruchsvoller Arbeitsinhalte, der Erschließung von Effektivitätsreserven und prozeßbezogenen Formen der Arbeitsorganisation verbunden.

2. Aufgaben zur Entwicklung und effektiveren Nutzung des gesellschaftlichen Arbeitsvermögens. Das Arbeitsvermögen ist unerschöpflicher Quell des Leistungswachstums und zur Sicherung der Massenbasis der Rationalisierung in Abschnitten und Bereichen eines Betriebes und in anderen Bereichen der Volkswirtschaft.

3. Aufgaben, die sich aus der Vervollkommnung der Leitung und Planung der Kombinate zur Rationalisierung des relativ geschlossenen Reproduktionsprozesses, insbesondere der breiten Anwendung der Schwedter Initiative, ergeben. Sie sind darauf gerichtet, den wissenschaftlich-technischen Fortschritt ökonomisch wirksamer zu machen und verlangen eine stärkere Prozeßwirksamkeit. Die WAO wird auf Prozeßgestaltung in den Kombinaten und Betrieben konzentriert.

Fünf Schwerpunktaufgaben möchte ich für die künftige Arbeit charakterisieren:

1. Die wissenschaftliche Arbeitsorganisation ist als Bestandteil von Wissenschaft und Technik zur Erhöhung seiner ökonomischen und sozialen Wirksamkeit, zur konsequenten Anwendung arbeitswissenschaftlicher Erkenntnisse in allen Phasen des Reproduktionsprozesses zu entwickeln und einzusetzen.

Ausgehend von der sich vollziehenden Entwicklung der Produktivkräfte im nationalen und internationalen Maßstab, dem zunehmenden Erneuerungsgrad von 30 % bei Erzeugnissen und 40 % bei Konsumgütern, der Anwendung hocheffektiver moderner Technologien, der Veredelung von Rohstoffen und Materialien werden auch neue Anforderungen an die WAO gestellt. Auf diese Weise werden Bedingungen geschaffen, um in allen Bereichen der Volkswirtschaft zur Herausbildung effektiver Arbeitskräftestrukturen zu gelangen.

Neue prozeßbezogene Formen der Arbeitsorganisation sind erforderlich, um Mikroelektronik, Robotertechnik und die moderne Rechentechnik bei bestmöglichen Arbeitsbedingungen wirksam zu machen. Aufgaben der Informationsgewinnung, -verarbeitung und -übertragung rücken mehr in das Wirkungsfeld der WAO. Das verlangt, daß die Gestaltung inhaltsreicher Arbeitsaufgaben, die das erreichte und neu zu schaffende Qualifikationsniveau der Werktätigen abfordern hilft, mehr in das Zentrum der wissenschaftlich-technischen Arbeit gerückt werden. Wachsende Bedeutung erlangt die Einbeziehung von Erkenntnissen der arbeitswissenschaftlichen Disziplinen sowie ihre Nutzung für Gestaltungslösungen in der Softwareentwicklung zur Gestaltung von Arbeitsmitteln und bei der Entwicklung der informationsverarbeitenden Technik.

Im Zentrum künftiger Aufgaben steht die Erhöhung des Anteils neuer Erzeugnisse, Verfahren und Technologien bei bestmöglichen Arbeitsbedingungen für die Werktätigen. Die Verkürzung der Zeiten für Forschung, Entwicklung, Konstruktion und technologische Vorbereitung zur Realisierung des erforderlichen Erneuerungsgrades bis zur Überleitung in die Produktion erfordert die Weiterentwicklung und auch neue Methoden der Analyse und Gestaltung der Arbeit in diesen Prozessen.

Die Verkürzung des zeitlichen Ablaufs der Reproduktion wird in wachsendem Maße zum Effektivitätsfaktor. Die Organisation der Arbeit muß dazu führen, Arbeitsabläufe, Arbeitsaufgaben, Arbeitsmethoden und Informationsflüsse zu analysieren und effektiver zu gestalten. Neue Aufgaben sind zu lösen, die sich für die projektierende Arbeitsweise unter Nutzung der Rechentechnik, am Bildschirm und von arbeitswissenschaftlichen Speichern und Datenbanken ergeben. Die Aufnahme arbeitswissenschaftlicher Aufgaben in die Programmabläufe der Projektierung und in die Leistungsstufen des Planes Wissenschaft und Technik sowie die Pflichtenhefte muß künftig größerer Raum eingeräumt werden. Die künftige Arbeitsaufgabe eines Facharbeiters in unserer sozialistischen Gesellschaft bei strikter Einhaltung der gültigen Normen für die Arbeitsbedingungen gehören zu den Zielen wissenschaftlich-technischer Aufgaben.

2. Der Einsatz und die Nutzung des qualifizierten Arbeitsvermögens trägt zur Senkung des Produktionsverbrauchs je Gebrauchswerteinheit bei und gewinnt für den Veredlungsprozeß an Bedeutung.

Dazu ist die intensiv erweiterte Reproduktion als den für die weitere Entwicklung bestimmenden Reproduktionstyp konsequent auch für die Reproduktion des Arbeitsvermögens durchzusetzen. Strukturveränderungen in den Zweigen und Bereichen der Volkswirtschaft führen zu Veränderungen in der Berufs- und Qualifikationsstruktur der Arbeitskräfte. Das qualitative Arbeitsvermögen stellt Anforderungen an die Gestaltung der materiell-technischen und organisatorischen Bedingungen der Produktion selbst, um es rationell zu nutzen.

Der Einfluß des Arbeitsvermögens auf den Rohstoff-, Energie- und Materialverbrauch ist wesentlich für die Effektivität des Reproduktionsprozesses und wirkt auch auf die Veredelung der Rohstoffe. Das verlangt eine Erhöhung des individuellen Leistungsvermögens der Werktätigen durch rechzeitige und weitgehend objektgebundene Qualifizierung, die auf effektivitätsbestimmende Schwerpunkte des wissenschaftlich-technischen Fortschritts und eine bessere Arbeitszeitnutzung gerichtet ist.

Die Effektivität des Veredlungsprozesses hängt mit davon ab, wie es gelingt, den erreichten hohen Bildungsstand ökonomisch auszuschöpfen und den Gebrauchswert durch bessere Nutzung des vorhandenen Qualifikationspotentials bis zu bestmöglichen Arbeitsbedingungen zu erhöhen. Deshalb muß das qualifizierte Arbeitsvermögen so eingesetzt werden, daß Arbeiten eines bestimmten Kompliziertheitsgrades auch der jeweiligen Qualifikationsstufe entsprechen. So wird qualifizierte

Arbeit als komplizierte Arbeit wirksam und auf diese Weise kann durch die Veredlung die höhere gebrauchswert- und wertschaffende Potenz der lebendigen Arbeit realisiert werden. Die WAO hat die Bedingungen für den Einsatz und die Nutzung des qualifizierten Arbeitsvermögens zu unterstützen.

3. Der wachsende Ausstattungsgrad der Arbeitsplätze und -prozesse erfordert die effektive Nutzung der Grundfonds mit Hilfe der WAO. Sie ist darauf zu richten, daß die Modernisierung zur Hauptform der Reproduktion der Grundfonds immer mehr ausgeprägt wird.

Durch Rekonstruktion und Modernisierung werden Leistungsfähigkeit und Nutzungsdauer der Grundfonds entscheidend erhöht. Im Jahr 1984 erhöhte sich die zeitliche Ausnutzung wichtiger Produktionsausrüstungen von 15,6 auf 16,2 h/Kalendertag. Dazu hat die WAO insbesondere durch die Gewinnung von Arbeitskräften für die Schichtarbeit beigetragen.

Die DDR besitzt ein beachtliches technisches Potential der Produktion. Es geht darum, mit der vorhandenen Technik zu höheren Leistungen unter besseren Arbeitsbedingungen zu gelangen. Bei der Modernisierung der vorhandenen Grundfonds werden arbeitswissenschaftliche Grundlagen weitestgehend genutzt. Das bezieht sich auf unsere Mitwirkung zum Einsatz der Mikroelektronik und Robotertechnik. Wir haben Wege, daß monotone Tätigkeiten abgebaut sowie körperlich schwere und gesundheitsgefährdende Arbeiten beseitigt werden, beschritten. Für die Modernisierung der vorhandenen Grundfonds und die weitere Mechanisierung und Automatisierung ist ein leistungsfähiger Rationalisierungsmittelbau entscheidend. Durch zielgerichtete WAO-Maßnahmen sind in zahlreichen Betrieben Arbeitsplätze eingespart worden, um Arbeitskräfte für den Rationalisierungsmittelbau zu gewinnen. Regeln und Vorschriften sind erforderlich, um die Arbeit der Werktätigen im Rationalisierungsmittelbau selbst effektiver zu gestalten.

Jedes Rationalisierungsmittel muß den neuesten arbeitswissenschaftlichen Anforderungen entsprechen und die Arbeitsbedingungen sind Schritt um Schritt zu verbessern. Der Einsatz der Rationalisierungsmittel, vom einfachsten Hebemittel bis zur anspruchsvollen Automatisierungslösung führt dazu, gesundheitsschädigende, körperlich schwere und eintönige Arbeiten zurückzudrängen. Der Plan 1985 stellt uns hier weitere hohe Ziele. Nicht unerwähnt soll bleiben, daß wichtige arbeitsorganisatorische Quellen in der Erhöhung der arbeitstäglichen Auslastung der Maschinen und Anlagen liegen.

Mehrfachqualifikation und Disponibilität der Werktätigen rücken mehr in den Mittelpunkt betrieblicher Arbeit. In diesem Zusammenhang ist die Notwendigkeit der höheren zeitlichen Auslastung der Produktionsausnutzungen pro Kalendertag zu betonen, weil sie ein Erfordernis der Intensivierung ist und der Verbesserung des Verhältnisses von Ergebnis zu Aufwand dient. Wesentlichen Einfluß auf die Effektivität und Auslastung der eingesetzten Grundmittel haben die Organisationsformen der Arbeit.

Durch den verstärkten Einsatz automatisierter Fertigungssysteme, Robotertechnik und mikroelektronischer Steuerungen verlieren bisherige Organisationsformen an Wirkung und müssen deshalb erneuert werden. Die der technisch-technologischen Entwicklung entsprechenden arbeitsorganisatorischen Lösungen (z. B. Übergang zu prozeßbezogenen Formen der Arbeit) führen zu neuen Quellen einer besseren zeitlichen Auslastung der Grundfonds. Dabei dürfen wir nicht übersehen, daß die Erhöhung der zeitlichen Auslastung der Grundfonds auch von der notwendigen Anzahl der Arbeitskräfte für die Mehrschichtarbeit abhängt, die wir mit der Nutzung der Erfahrungen der Schwedter Initiative gewinnen wollen. Zwischen der Erhöhung der Grundfondsökonomie und der Ökonomie der lebendigen Arbeit besteht somit ein enger Zusammenhang. Dieser wird in entscheidendem Maße auch vom Entwicklungsstand der Schichtarbeit beeinflußt.

4. Die prozeßbezogene Vervollkommnung der WAO soll mit gewährleisten, daß die neuen Möglichkeiten der Leitung und Planung in den Kombinaten voll genutzt werden, zur Intensivierung des Reproduktionsprozesses beitragen und auf lange Sicht stabile Voraussetzungen für eine ständige Produktionsentwicklung geschaffen werden.

Die Vervollkommnung der Leitung, Planung und wirtschaftlichen Rechnungsführung schließt auch einen neuen Inhalt und neue Formen der Leitung und Planung des gesellschaftlichen Arbeitsvermögens ein. Dazu faßte das Politbüro des ZK der SED und der Ministerrat der DDR im Herbst 1983 Beschlüsse. Mit der durchgängigen Rationalisierung technologischer Prozesse erwachsen für die wissenschaftliche Arbeitsorganisation neue Aufgaben.

Die breite Anwendung der Erfahrungen des VEB PCK Schwedt werden auch in Zukunft ein grundsätzlicher Weg zur Intensivierung des Reproduktionsprozesses in den Kombinaten und Betrieben sein. Im Jahre 1984 konnten über diesen Weg 80000 Arbeitskräfte für die Lösung volksfwirtschaftlich wichtiger Aufgaben gewonnen werden. Die umfassende Anwendung der WAO, besonders die zielgerichtete Arbeit der Rationalisierungs- und WAO-Kollektive haben dazu einen beachtlichen Beitrag geleistet.

In den Betrieben und Kombinaten wurden der überwiegende Teil der Arbeitskräfte im eigenen Betrieb für die Erhöhung der Konsumgüterproduktion, die Erweiterung des Rationalisierungsmittelbaues und zur Verbesserung der Grundfondsauslastung durch Erhöhung der Schichtarbeit eingesetzt.

Zusammenhängende Prozesse und Prozeßstufen sind systematisch und komplex zu untersuchen und in größerem Umfange geschlossene Produktionsabschnitte und Betriebsteile vom Materialeingang bis zum Endprodukt zu rationalisieren. Wie unsere Erfahrungen zeigen, sind Analysen und Gestaltungslösungen der WAO für Erzeugnislinien ein richtiger Lösungsweg. Oftmals werden dabei Betriebsgrenzen überwunden und die Zusammenarbeit mit den Territorien neu entwickelt. Auf diesem Gebiet besitzt das VEB Mansfeld-Kombinat „Wilhelm Pieck" Eisleben achtbare Erfahrungen. Das bezieht sich auch auf die territoriale Rationalisierung. Die Anwendung der WAO auf territorialer Ebene nimmt für die Leitung und Planung des gesellschaftlichen Arbeitsvermögens eine vorrangige Stellung ein. Die vorliegenden Erfahrungen aus dem Kreis Staßfurt weisen neue Wege.

In den Kombinaten wird die WAO vor allem auf solche Prozesse gerichtet, in denen hohe Anteile an lebendiger Arbeit verausgabt werden, in denen Arbeitsbedingungen so zu entwickeln sind, damit das Qualifikationspotential noch besser genutzt werden kann. Um welche Schwerpunkte geht es dabei:

- die Rationalisierung von Prozessen, in denen vorwiegend manuell gearbeitet wird, vor allem durch Einsatz moderner Handhabetechnik, durch Gestaltung komplexer Arbeitsaufgaben und breite Anwendung des Verfahrens Gestaltung manueller Arbeitsprozesse (GMA); Produktivitätssteigerungen von 20% und mehr sind möglich;
- die Gestaltung von Bedienprozessen an Maschinen und Anlagen, durch Entwicklung bedienarmer Technologien und Produktionsabschnitte, die weitere Vervollkommnung der Mehrmaschinenbedienung, besonders in der metallverarbeitenden Industrie;
- die Analyse und Gestaltung der Hilfsprozesse, insbesondere des Transport- und Lagerwesens sowie der Instandhaltung. Die Entwicklung von Typentechnologien für die Instandhaltung von Maschinen und Anlagen sowie die instandhaltungsgerechte Konstruktion sollte vor allem im Maschinenbau forciert werden;
- die Rationalisierung der Verwaltungsarbeit zur Reduzierung formalisierbarer und schematischer Arbeit – mit dem Ziel des effektiven Einsatzes der modernen Büro- und Rechentechnik – zur Gestaltung rationeller Arbeitsabläufe und Informationsflüsse und die Anwendung von Arbeitskräftenormativen.

5. Mit der prozeßbezogenen Rationalisierung sollen objektive Grundlagen zur ständigen Vervollkommnung der Leistungsbewertung sowie zur weiteren Ausgestaltung des Leistungsprinzips, zur Ausarbeitung und Anwendung produktivitätsfördernder Formen der Entlohnung der Arbeiter, Hoch- und Fachschulkader, der Meister und weiterer Beschäftigungsgruppen geschaffen werden.

Die prozeßbezogene Anwendung der WAO in Erzeugnislinien vom Rohmaterial bis zum Endprodukt schafft günstige Bedingungen, um nicht nur die Verausgabung von Arbeitszeit in Zeitnormen als Leistungsmaß festzulegen, sondern eröffnet Möglichkeiten, Leistungskennziffern auszuarbeiten und anzuwenden, die die Nutzung qualitativer Faktoren der Arbeitsprozesse mehr in den Mittelpunkt rücken (z.B. Qualität der Arbeitsausführung, Auslastung der Maschinen und Anlagen, Materialverbrauch, sortimentsgerechte Produktion u.a.). Bevorzugt werden Kennziffern entwickelt, die bei Ausweis der individuellen Leistung das kollektive Arbeitsergebnis widerspiegeln und im Gesamtergebnis betrieblicher Arbeit wirken. In unserer Arbeit wird bereits jetzt eine Erfahrung sichtbar:

Werden zur Erfüllung der Planaufgaben des Arbeitskollektivs individuelle und kollektive Leistungen kombiniert und stimuliert, wird die Verantwortung der Werktätigen für das Ganze gefördert und das Verhältnis von Aufwand und Ergebnis zum Nutzen der Werktätigen und des Betriebes günstig gestaltet.

Zusammenfassend sei betont:

Die Grundforderungen an höhere Effektivität in der Volkswirtschaft werden die Richtungen unserer Forschung für den Zeitraum 1986–1990 entscheidend mitbestimmen. Es gibt in den Hauptrichtungen des Planes eine Übereinstimmung mit unseren Partnerinstituten in der UdSSR und anderen sozialistischen Ländern zur gemeinsamen Forschung im RGW.

Unsere Forschungsergebnisse werden den arbeitswissenschaftlichen Beitrag garantieren:

1. zur weiteren Ausgestaltung der materiell-technischen Basis der Volkswirtschaft, um ein stabiles Wirtschaftswachstum, hohe Produktivität und Effektivität der gesellschaftlichen Arbeit zu ermöglichen;

2. zur weiteren Durchführung der untrennbaren Einheit von Wirtschafts- und Sozialpolitik. Mit der weiteren Ausgestaltung des sozialistischen Leistungsprinzips ist das Ringen um das Wachstum der Produktion wirksam zu stimulieren und es sind die im Arbeitsvermögen liegenden Triebkräfte für den ökonomischen und sozialen Fortschritt freizusetzen;

3. zur weiteren Ausprägung des sozialistischen Charakters der Arbeit im Zusammenhang mit der Erhöhung der Wirksamkeit des gesellschaftlichen Arbeitsvermögens. Die Weiterentwicklung der sozialistischen Produktionsverhältnisse und ihre Ausgestaltung in den Arbeits- und Produktionsprozessen müssen die gegenseitige Hilfe, die Zusammenarbeit und das kollektive Wirken der Werktätigen verstärken. Dazu gehören

- die Vervollkommnung der Leitung und Planung der Entwicklung und des rationellen Einsatzes des gesellschaftlichen Arbeitsvermögens in der Volkswirtschaft, den Zweigen, Kombinaten und den Territorien;
- der Beitrag, um den Reproduktionsprozeß der Betriebe und Kombinate zu intensivieren und dabei effektivere Strukturen des Arbeitsvermögens zu schaffen. Die WAO hat hier einen Beitrag für einen höheren Produktivitätszuwachs zu leisten, vor allem durch eine vollkommenere Nutzung der im Arbeitsvermögen liegenden Potenzen;
- eine weitere Ausgestaltung des sozialistischen Leistungsprinzips entsprechend den künftigen Reproduktionsbedingungen.

Eine wesentliche Rolle dabei spielt die Ausschöpfung der qualitativen Faktoren der Intensivierung, die individuelle und kollektive Stimulierung der Werktätigen für hohe Endergebnisse bei prozeßorientierter Arbeitsorganisation und die Förderung des subjektiven Faktors.

Ekkehard Sachse

Erhöhter Beitrag des Arbeitsvermögens zum Effektivitätswachstum der sozialistischen Volkswirtschaft

In meinem Beitrag möchte ich auf einige Aspekte eingehen, wie das Arbeitsvermögen entsprechend den neuen Ansprüchen sowie im Komplex der Intensivierungsfaktoren zu höherer Wirkung gebracht werden kann. Dabei ist uns natürlich die Rolle der Arbeitskraft als Hauptproduktivkraft unserer Gesellschaft völlig geläufig. Dennoch stoßen wir in Theorie und Praxis immer wieder auf den hinderlichen Zustand, daß die erforderliche Erzeugniserneuerung, Veredlung, Rationalisierungsinvestition, Modernisierung usw. keineswegs immer integrativ Hand in Hand mit einer zielgerichteten und ebenfalls grundlegenden Verbesserung der Nutzung unseres Arbeitsvermögens geht, die zugleich unseren sozialen Forderungen entspricht. Diese diesbezügliche integrative Einheit, die eine unabdingbare Voraussetzung für die Effektivitätsentwicklung unter den Bedingungen umfassender Intensivierung ist, wurde mit ganzer Konsequenz bei der Einführung bzw. Bewertung der Effektivität von Industrierobotern zum Ausdruck gebracht.[1] Die Gewinnung von Arbeitskräften und die dem Sozialismus adäquate Verbesserung der Arbeits- und Lebensbedingungen im umfassendsten Sinne des Begriffes müssen jedoch Anliegen jeglicher Aufgabenstellung bzw. Entwicklungsrichtung im Rahmen des wissenschaftlich-technischen Fortschritts sein. Das ist eine unverzichtbare Bedingung der Intensivierung von vornherein und nicht – wie man es immer wieder finden kann – eine nachträgliche Ermittlung der Wirkungen der Technik auf das Arbeitsvermögen. Am Rande sei hier noch vermerkt, daß neben diesen inneren objektiven Erfordernissen unser verfügbares Arbeitsvermögen (in Personen und ohne Berücksichtigung von Arbeitszeitveränderungen) im nächsten Fünfjahrplan nur noch einen geringfügigen und territorial sehr differenzierten Zuwachs haben wird. Um 1992 werden wir zwar die höchste Anzahl an Arbeitskräften in unserer DDR-Geschichte erreichen; danach folgt aber eine über das Jahr 2000 vorausschaubare Stagnationsperiode.

Die hier dargelegten Erfahrungen verwirklichen sich nicht im Selbstlauf; ihre Verallgemeinerung aus dem Bereich Erzbergbau, Metallurgie und Kali heraus zeigt prinzipielle Lösungswege.

Entwicklung der Anforderungen an den 1. Platz im Leistungsvergleich der WAO-Studien[4]

bewertete Ergebnisse	ME	Mai 1976	Mai 1982
Gewinnung von Arbeitskräften für neue Aufgaben	VBE	42,5	115
Anteil an Gesamtbeschäftigten	%	6,0	13,1
Arbeitszeiteinsparung	Th	26,1	295,7
Arbeitszeiteinsparung	h/VBE	37,1	336,4
Erfüllung des Planes zur Verbesserung der materiellen Arbeitsbedingungen	%	100,0	233,3
Sicherung des Wiedereinsatzes der gewonnenen Arbeitskräfte	%	100,0	100,0
Erfüllung der Hauptkennziffern des Planes im Untersuchungsbereich	%	–	103,9
Fondsrückgabe		–	1 Mio m^3 Erdgas
Importablösung durch einheimische Rohstoffe	%	–	für Feldspat 100 %
Senkung des Bedarfs	%	–	8,9
Erhöhung Anteil GZR	%	–	76
Realisierungsstand der Arbeitskräftegewinnung zum Zeitpunkt der Auszeichnung	%	–	50
inhaltliche und methodische Originalität		–	bedarfsgerechte Gewinnung von Arbeitskräften
Verallgemeinerungswürdigkeit		–	für Untersuchungen in Leitung und Verwaltung
Nachnutzung		–	in anderen Betrieben des Kombinates lt. Festlegung GD

Ein erster Aspekt dieser Erfahrungen besteht darin, daß über einen Maßnahmeplan des Ministers, der in Weiterentwicklung der langfristig konzeptionellen Arbeit für den laufenden Fünfjahrplan erarbeitet wurde, die Einheit von wissenschaftlich-technischem Fortschritt und Erhöhung der ökonomischen und sozialen Effektivität beim Einsatz des Arbeitsvermögens als Voraussetzung des Planes gesteuert wird[2]. Diese spezielle Planvorgabe enthält, ausgehend von den strategischen Orientierungen für die Entwicklung des Industriebereiches, die Hauptzielstellungen, die mit der Entwicklung bzw. Durchsetzung des wissenschaftlich-technischen Fortschritts zur Erhöhung der ökonomischen und sozialen Wirksamkeit beim Einsatz des Arbeitsvermögens zu erreichen sind. Im einzelnen enthält dieser Maßnahmeplan konkrete – in Kennziffern ausgedrückte – an die Kombinate adressierte Aufgaben auf dem Gebiet der Forschung und Entwicklung, Investitionen bzw. Modernisierung und dem Einsatz von Rationalisierungsmitteln sowie Maßnahmen zur Durchsetzung der WAO, die im Komplex die erforderlichen ökonomischen und sozialen Effekte im Fünfjahrplan sichern sollen. Diese Zielstellungen dienen zur:

- Gewinnung von Arbeitskräften für neue Aufgaben;
- der Einsparung von Arbeitszeit;
- der Veränderung der Struktur des Arbeitsvermögens nach Beschäftigungsgruppen und Arbeitsbereichen;
- der Verbesserung der Arbeitszeitbilanz;
- der Reduzierung körperlich schwerer Arbeit und Verbesserung der Arbeitsumweltbedingungen;
- der Weiterführung der leistungsorientierten Lohnpolitik;
- der Entwicklung der Qualifikationsstruktur sowie Aus- und Weiterbildung der Werktätigen;
- der kaderseitigen Sicherung arbeitswissenschaftlicher Aufgaben.

Das Besondere dieses Herangehens besteht darin, daß vom Plan her und als vorauslaufende Aufgabe für alle Bereiche, die Wissenschaft und Technik entwickeln, also wie es in den Schwerpunkten gefordert wurde, spezielle Effektivitätsmaßstäbe gesetzt wurden. Damit wird, und zwar leitungsmäßig praktikabel, noch ein Schritt weiter gegangen, als es sich mit den im vergangenen Jahr eingeführten „Langfristigen Arbeitskräftekonzeptionen"[3] im allgemeinen erreichen läßt. Der zweite verallgemeinerungsfähige Aspekt dieser Arbeit besteht darin, daß im Leistungsvergleich von komplexen WAO-Studien die Einheit des technisch-ökonomisch-sozialen Fortschritts im Kennziffernprogramm weiter ausgeprägt und hinsichtlich des Niveaus der Ergebnisse beträchtlich erhöht werden konnte:
Auf diesen Wegen konnten in den Kombinaten des Bereiches wachsende ökonomische Ergebnisse in Einheit mit Strukturverbesserungen des Arbeitsvermögens, Erhöhung der Qualifikation und – hier besonders wichtig – mit einer ständigen Senkung der nach Gefährdungsfaktoren exponierten Arbeitskräfte erreicht werden. Das erfüllt voll und ganz die Forderungen, die eingangs aus einer bestimmten Gesamtsicht heraus erhoben wurden.

Schließlich soll noch aus einer anderen Sicht auf die Beziehung Arbeitsvermögen–Effektivität hingewiesen werden. Das Arbeitsvermögen wird bekanntlich nur zu einem Teil in die Effektivitätsberechnung einbezogen; mit den „Abgaben für gesellschaftliche Fonds" könnten zukünftig durchaus Wirkungen zur Erhöhung der Effektivität ausgelöst werden. Aus der Sicht der Basis für solche Wirkungen in den Betrieben geht es jedoch noch um andere Fragen.

In unserer Theorie und Praxis bildet die „rationelle Nutzung des Arbeitsvermögens" eine wichtige Wirkungsrichtung zur Effektivitätserhöhung. Die Messung bzw. Bewertung erfolgt jedoch in bezug auf ein mögliches Potential des Arbeitsvermögens. Fortschritte auf diesem Gebiet sind zwar notwendige Voraussetzung für eine Effektivitätserhöhung; die Wirkung ist jedoch nicht zwangsläufig, wenn nicht eine entsprechende Erhöhung der Arbeitsleistung bzw. der Gesamteffektivität eintritt.

Als besonders problematisch erweist sich unser Maßstab für die Qualifikationsnutzung, der bekanntlich über die Planstellenbesetzung ausgedrückt und auch in der Öffentlichkeitsarbeit verwendet wird. Untersuchungen in der Praxis zeigen folgendes:

- Ein nicht unbeträchtlicher Teil unserer Werktätigen erfüllt die Anforderungen der Arbeit auf Grund von langjährigen Erfahrungen bzw. einzelner Qualifizierungsmaßnahmen – ohne einen entsprechenden Abschluß für die betreffende Planstelle zu haben.
  Ein formaler Soll-Ist-Vergleich führt hier immer zu einer Einschätzung, die der Wirklichkeit nicht entspricht. Es gibt natürlich auch dieses Problem in umgekehrter Richtung.
- Mit den vorgesehenen Profilveränderungen bei Ökonomen und Ingenieuren im Bereich des Hoch- und Fachschulwesens wird sich der Einsatz unterschiedlicher Ausbildungsprofile für ökonomische Aufgaben noch weiter entfalten.
- Das eigentliche Hauptproblem besteht jedoch darin, daß zwischen der herkömmlichen Erfassung der Qualifikation bzw. ihrer Nutzung und dem Leistungsgeschehen kein zwingender ökonomischer Zusammenhang besteht.

Deshalb sei an dieser Stelle darauf hingewiesen, daß methodische Lösungen – mögen sie auch noch so gut sein –, die keine feste Integration in das Leitungs- und Leistungsgeschehen erreichen, ihre Wirkung auf die Erhöhung der Effektivität verfehlen. Daraus folgt, Qualifikation in ihrer realen Entfaltung, wie wir sie für den Intensivierungsprozeß brauchen, mißt sich in Aufwand und Ergebnis, in untrennbarem Zusammenhang mit der Arbeitsleistung. Diese Erkenntnis ist in unserer Praxis gereift. In Zusammenarbeit mit einem Berliner Betrieb haben wir dieses Problem in der Forschungsarbeit angepackt, da es sich um eine Frage von allgemeiner Bedeutung handelt.[5]

Die Schwierigkeit besteht darin, aus arbeitsteilig entstandenen und z.T. ungenügend miteinander abgestimmten Festlegungen eine komplexe Leistungswirkung zu erreichen. In diesem Falle liegen die Stellenplanung bei der Betriebsorganisation, die Arbeitsklassifizierung bei der WAO im technischen Bereich, Grundregelungen zur Entlohnung in der Arbeitsökonomie, Fragen zur formalen und realen Qualifikation bei der Kaderabteilung und die konkrete Leistungsbewertung beim jeweiligen Leiter. Bei der Lösung dieses Problems traten neben der Arbeitsklassifizierung Fragen der Suche nach einer noch differenzierteren Ergebnisbewertung in Einheit mit der Bewertung der realen Qualifikation (im Sinne von: Disponibilität, Einsatzbereitschaft, Zuverlässigkeit, Kreativität u. a.) im Leitungs- und Leistungsprozeß in den Vordergrund. Dazu brauchen wir neue praktikable und wirksame Instrumentarien, wobei das nur mit Hilfe der EDV machbar ist. In diesem Sinne sind neue Erfordernisse und auch Lösungsansätze herangereift, wobei hier nur typische Aspekte herausgegriffen wurden, um die wertschaffende Potenz des Arbeitsvermögens zu noch stärkerer Wirkung bei der Erhöhung der volkswirtschaftlichen Effektivität zu bringen.

Anmerkungen

[1] Vgl. Methodik für die ökonomische Bewertung des Einsatzes der Industrierobotertechnik, Ministerrat der DDR, Staatliche Plankommission, 30.6.1982.

[2] Vgl. B. Kleinert, Die Erhöhung der Wirksamkeit des wissenschaftlich-technischen Fortschritts unter besonderer Berücksichtigung des Arbeitsvermögens im Verantwortungsbereich des Ministeriums für Erzbergbau, Metallurgie und Kali, Forschungsarbeit an der Hochschule für Ökonomie Bruno Leuschner, Berlin 1984, S. 7.

[3] Vgl. Anordnung über die Ausarbeitung langfristiger Konzeptionen zum Einsatz und zur effektiven Nutzung des gesellschaftlichen Arbeitsvermögens, GBl. der DDR vom 25.4.1984 Sonderdruck Nr. 1020/1.

[4] B. Kleinert, Die Erhöhung der Wirksamkeit..., a.a.O., S. 6a.

[5] Vgl. A. Petras, Zu ausgewählten Problemen der Qualifikationsnutzung des betrieblichen Arbeitsvermögens, Forschungsbericht, Hochschule für Ökonomie Bruno Leuschner, Berlin 1984, Wissenschaftsbereich Arbeitsökonomie.

Gerhard Tietze

Zu sozialen und arbeitswissenschaftlichen Aspekten der Effektivität

Ausgehend vom Beschluß unserer Partei, den Kurs der Hauptaufgabe in seiner Einheit von Wirtschafts- und Sozialpolitik auch im Zeitraum 1986–1990 fortzusetzen, verwies Erich Honecker darauf, daß dies zugleich eine dynamische und effektive Entwicklung der Produktivkräfte verlange und fördere.[1] Eine wichtige Einflußgröße ist, wie in den vorliegenden Schwerpunkten der Tagung hervorgehoben wird, die Forderung, die ökonomischen und sozialen Komponenten der Leistungs- und Effektivitätsentwicklung stets als Einheit zu betrachten und durch Herstellung enger Wechselbeziehungen zwischen diesen Komponenten weitere Aktivitäten zur Leistungssteigerung auszulösen.

Die für hohe Effektivität sozialistischer Intensivierung erforderliche Übereinstimmung von wissenschaftlich-technischem und sozialem Fortschritt kann und muß bewußt herbeigeführt werden, um die soziale Sicherheit als Triebkraft für die Erhöhung der Effektivität der Volkswirtschaft voll wirksam zu machen. Auf die gesellschaftlich objektiv unterschiedlichen Möglichkeiten verwies u. a. Lenin, als er 1913 am Beispiel eines neuen Verfahrens zur Energiegewinnung unter Tage neben einer Würdigung der ökonomischen Vorteile zugleich die sozialen Wirkungen im Kapitalismus und Sozialismus einschätzte und der Elektrifizierung voraussagte, daß sie im Sozialismus die Arbeitsbedingungen von Millionen Arbeitern hygienischer gestalten und die Umwandlung der schmutzigen, häßlichen Werkstätten in saubere, helle, menschenwürdige Laboratorien beschleunigen werde.[2] Diese historische Überlegenheit des Sozialismus, „daß er den wissenschaftlich-technischen Fortschritt zielstrebig in ökonomischen und sozialen Fortschritt im Interesse der Werktätigen umsetzt“[3], kann an vielen Ergebnissen der erfolgreichen Einheit von Wirtschafts- und Sozialpolitik in unserer Republik nachgewiesen werden. Wir haben das produzierte Nationaleinkommen kontinuierlich erhöht und 1984 ein Wachstum von 5,5 % erreicht bei weiter sinkendem Material- und Energieverbrauch. Für 1000 Mark Industrieproduktion waren 1970 noch 23 Arbeitsstunden erforderlich. 1980 nur noch 13 Stunden. 1984 resultierten 90 % des Nationaleinkommenzuwachses aus gestiegener Produktivität. Bei den Produktionsausrüstungen sind über ein Drittel aller Maschinen in der Industrie nicht älter als 5 Jahre und insgesamt sind 60 % nicht älter als zehn Jahre. Die zeitliche Auslastung wichtiger Produktionsausrüstungen erhöhte sich auf über 16 Stunden je Kalendertag. Gleichzeitig vollzogen sich Verbesserungen an den Arbeitsplätzen. So wurden von 1971 bis 1983 insg. über 2 Mio. Arbeitsplätze durch Maßnahmen der wissenschaftlichen Arbeitsorganisation neu- und umgestaltet. Damit sind die Arbeitsbedingungen für nahezu 3 Millionen Arbeiter leichter und angenehmer geworden. Die Arbeit wurde inhaltsreicher und verantwortungsvoller. Zugleich wurden erschwerte Arbeitsbedingungen beseitigt. Im Zeitraum von 1976 bis 1983 ging die Quote der Arbeitsunfälle je 1000 Beschäftigte von 32,60 (1976) auf 26,40 (1983) zurück. Die Berufskrankheiten konnten in diesem Zeitraum um über 30 % vermindert werden.

Es wäre aber ein Irrtum zu glauben, die Übereinstimmung von wissenschaftlich-technischem, ökonomischem und sozialem Fortschritt sei im Sozialismus von selbst und widerspruchsfrei gegeben. Sie muß vor allem durch die verantwortlichen Leiter als ein aktiver, schöpferischer Prozeß organisiert, als ein bewußt zu realisierendes Verhältnis herbeigeführt werden. Die Untersuchungen belegen, daß die besten ökonomischen und sozialen Wirkungen erzielt werden, wenn die Gestaltung progressiver Arbeitsinhalte sowie produktivitäts- und persönlichkeitsfördernder Arbeitsbedingungen Bestandteil der Projekte, Konstruktionen und neuen Technologien sind. Bei noch anzutreffender Sanierung nach Inbetriebnahme von Maschinen und Anlagen ist meist der Aufwand an Kosten, Zeit und Material höher und der Nutzen geringer. Das ist dann häufig auch Ursache für das Nichterreichen der geplanten Effektivitätsparameter bei Rationalisierungsprozessen. Im VEB Elektrokohle Berlin-Lichtenberg gelang es dagegen, durch qualifizierte Vorbereitung und Realisierung des Rationalisierungsvorhabens „Kühlbadanlage 5000 Mp-Presse“ sowohl eine höhere Produktivität und Qualität der Arbeit, eine Einsparung von 4 Arbeitskräften als auch eine wesentlich höhere Arbeitssicherheit, bessere arbeitshygienische Bedingungen und Abbau körperlich schwerer Arbeit zu erreichen. Als Methoden bewährten sich dabei: exakte Aufgabenstellungen für die Konstrukteure und Projektanten in den Pflichtenheften, kontinuierliche sozialistische Gemeinschaftsarbeit zwischen Arbeitern und Ingenieuren innerhalb von Rationalisierungskollektiven und gezielte Nutzung der Erfahrungen der an der alten Anlage tätigen Arbeiter. Auf dieser Grundlage entstanden die jeweiligen Verpflichtungen der Arbeitskollektive im sozialistischen Wettbewerb.

Die Verwirklichung der eingegangenen Verpflichtungen erforderte entsprechende Denk- und Verhaltensweisen der zuständigen Leiter und Werktätigen. Die Qualität der Arbeit jedes Konstrukteurs wurde daran gemessen, in welchem Maße er die notwendigen technischen, technologischen, ökonomischen und sozialen Parameter erfüllt. Dabei ist auch davon auszugehen, daß

„die sozialistische Rationalisierung für die Gewerkschaften ein ständiger gesellschaftlicher Prozeß (bleibt), den es immer mit den Menschen für die Menschen zu gestalten gilt."[4]

Bewährt haben sich dabei gemeinsame Pläne der Zentralvorstände der Industriegewerkschaften mit den zuständigen Ministerien sowie langfristige Führungskonzeptionen der Gewerkschaftsleitungen. Sichtbar wurde des weiteren, daß es immer weniger um die Gestaltung von Einzelmaschinen, sondern um die ganzer Maschinensysteme geht und – wie in Schwedt – der Widerspruch zwischen der sich verändernden Funktionsteilung Mensch–Arbeitsmittel zu den traditionellen Formen innerbetrieblicher Arbeitsteilung gelöst werden muß.

Es ergibt sich: Die gleichwertige und gleichzeitige Integration sozialer und arbeitswissenschaftlicher Aspekte, Anforderungen und Aufgaben in Leitungsentscheidungen über Vorhaben des wissenschaftlich-technischen Fortschritts muß noch umfassender zum Denk- und Verhaltensprinzip der Leiter aller Ebenen und der gewerkschaftlichen Leitungen und Vorstände werden, wobei seitens der Gesetzgebung und der Planmethodik alle notwendigen Voraussetzungen bestehen. Allerdings stellten wir fest, daß die „Nomenklatur der Leistungen von Wissenschaft und Technik" vor allem Festlegungen zur Gewährleistung des Gesundheits-, Arbeits- und Brandschutzes sowie der Schutzgüte erfaßt. Dazu ist eine erfolgreiche Arbeit in der Praxis nachweisbar, die sich auch in der rückläufigen Entwicklung der Arbeitsunfälle widerspiegelt. Mehr sind daher in dieser Nomenklatur meßbare Kriterien progressiver Arbeitsinhalte und -bedingungen aufzunehmen und verbindlich zu regeln. Im EAW Treptow gilt mit Recht der Grundsatz: Wo neue Verfahren in die Produktion überzuleiten sind, müssen die Arbeitsplätze so gestaltet werden, daß sie mindestens Facharbeiterqualifikation erfordern[5]. Gleichzeitig muß den komplizierter werdenden Erfordernissen gegenseitiger Verflechtung von Ökonomie, Technik und Sozialem entsprochen werden, die aus den aktuellen Bedingungen umfassender Intensivierung resultieren, z. B. hinsichtlich der wachsenden Dimension gezielter Gewinnung von geeigneten Arbeitskräften für die moderne Technik und die Gewährleistung ihres ökonomisch effektiven und sozial adäquaten Wiedereinsatzes als Bestandteil sozialer Sicherheit u. Verwirklichung des wissenschaftlich-technischen Fortschritts unter Bedingungen der Vollbeschäftigung. Damit verbunden sind solche Erfordernisse des gesetzmäßigen Wechsels der Arbeit wie

- die langfristige Planung der Veränderung der Berufs- und arbeitsfunktionellen Struktur entsprechend den jeweiligen Erfordernissen der Rationalisierung;
- die Beherrschung des Prozesses von weiterer Teilung der Arbeit und Spezialisierung des Arbeiters bei gleichzeitigem Schaffen von Voraussetzungen für höheren disponiblen Einsatz im Arbeitsprozeß des bisherigen Betriebes oder eines anderen Betriebes.

Sozialpolitisch erfordert dies die Integration der sozialen Probleme in die langfristig vorzubereitenden Entscheidungen der Entwicklung des gesellschaftlichen Arbeitsvermögens und innerbetrieblich und territorial langfristige Vorbereitungen zur Lösung sozialer Fragen bei der Arbeitskräfte-Ausbildung (Bildungsvorlauf) und -Umsetzung, der Wohnungsprobleme, des Berufsverkehrs, um einige zu nennen. Im Zeitraum 1986–1990 werden wir uns der Untersuchung solcher Probleme ebenfalls zuwenden, wobei eine besondere Gewichtung dem rationellen Zusammenwirken von Betrieb und Territorium zukommt.

Um Wissenschaft und Technik von vornherein gezielt so einzusetzen, daß gewünschte soziale Effekte in der Verbesserung der Arbeits- und Lebensbedingungen eintreten, die Werktätigen aktiv einbezogen werden und für sie daraus der Anreiz zu höherer Initiative sich herausbildet, nimmt vor allem die betriebliche Sozialpolitik eine bedeutende Stellung ein. Sie ist am besten geeignet, die staatliche Sozialpolitik und ihre Anforderungen an den wissenschaftlich-technischen Fortschritt am konkreten Arbeitsplatz umzusetzen und damit den Werktätigen den Sinn des Sozialismus auch von dieser Seite erlebbar und bewußt werden zu lassen. Auf diesem Wege wird soziale Sicherheit Triebkraft für Initiativen, die die Effektivität der Produktion steigern.

Im Beratungsmaterial wird auf die wachsende Rolle des subjektiven Faktors und darauf verwiesen, daß die Leistungsbereitschaft der Werktätigen durch das Bewußtwerden der Tatsache bestärkt werde, die sozialen Ergebnisse beruhen auf den Fortschritten von Produktivität und Effektivität. Wo anders als gerade im Betrieb, am Arbeitsplatz, im Hauptfeld des wissenschaftlich-technischen Fortschritts steht günstiger und fordernder die Aufgabe, jedem Werktätigen diesen Zusammenhang täglich erlebbar zu machen.

In den Betrieben und Kombinaten ist daher die zentrale Aufgabe betrieblicher Sozialpolitik, sozialistische und progressive Arbeitsbedingungen und Arbeitsinhalte zu schaffen.

Diese stellen auf der Basis des wissenschaftlich-technischen Fortschritts stets höhere Anforderungen an Qualifikation, Fertigkeiten und Verantwortung; sie sind mit wachsendem Anteil geistig-schöpferischer Arbeitsinhalte verbunden, die einseitige, monotone und belastende Arbeit immer mehr zurückdrängen; sie gewährleisten Sicherheit vor Unfällen und arbeitsbedingten Krankheiten; sie schaffen Erleichterung in der Arbeit und Erschwernisfreiheit; sie bieten weitgehend günstige Bedingungen im Wechselspiel zwischen Anspannung und Erholung; sie dienen der Überwindung noch vorhandener wesentlicher Unterschiede in dem Niveau der Arbeitsbedingungen. Sozialistische Arbeitsbedingungen erfordern die persönlichkeitsfördernde Gestaltung der Kollektivbeziehungen, die umfassende Teilnahme der Werktätigen an der Verbesserung der Arbeitsbedingungen, die Höherentwicklung der sozialen Beziehungen und Verhältnisse des Betriebskollektivs.

Aus den erwähnten Untersuchungen wird aber zugleich sichtbar, daß noch ungenutzte Möglichkeiten und fehlende Initiativen darauf verweisen, die Verantwortung der Leiter und Mitarbeiter in den Forschungseinrichtungen und den produktionsvorbereitenden Bereichen dafür zu erhöhen, daß sie die Gestaltung progressiver Arbeitsinhalte sowie produktivitäts- und persönlichkeitsfördernder Arbeitsbedingungen als langfristige strategische Orientierung aufgreifen und verwirklichen. Es geht darum, noch vorhandene einseitige, monotone, belastende Tätigkeiten, wie wir sie z. B. noch bei Näh- und Fügeprozessen antreffen, nicht als Restposten der Mechanisierung und Automatisierung zu belassen oder wenigstens durch arbeitsorganisatorische Lösungen die Arbeit leichter und interessanter zu gestalten.

Eine wichtige Anforderung besteht darin, in den Betrieben und Kombinaten den wissenschaftlich-technischen Fortschritt mit der sozialen Entwicklung der Arbeiterklasse und ihrer Verbündeten zu verbinden. Es geht um die planmäßige Entwicklung der sozialen Struktur des Betriebskollektivs, insbesondere zur Herausbildung sozialistischer Arbeitskollektive, um die ständige berufliche und politisch-ideologische Befähigung ihrer Mitglieder zur Meisterung der höheren Anforderungen des wissenschaftlich-technischen Fortschritts. Es geht um die Gestaltung der sozialen Beziehungen zwischen den Kollektiven und innerhalb derselben, insbesondere auch unter solchen neuen Anforderungen des wissenschaftlich-technischen Fortschritts, wie der umfassenden Gewinnung und Wiedereinsetzung von Arbeitskräften in neuen Kollektiven.

Immer mehr treten als Bedingungen der Zufriedenheit im Arbeitsprozeß Faktoren hervor, wie das Sich-wohl-Fühlen im Kollektiv, fachliches und politisches Wissen des Leiters, Berücksichtigung der Meinung des Kollektivs bei Entscheidungen, gegenseitige Anerkennung, Achtung und Hilfe. Die sozialistische Persönlichkeit zeichnet sich auch durch Schöpfertum, durch Interesse an der eigenen Leistung und an der des Kollektivs aus. Die Übereinstimmung von technischem und sozialem Fortschritt muß aber auch von dieser Seite her bewußt erlebt werden.

Eine wichtige Aufgabe betrieblicher Sozialpolitik ist in diesem Zusammenhang, in differenzierter Weise auf die soziale Entwicklung und die Lebensweise der sozialen Gruppen der Arbeiterklasse und der mit ihr verbündeten Werktätigen einzuwirken. Es handelt sich u. a. um solche wichtigen Gruppen Werktätiger, wie Produktionsarbeiter, in Forschung und Entwicklung oder Produktionsvorbereitung tätige Arbeiter und Angestellte; es handelt sich um Gruppen entsprechend der Qualifikation; es geht um sozialdemografische Gruppen wie Frauen, Mütter, jugendliche Arbeiter, ältere Werktätige usw. In dieser Hinsicht gehen wir von Erkenntnissen Marx' aus, die er in seinem „Fragebogen für Arbeiter“ zum Ausdruck brachte. Marx verschaffte sich genaue Kenntnis der Ausbeutungsbedingungen und zwar aus der Hand der Arbeiter selbst. Dabei legte Marx großen Wert auf die exakte und differenzierte Erfassung der Arbeits- und Lebendsbedingungen nach sozialen Gruppen der Arbeiterklasse.[6]

Dieses sozial differenzierte Betrachten ist uns Beispiel und gewinnt im wissenschaftlich-technischen Fortschritt noch an Bedeutung. Es ist die genaue Kenntnis der differenzierten Bedürfnisse wichtig, um die Übereinstimmung von wissenschaftlich-technischen Erfordernissen (z. B. Schichtarbeit oder Berufstätigkeit der Frau) mit den sozialen Fragen zu gewährleisten. So ist z. B. Förderung der berufstätigen Mutter nicht identisch mit Förderung der berufstätigen Frau. Für die Mütter stellen sich sozialpolitische Maßnahmen, z. B. die günstigste Regelung der Arbeitszeitverkürzung, ganz unterschiedlich der in Abhängigkeit von der Anzahl und dem Alter der Kinder, von den familiären Verhältnissen, von ihrem derzeitigen Einsatz in der Produktion usw.

Untersuchungen der Gewerkschaftshochschule in 18 Betrieben, in die 7000 Mütter einbezogen waren, haben z. B. gezeigt, daß in diesen Betrieben die Mütter im Bildungs- und Qualifikationsniveau den gleichen Stand wie die Männer erreicht haben. Es bedarf jedoch differenzierter sozialer Förderung im Hinblick auf Bedingungen für die Kinderunterbringung, den Berufsverkehr usw., damit sie Berufstätigkeit bei qualifikationsgerechtem Einsatz und familiäre Pflichten gut vereinbaren können.

Es ist gerade auch ein Ausdruck der sozialen Sicherheit bei der Verwirklichung des wissenschaftlich-technischen Fortschritts im Sozialismus, daß z. B. der Einsatz moderner Technik bei weiterem Gewährleisten des hohen Beschäftigungsgrades von Frauen und Mädchen im arbeitsfähigen Alter erfolgt, von denen 90 % beruflich tätig sind oder sich in der Ausbildung befinden.

Besonderes Gewicht erhält in der umfassenden Intensivierung die Gewährleistung sozialer Erfordernisse zur Förderung der Schichtarbeit.

Die mit der umfassenden Intensivierung verbundene Zunahme der Mehrschichtarbeit stellt wachsende Anforderungen an die betrieblichen Leitungen sowie gewerkschaftliche Interessenvertretung hinsichtlich der Einflußnahme auf das Schaffen notwendiger materieller, organisatorischer, politisch-ideologischer und sozialer Voraussetzungen sowie der konsequenten Einhaltung der arbeitsrechtlichen Bestimmungen zur Stimulierung und Anerkennung der Mehrschichtarbeit. Die erhöhte Auslastung der Grundfonds bedingt eine wachsende Anzahl von Schichtarbeitern – besonders Dreischichtarbeitern – in der Produktion und in anderen Bereichen, u. a. auch bei Dienstleistungen. Der wissenschaftlich-technische Fortschritt eröffnet zugleich Wege und Möglichkeiten zur Einführung bedienarmer Fertigungsprozesse. Es geht um eine höchstmögliche Auslastung der Grundfonds mit einer dazu erforderlichen Anzahl von Schichtarbeitern.

Untersuchungen in über 20 Betrieben mit 13000 Schichtarbeitern, von denen ca. 1000 interviewt wurden, zeigen, wie betriebliche Leitungen und die Gewerkschaften in der DDR bemüht sind, die hohen Leistungen der Schichtarbeiter zu würdigen, ihre Arbeits- und Lebensbedingungen vorrangig zu verbessern, ihnen zeitliche und soziale Vergünstigungen zuteil werden zu lassen, die von ihnen hoch geschätzt werden. Sie machen auch deutlich, daß sozial differenziert ihre Bedürfnisse berücksichtigt werden.

Die Untersuchungen zeigen, daß beim Übergang zur Schichtarbeit vor allem solche zeitlichen Regelungen zu unterstützen sind, die eine hohe kalendertägige Auslastung der Grundfonds ermöglichen und bei denen den Werktätigen in Übereinstimmung von gesellschaftlichen und individuellen Interessen durch die Lage der Schicht und den Wechsel der Schichten viel zusammenhängende nutzbare Freizeit, vor allem an Wochenenden, gewährt wird. Für Mütter mit Schulkindern ist z. B. die Spätschicht wegen der Beaufsichtigung der Kinder am Nachmittag am problematischsten – viele von ihnen bevorzugen daher die Kombination von Früh- und Nachtschicht.

Daraus ergeben sich Aufgaben für die künftige Stimulierung. Die materielle Stimulierung hat als Motiv für die Schichtarbeit ebenfalls allgemein große Bedeutung. Die Differenziertheit in Höhe und nach angewandten Formen zwischen Betrieben und Industriezweigen hat zugenommen; sie sollte jedoch beim weiteren Übergang zur Schichtarbeit nicht ausgedehnt werden. Notwendig wäre u. a. das Festlegen oberer Begrenzungen für die Höhe der Stimulierungsbeträge, entsprechende Festlegungen in den Lohnverwendungskonzeptionen, die stärkere Bindung materieller Zuwendungen an die Leistungen der Schichtarbeiter.

Trotz des gegenwärtig allgemein hohen Stellenwertes finanzieller Vorteile ist die Einheit aller Stimulierungsfaktoren wirksamer zu machen. Der Stellenwert der materiellen Stimulierung verringert sich mit der Hebung des Lebensniveaus (insbesondere bei Frauen) tendenziell als Motiv für Schichtarbeit. Überlegenswert sind sozialpolitische Maßnahmen, um Schichtarbeit in Zukunft noch stärker zu fördern und anzuerkennen. So könnte an die Beibehaltung von Arbeitszeitverkürzungen nach langjähriger Schichtarbeit gedacht werden.

So muß das unabdingbare Erfordernis, die höhere zeitliche Auslastung der Grundfonds als die größte Reserve zur Steigerung der Leistungen und zur Erhöhung der Effektivität der Volkswirtschaft zu entwickeln, sich mit den sozialen Erfordernissen der Mehrschichtarbeit verbinden.

Abschließend sei festgestellt: Wissenschaftlich-technischer Fortschritt ist im Sozialismus mit der vollen Gewährleistung des Rechts auf Arbeit verbunden. Es ist ein Grundzug sozialer Sicherheit, „daß im Sozialismus niemand den Werktätigen die Errungenschaften ihrer Arbeit streitig machen kann. Ökonomischer Fortschritt führt sozialen Fortschritt herbei“[7].

Daher wirkt soziale Sicherheit zugleich als sichtbarster Vorzug des Sozialismus[8], als entscheidende Triebkraft des gesellschaftlichen Fortschritts ihrerseits fördernd auf die Initiative, das Schöpfertum der Werktätigen in Wissenschaft, Technik und Produktion zurück.

Anmerkungen

1 Vgl. 9. Tagung des ZK der SED, 22./23. 11. 1984, Aus dem Bericht des Politbüros an das ZK der SED, Berichterstatter: Gen. Erich Honecker, Berlin 1984, S. 35.

2 Vgl. W. I. Lenin, Ein großer Sieg der Technik, in: Werke, Band 19, Berlin 1977, S. 43.

3 Thesen des ZK der SED zum Karl-Marx-Jahr 1983, Berlin 1982, S. 43/44.

4 Harry Tisch, Die Einberufung des XI. Parteitages der SED und die Aufgaben der Gewerkschaften, Rede auf der 9. Tagung des ZK der SED, in: Tribüne Nr. 234 vom 27. 11. 1984, S. 4.

5 Vgl. Wer rationeller produzieren will, muß die Bildung besser ausnutzen, in: Neues Deutschland vom 9. 7. 1982, S. 3.

6 Vgl. Karl Marx, Fragebogen für Arbeiter, in: MEW, Band 19, Berlin 1974, S. 230 ff. und S. 569 f.

7 Kurt Hager, Gesetzmäßigkeiten unserer Epoche – Triebkräfte und Werte des Sozialismus, Berlin 1983, S. 49.

8 Vgl. ebenda, S. 48.

Günter Fielitz

Der Beitrag der Territorien für die Steigerung der volkswirtschaftlichen Effektivität

Die ökonomische Strategie des X. Parteitages und die mit der 7. und 9. Tagung des Zentralkomitees der SED eingeleitete neue Etappe ihrer Verwirklichung stellt an die Leitung und Planung der gesellschaftlichen und ökonomischen Prozesse in den Territorien qualitativ höhere Anforderungen.

Der Übergang zur umfassenden Intensivierung des Reproduktionsprozesses macht es notwendig, die Entwicklung der Kombinate, Betriebe und Territorien in ihrer Komplexität zu leiten und zu planen. Vor allem gilt es zu sichern, daß durch die rationelle territoriale Organisation des Reproduktionsprozesses der wissenschaftlich-technische Fortschritt und seine ökonomische Verwertung beschleunigt und insgesamt die Intensivierungsprozesse in den Kombinaten und Betrieben maximal gefördert werden.

Es ergibt sich die Frage, wie der Beitrag der Territorien zur Steigerung der volkswirtschaftlichen Effektivität als dem Hauptfaktor des Wirtschaftswachstums weiter erhöht werden kann. Das ist auch das Grundanliegen, das mit der interdisziplinären Gemeinschaftsarbeit an dem Generalschema für die Standortverteilung der Produktivkräfte verfolgt wird. Bei der Arbeit an diesem Vorplanmaterial ist deutlich geworden, daß sowohl auf Republikebene als auch in den Bezirken und Kreisen der Übergang zur umfassenden Intensivierung die Erschließung neuer Effektivitätsreserven erfordert und ermöglicht.

Damit stellen sich neue Aufgaben an die Steigerung der territorial bedingten Effektivität und ihre Planung und Messung unter den Bedingungen der intensiv erweiterten Reproduktion.

Wie in allen Bezirken unserer Republik ist auch im Bezirk Gera die gesellschaftliche Entwicklung und das ökonomische Wachstum in Verwirklichung der Beschlüsse des X. Parteitages der SED durch hohe Dynamik und wesentliche Intensivierungsfortschritte gekennzeichnet. Im Zeitraum der ersten vier Jahre des laufenden Fünfjahrplanes wuchs bei wachsender Einstellung auf die Intensivierung die industrielle Warenproduktion im Bezirk, Bereich Industrieministerien, um 30,6% bei einer Steigerung der Nettoproduktion um 68,3%. Zu diesen erreichten Ergebnissen hat die Nutzung der territorialen Reproduktionsbedingungen, wie sie auf der 9. Tagung des Zentralkomitees der SED gefordert wurde, bereits wesentlich beigetragen. Sie haben ihre entscheidende Grundlage in der weiter gewachsenen politisch-motivierten Masseninitiative unter Führung der Parteiorganisationen bei der Verwirklichung der ökonomischen Strategie. Dabei werden die Vorzüge der leistungsfähigen Industriekombinate auch im Territorium immer effektiver genutzt.

Die Intensivierungsfortschritte sind dort am größten, wo das geistig-schöpferische Potential, das Wissen und Können der Werktätigen auf die Lösung der entscheidenden Kettenglieder der neuen Etappe der ökonomischen Strategie konzentriert werden.

Gut bewährt hat sich im Bezirk Gera unter politischer Führung der Bezirksleitung der SED die breite Einbeziehung der Werktätigen zur beschleunigten Entwicklung und Einführung völlig neuer wissenschaftlich-technischer und produktionsorganisatorischer Lösungen. Den hohen Bewußtseinsstand und Bildungsgrad der Werktätigen nutzend, wurden innerhalb der letzten beiden Jahre mehr als 300 grundlegende neue wissenschaftlich-technische Lösungen mit hohen produktivitäts- und materialökonomischen Effekten oft binnen Jahresfrist und kürzer realisiert. Ausgehend von solchen erreichten Ergebnissen, wozu die immer umfassendere Ausnutzung der territorialen Bedingungen wesentlich beitrug, wurde durch die Bezirksleitung der SED angeregt, die aus dem Übergang zur umfassenden Intensivierung resultierenden neuen Anforderungen an das Territorium zu analysieren und die territorialen Ressourcen noch effektiver zu nutzen.

Gut bewährt hat sich dabei, daß auf der Grundlage des Generalschemas für die Standortverteilung der Produktivkräfte eine langfristige Konzeption der gesellschaftlichen, ökonomischen und geistig-kulturellen Entwicklung des Bezirkes ausgearbeitet wurde. Im Mittelpunkt dieser Arbeit, die wir als einen Beitrag zur Untersetzung des zentralen Generalschemas ansehen, steht:

Erstens: Die Erhöhung des Nutzungsgrades der territorialen Ressourcen für die entscheidenden Hauptstoßrichtungen des wissenschaftlich-technischen Fortschritts und seiner höchstmöglichen ökonomischen Verwertung;

Zweitens: Die territoriale Unterstützung der Intensivierungs- und Rationalisierungsmaßnahmen in den Kombinaten und Betrieben und die Organisierung von effektiven Kooperationsbeziehungen im Territorium, darunter zur Steigerung der Konsumgüter- und Exportproduktion;

Drittens: Die territoriale Förderung der Herausbildung von rationellen Standortsystemen der Kombinate und leistungsfähiger Stammbetriebe.

Wie die Erfahrungen zeigen, besteht in der Konzentration der territorialen Ressourcen auf die beschleunigte Durchführung der entscheidenden Aufgaben des wissenschaftlich-technischen Fortschritts, der umfassenden Intensivierung in den Kombinaten und der Förderung ihrer rationellen arbeitsteiligen Prozesse einer der wichtigsten Effektivitätsbeiträge des Territoriums für die volkswirtschaftliche Effektivität insgesamt.

Welche Effekte durch die territoriale Förderung des Konzentrationsprozesses der Kombinate auf längere Sicht erreicht werden können, zeigt die Entwicklung des Stammwerkes des Kombinates Keramische Werke Hermsdorf. Durch territoriale Maßnahmen zur Erweiterung und Qualifizierung des Arbeitsvermögens und zur Entwicklung der Infrastruktur wurde gewährleistet, daß notwendige Kapazitätserweiterungen auf dem Gebiet der technischen Keramik und der Mikroelektronik – einschließlich der dazu erforderlichen Forschungskapazitäten – nicht an verschiedenen Standorten zersplittert, sondern konzentriert am Standort Hermsdorf durchgeführt werden konnten.

Die dadurch mögliche konzentrierte Nutzung der Arbeitserfahrungen der Stammbelegschaft am Standort Hermsdorf sowie das enge Zusammenwirken von Forschungseinrichtungen und Produktion und die Herstellung rationeller arbeitsteiliger Beziehungen auf engstem Raum erzielten einen hohen Effektivitätsgewinn. Das hat wesentlich dazu beigetragen, daß im Zeitraum 1970 bis 1984 die Arbeitsproduktivität verzweieinhalbfacht, das Betriebsergebnis und das jährliche Volumen neu- und weiterentwickelter Erzeugnisse versieben- bzw. verzwanzigfacht werden konnte. Durch den konzentrierten Einsatz territorialer Ressourcen wurde nicht nur die Effektivität der Arbeit im Stammbetrieb, sondern auch die Aufwands- und Ergebnisrelation im betreffenden Territorium grundlegend verbessert.

Entscheidende territoriale Ressourcen stehen jedoch nicht unbegrenzt zur Verfügung, und an die territorialen Bilanzen sind bereits gegenwärtig sehr hohe Anforderungen gestellt, die voraussichtlich künftig noch wachsen werden. Die bisher üblichen Methoden der territorialen Rationalisierung, darunter die Nutzung zeitweilig freier Maschinenstunden, der gemeinsame Bau von Rationalisierungsmitteln, der Austausch von Materialreserven und die Investitionskoordinierung, reichen nicht aus, innere Reserven in der heute erforderlichen Dimension zu erschließen, sondern es ist notwendig, die gesamte territoriale Rationalisierung auf eine qualitativ höhere Stufe zu heben. Untersuchungen zeigen, daß ein beträchtliches Effektivitätspotential in der rationellen territorialen Organisation des Reproduktionsprozesses liegt.

Um diese Reserve beim Übergang zur umfassenden Intensivierung immer wirksamer zu nutzen, ist es notwendig, in der Praxis anwendbare Methoden des Nachweises und der Planung der territorial bedingten Effektivitätssteigerung zu entwickeln.

Ausgangspunkt sind auch hier die allgemeinen Prämissen der Kategorie Effektivität unter sozialistischen Produktionsverhältnissen.

Unter sozialistischen Produktionsverhältnissen definieren wir die territorial bedingte Effektivität als Beitrag einer rationellen territorialen Organisation des Reproduktionsprozesses zur Verwirklichung der gesamtgesellschaftlichen Ziele ins Verhältnis gesetzt zum gesellschaftlichen Aufwand ihrer Herstellung und Sicherung. Um das gesamte Effektivitätspotential, das in der rationellen territorialen Organisation liegt, aufzudecken und zu nutzen, erfordert das, den Reproduktionsprozeß auch in den territorialen Einheiten in seinen vier Phasen, den technologischen Bedingungen und seiner territorialen Organisation zu analysieren. Dabei muß die jeweilige Verantwortungsebene streng beachtet werden und ein „Hineinregieren" in die Leitung und Planung der Kombinate durch territoriale Organe unterbleiben. Keine isolierten, territorialen Lösungen, sondern rationelle, territoriale Organisation als Teil des einheitlichen Reproduktionsprozesses ist Weg und Ziel.

Zu den wesentlichen Voraussetzungen für die Nutzung der Reserven planmäßiger Steigerung der territorial bedingten Effektivität gehört die Schaffung von Methoden zur Bestimmung des Nutzens und des Aufwandes rationeller Standortverteilung der Produktivkräfte in volkswirtschaftlichem Maßstab (Generalschema Standortverteilung der Produktivkräfte), rationeller Standortsysteme der Kombinate und rationeller Standortbedingungen und -komplexe in den Gebieten. Auf der Bezirks- und Kreisebene gilt es Methoden des territorialen Effektivitätsvergleiches zwischen Gebieten sowie zur Qualifizierung der territorialen Bilanzierung und Optimierung mit dem Ziel des höchsten gesellschaftlichen und volkswirtschaftlichen Effektivitätsbeitrages zu entwickeln.

Eine vergleichende Untersuchung der in ihrer ökonomischen Struktur ähnlichen Kreise Greiz und Zeulenroda bestätigt die Existenz von wesentlichen Unterschieden der territorial bedingten Effektivität. Zeulenroda und Greiz sind traditionelle Industriekreise. Die Struktur der Beschäftigten beider Kreise ist ähnlich: jeweils mehr als 50 % der Beschäftigten arbeiten in Industriebetrieben. Auch der Materialaufwand der Produktion ist annähernd gleich. Der Qualifikationsgrad der Beschäftigten ist ebenfalls in beiden Kreisen sehr ähnlich. Bei einem Anteil der Industriebeschäftigten von 72,5 % und einem ähnlichen Bildungs- und Qualifikationsniveau der Werktätigen erreicht die industrielle Warenproduktion des Kreises Zeulenroda (Stand 1983) jedoch im Vergleich zum Kreis Greiz nur 57,1 % und bei der Nettoproduktion nur 53,5 %. Das heißt, die Nutzens-Aufwands-Relation ist bezogen auf die territorialen Arbeitskräfteressourcen als entscheidende territoriale Ressource im Kreis Zeulenroda wesentlich ungünstiger als im Kreis Greiz.

Unter Zugrundelegung der entsprechenden Aufwands-Nutzens-Relation des Kreises Greiz beträgt die Ergebnisdifferenz des Kreises Zeulenroda mehr als 70 Millionen Mark Nettoprodukt. Entscheidende Ursachen dafür sind die Differenzen im Automatisierungsgrad, der im Kreis Zeulenroda nur 40 % des Standes von Greiz erreicht, und im überwiegend subjektiv bedingten Anteil der Mehrschichtarbeitenden, der in Zeulenroda 18,3 % beträgt, im Kreis Greiz dagegen 30,4 %.

Es muß als Widerspruch erscheinen, daß der Kreis Greiz trotz des höheren Automatisierungsgrades und des höheren Anteils der Mehrschichtarbeitenden dennoch bei der Nettoproduktion, bezogen auf 1000,– Mark Grundfonds, mit 410,– Mark deutlich gegenüber dem Kreis Zeulenroda mit 515,– Mark zurückliegt. Eine Ursache dafür bildet die geringere Effektivität standortbedingter Faktoren. Im Kreis Greiz sind 60 und im Kreis Zeulenroda 37 Industriebetriebe mit mehr als 200 bzw. mehr als 100 Produktionsstätten und Lagerobjekten lokalisiert. Dabei besteht besonders ausgeprägt im Kreis Greiz eine überwiegend extensive Nutzung des vorhandenen, historisch gewachsenen Standortsystems. Dasselbe trifft auf die technische Infrastruktur und den Nutzungsgrad eines Teils der Sekundärrohstoffe zu.

Während der technologische Fluß eines Teils der Betriebe durch die standörtliche Zersplitterung mehrmals unterbrochen wird, Produktivitätsverluste eintreten und ein überhöhter Bedarf an Ausrüstungen, Gebäuden, Lagern und Transportleistungen auftritt, sind andererseits größere Produktionsstandorte vorhanden, deren Flächenausnutzung 30% und mehr unter den Normativwerten liegt. Konkrete Untersuchungen der Standortnetze beider Kreise zeigen, daß durch die Herstellung der Übereinstimmung von rationeller territorialer Organisation mit den Erfordernissen der wissenschaftlich-technischen Entwicklung, insbesondere der modernen Technologie, bei etwa gleichem territorial bedingten Aufwand das Nettoprodukt um etwa 12 bis 15% erhöht werden kann.

Es geht dabei nicht einfach um einen Gebäudetausch. Das Neue besteht in der zielstrebigen Verbindung von umfassender Intensivierung in den Betrieben und komplexer Maßnahmen rationeller territorialer Organisation. Wichtige Bedingung für den Erfolg ist die politisch-ideologische Arbeit und die breite Einbeziehung aller Werktätigen.

Aus dem territorialen Effektivitätsvergleich läßt sich verallgemeinern, daß zumindest folgende Faktoren für die vorhandenen Effektivitätsunterschiede verantwortlich sind:

Erstens Faktoren, die sich aus dem unterschiedlichen technologischen Entwicklungsstand der Produktion ergeben und vor allem auf der Ebene der Kombinate zu klären sind.

Zweitens wirken subjektive Ursachen, die sowohl auf der Ebene der Kombinate als auch durch die Arbeit auf territorialer Ebene gelöst werden müssen.

Drittens standortbedingte Faktoren, die unter Verantwortung der territorialen Planungs- und Leitungsorgane in Gemeinschaftsarbeit mit den Leitungen der Kombinate und Betriebe einer Lösung zugeführt werden müssen.

In der Praxis in den Bezirken und auch in der wissenschaftlichen Arbeit stehen wir noch am Anfang, um den Beitrag des Territoriums für die Steigerung der volkswirtschaftlichen Effektivität zu sichern.

Das Beispiel im Bezirk Gera ist sicherlich auch nur eine Möglichkeit territorial zur Steigerung der volkswirtschaftlichen Effektivität beizutragen. Wir haben das aber im Hauptgebietsrat für Fragen der Standortverteilung der Produktivkräfte als einen Schwerpunkt erkannt und messen den Fragen der territorialen Effektivität bei der Plandiskussion zum Zentralen Forschungsplan der marxistisch-leninistischen Gesellschaftswissenschaften 1986–1990 einen hohen Stellenwert bei.

Horst Schneider

Zu einigen Fragen der Entwicklung des sozialistischen Wettbewerbs in Forschungs- und Entwicklungseinrichtungen der Kombinate und Betriebe auf der Grundlage der Pflichtenhefte

Die klare Orientierung des sozialistischen Wettbewerbs an den Maßstäben der umfassenden Intensivierung und seine gewachsene Breite haben einen hohen Anteil daran, daß die ökonomische Strategie unserer Partei durch das Handeln der Arbeitskollektive verwirklicht und ein beachtliches Leistungswachstum der Volkswirtschaft erreicht wird. Das trifft auch für Kollektive in den produktionsvorbereitenden Bereichen zu. Eine Vielzahl von Formen und Initiativen im sozialistischen Wettbewerb haben sich entwickelt. Dazu gehören z. B.:

- der Komplexwettbewerb zwischen Kombinaten, Betrieben, wissenschaftlichen Insituten und Hochschulen, vor allem zur Verwirklichung von Neuererprozessen bzw. von Aufgaben aus Neuerungsprozessen;
- die vielfältigen Initiativen in Form von individuellen und kollektiven Verpflichtungen zur vorfristigen Erfüllung von Teil- und Gesamtaufgaben des Planes Wissenschaft und Technik;
- der Leistungsvergleich der Kombinatsbetriebe, wie er z. B. im VEB Rohrkombinat Riesa auf der Grundlage von spezifischen Kennziffern organisiert wird;
- der Leistungsvergleich zwischen Forschungs- und Entwicklungskollektiven innerhalb eines Betriebes auf der Grundlage von Struktureinheiten.

In diesen Formen und Methoden des sozialistischen Wettbewerbs zwischen und in Forschungs- und Entwicklungskollektiven wird immer mehr das Bemühen sichtbar, den Wettbewerb entsprechend den neuen Anforderungen der ökonomischen Strategie zu führen und zu organisieren. Eine hohe Effektivität als Grundlage für das Leistungswachstum erfordert hier in erster Linie neue Erzeugnisse mit höheren Gebrauchseigenschaften und moderne, aufwandsenkende Technologien zu erforschen und zu entwickeln und dabei gleichzeitig den Aufwand für die Forschung und Entwicklung selbst zu senken. Mit dem vorhandenen Wissenschaftspotential gilt es, anspruchsvollere wissenschaftlich-technische Leistungen mit höherer ökonomischer Wirksamkeit zu erbringen.

Erneut wurde vom Genossen Erich Honecker auf der 9. Tagung des Zentralkomitees der SED sehr deutlich hervorgehoben, daß der Leistungszuwachs vor allem aus dem wissenschaftlich-technischen Fortschritt fließen muß. Damit ist auch der Anspruch an die Gewerkschaftsleitungen in den produktionsvorbereitenden Bereichen gesetzt, noch stärker auf die Übernahme und Erfüllung am Höchststand zu messender, konkret terminisierter und ökonomisch exakt begründeter Verpflichtungen Einfluß zu nehmen. Die Gewerkschaften werden diesen Anspruch an die Organisation des sozialistischen Wettbewerbs in den produktionsvorbereitenden Bereichen nur dann gerecht, wenn sie sich ebenso wie in der Produktion davon leiten lassen, daß die wissenschaftlich-technische Arbeit selbst zu intensivieren ist.[1]

Bei gleicher inhaltlicher Zielstellung äußern sich jedoch die Anforderungen an die Führung des sozialistischen Wettbewerbs in den produktionsvorbereitenden und produzierenden Bereichen differenziert. Das nicht zu berücksichtigen würde bedeuten, die Besonderheiten der wissenschaftlich-technischen Arbeit zu negieren, den Wettbewerb zu formalisieren und damit das Schöpfertum der Werktätigen nicht in dem notwendigen Maße zur Entfaltung zu bringen.

Ich stimme der oft geäußerten Meinung zu, daß die Beachtung der Unterschiede zwischen den Arbeiten in den Bereichen von Wissenschaft und Technik und in den Bereichen der Produktion praktische Konsequenzen für das konkrete Herangehen an die Leitung, Planung und Stimulierung von Forschungs- und Entwicklungsarbeiten hat. Es sei aber unbedingt hinzugefügt, auch für die konkrete Führung des sozialistischen Wettbewerbs zur Entfaltung der Initiative der Werktätigen in diesen Bereichen gilt es, notwendige Konsequenzen zu ziehen, vor allem für die Arbeit mit den Pflichtenheften. Es besteht kein Zweifel darüber, daß die ökonomische Wirksamkeit von Wissenschaft und Technik maßgeblich durch die Qualität der Leitung der wissenschaftlich-technischen Arbeit und durch das Niveau der schöpferischen Masseninitiative der wissenschaftlich-technischen Kader bestimmt wird.

Untersuchungen der Gewerkschaftshochschule „Fritz Heckert" in Kombinaten und Betrieben unserer Republik ergaben, daß sich mit der Einführung der Pflichtenhefte und der ständigen Qualifizierung der Arbeit mit ihnen eine positive Entwicklung des Wettbewerbs in den Forschungs- und Entwicklungskollektiven vollzog. Die Pflichtenhefte sind eine entscheidende Grundlage des Wettbewerbs. Sie bieten die Möglichkeit, auch in diesen Bereichen unter Berücksichtigung der differenzierten Anforderungen, den Wettbewerb auf der Grundlage der Leninschen Prinzipien zu führen. Gegenstand des Wetteiferns sind demzufolge vor allem die Verkürzung der in den Pflichtenheften festgelegten Entwicklungs- und Überleitungszeiten, das Erreichen und Überbieten der festgelegten ökonomischen und technischen Parameter. Mit dem Pflichtenheft ist auch die Vergleichbarkeit und Kontrollierbarkeit von Wettbewerbsverpflichtungen gewährleistet und es bietet eine gute Grundlage für brauchbare Stimulierungen. Die weitere Qualifizierung der Arbeit mit den Pflichtenheften bedarf aber auch weitergehende Überlegungen, um die Beziehungen zwischen Pflichtenheft und sozialistischem Wettbewerb auf hohem Niveau zu gestalten. Heute wird das Pflichtenheft immer mehr zu einem effektiven Leitungsinstrument in den Forschungs- und Entwicklungsbereichen und damit zur Grundlage für die Entfaltung der schöpferischen Leistungen der Werktätigen in den Bereichen.

Durch das Festlegen von ökonomischen Rahmenbedingungen für die zu erreichenden Ziele in der wissenschaftlich-technischen Arbeit sowie ihre ökonomische Nutzung werden Voraussetzungen und Maßstäbe für die Wettbewerbsführung in Forschung und Entwicklung gegeben. Untersuchungen einer Forschungsgemeinschaft der Gewerkschaftshochschule ergaben aber auch, daß die Pflichtenhefte und die entsprechenden neuen Rechtsnormen noch nicht in dem notwendigen Umfang für eine an hohen Maßstäben orientierte Wettbewerbsführung genutzt werden. Deshalb soll auf einige Fragen und Probleme aufmerksam gemacht werden, deren Lösung für die weitere Entfaltung des sozialistischen Wettbewerbs auf der Grundlage der Pflichtenhefte mir als bedeutsam erscheint.

Für eine erfolgreiche Führung des sozialistischen Wettbewerbs ist vor allem Klarheit über seine Zielstellung, das politische Engagement jedes Leiters und Mitarbeiters eine notwendige Bedingung. Die in den Pflichtenheften enthaltenen Aufgaben geben diese Orientierung, vorausgesetzt, sie entsprechen hohen Maßstäben. Das Niveau des sozialistischen Wettbewerbs in der Produktionsvorbereitung, seine Organisation durch die Gewerkschaften ist davon abhängig.

Davon ausgehend einige Überlegungen zum Verhältnis Pflichtenheft – als einem wichtigen Leitungsdokument zur Verwirklichung des Planes Wissenschaft und Technik – und sozialistischem Wettbewerb in produktionsvorbereitenden Bereichen. Sie beinhalten noch nicht für jede Frage eine komplette Antwort.

Erstens: Die einheitlich am Plan Wissenschaft und Technik orientierte, durch die konkrete Arbeitsaufgabe differenzierte Zielstellung gilt für alle Struktureinheiten in der Produktionsvorbereitung. Deshalb haben die Initiativen in Forschung und Entwicklung stets dann eine hohe Wirksamkeit, wenn die Ziele in den Pflichtenheften so formuliert sind, daß

- die im zusammengefaßten Pflichtenheftnachweis enthaltenen Ziele mindestens die geplanten Leistungs- und Effektivitätskennziffern der Betriebe und Kombinate mit sichern;
- die Aufgabenstellung im Pflichtenheft aus dem künftigen internationalen Höchststand sowie dem Zeitpunkt der Absatzwirksamkeit der vorhandenen Markterfordernisse abgeleitet werden und
- die Komplexität der Neuerungsprozesse gesichert wird.

Mit der Realisierung dieser Ziele ist eine weitere Frage für die Entfaltung des sozialistischen Wettbewerbs in den produktionsvorbereitenden Bereichen verbunden.

Zweitens: Zur Zeit werden in den Betrieben und Kombinaten Ansatzpunkte für die Entfaltung eines anspruchsvollen, an wissenschaftlich-technischen Höchstleistungen orientierten Wettbewerbs frühestens in der Verteidigung des Pflichtenheftes gesetzt. Aber diese Verteidigung bezieht sich auf das Resultat, nicht auf den Prozeß der Erarbeitung des Niveauanspruchs, also der Entscheidungsfindung. Im Prozeß der Entscheidungsfindung, des Findens der Aufgaben, des konstruktiven Streites über Inhalt, Art und Weise der Realisierung im Prozeß der Aufgabenfindung gibt es kaum einen organisierten und stimulierenden Einfluß der Wettbewerbsteilnehmer. Demzufolge bezieht sich die Entfaltung der Initiative im sozialistischen Wettbewerb vor allem auf die Qualität und das Tempo der Projektrealisierung und nicht auf die Qualität des zu erarbeitenden Projektes.

Unsere Auffassung ist es, daß es deshalb zweckmäßig ist, den Ansatzpunkt des Wettbewerbs bereits in die Phase der Aufgabenfindung, der Zielbestimmung vorzuverlegen, weil vom Niveau der wissenschaftlich-technischen Aufgabenstellung die künftige Effektivität und Produktivität abhängt.

Die Beantwortung der Frage nach dem Wettbewerb zur Erarbeitung von hochgesteckten, realisierbaren Forschungszielen bezieht sich doch vor allem darauf, welche Arbeit und wie die Arbeit geleistet wird, die zur klaren Formulierung des Forschungszieles führt: In welchem Umfang werden Wissen, Können, Erfahrung und kreative Potenzen der Forscher und Entwickler ausgeschöpft für die Bestimmung anspruchsvoller Pflichtenheftziele und wie wird das organisiert? Auf diesen Bereich zielt die Beantwortung der Frage nach dem Wettstreit von Ideen und dem Meinungsstreit im Prozeß der Aufgabenbestimmung. Diesen Wettstreit zu entfachen und ihn für die Qualität der Aufgabenstellung in Anspruch zu nehmen, ist nach unserer Auffassung eine wichtige Seite der Leitungstätigkeit.

Was nun die Natur dieses Wettbewerbs auf dem Gebiet der Aufgabenbestimmung und in der wissenschaftlich-technischen Arbeit überhaupt betrifft, so ist es offensichtlich, daß seine ihm eigenen, spezifischen Formen und Methoden entwickelt werden und daß diese auf das Engste mit den Formen und Methoden der Leitung und Organisation wissenschaftlich-technischer Arbeit überhaupt korrespondieren müssen.

Oft sind wir bei unseren Untersuchungen auf Skepsis von Leitern und Gewerkschaftsfunktionären gegenüber der Organisation des Wettbewerbs im Prozeß der Aufgabenbestimmung gestoßen. Ein Grund dafür ist, daß gleichsam „automatisch" ein schematisches Übertragen von Wettbewerbsformen und -methoden, wie sie sich in der Produktionsarbeit und zum Teil auch beim Realisieren von Pflichtenheften bewähren, auf den Prozeß der Aufgabenbestimmung befürchtet wird. Darum kann es natürlich nicht gehen. Die Qualität der Pflichtenheftziele kann man z. B. nicht durch besondere oder zusätzliche Verpflichtungen beeinflussen. Eine effektive Wirkung des sozialistischen Wettbewerbs auf die Qualität der Aufgabenbestimmung kann nur dadurch zustande kommen, daß die dafür notwendige Arbeit selbst als Wettbewerb und Leistungsvergleich um beste wissenschaftlich-technische Ideen organisiert und durchgeführt wird, wobei eine entsprechende staatliche Leitungstätigkeit und eine entsprechende gewerkschaftliche Aktivität in den Kollektiven miteinander verbunden werden müssen.

Drittens: Noch zu oft wird davon ausgegangen, daß Pflichtenheftaufgaben gleich Wettbewerbsverpflichtungen sind. Für die weitere Intensivierung der wissenschaftlich-technischen Arbeit ist es aber notwendig davon auszugehen, daß Pflichtenheftaufgaben staatliche Mindestanforderungen sind, die es im sozialistischen Wettbewerb zu überbieten gilt. Im Pflichtenheft festgelegte Aufgaben sind für Forschung und Entwicklung Planaufgaben. Sie bilden die Grundlage für entsprechende Wettbewerbsverpflichtungen im Sinne von Aufwands- und Zeitsenkungen. Ziel jedes Wettbewerbs muß es aber sein, diese Planaufgaben zu überbieten bzw. zu unterbieten. Im Prozeß der Realisierung einer Pflichtenheftaufgabe entstehen stets neue Erkenntnisse und Ideen. Diese Quelle versiegt nie. Sie in der wissenschaftlich-technischen Arbeit als Leistungsreserve zu nutzen, sollte ständig Gegenstand schöpferischer Initiative sein. Pflichtenhefte fordern stets Initiative heraus, sie können nicht einfach „abgearbeitet" werden.

In den Forschungs- und Entwicklungskollektiven sollte stets nach Möglichkeiten gesucht werden, um den Wettbewerb auf der Grundlage von detaillierten, exakt terminisierten und in kürzesten Zeiträumen abrechenbaren Vorgaben führen zu können. Ohne anspruchsvolle Vorgaben werden kaum Wettbewerbsverpflichtungen zustande kommen, die höchsten wissenschaftlich-technischen und ökonomischen Maßstäben entsprechen. Solche Verpflichtungen sind aber notwendig, damit der Wettbewerb in den Arbeitskollektiven und zwischen ihnen lebt und stets mit schöpferischer Unruhe zur Entwicklung neuer Ideen, Lösungen für das Erreichen anspruchsvoller Ziele erfüllt ist.

Ohne Zweifel ist eine exakte Aufgaben- und Zielstellung für jeden Mitarbeiter und für jedes Kollektiv eine hohe Anforderung an die Leitung der wissenschaftlich-technischen Arbeit. Sie ist aber auch notwendige Voraussetzung, damit die Kollektive hohe Wettbewerbsverpflichtungen daraus ableiten und realisieren können.

Viertens: Die Verteidigung der Pflichtenhefte ist ein wesentlicher Faktor für die Entwicklung der schöpferischen Initiative. Um Höchstleistungen in Forschung und Entwicklung zu erreichen, richten die Gewerkschaften ihre Aufmerksamkeit vor allem bei der Eröffnungsverteidigung auf klare Aussagen über einen hohen volkswirtschaftlichen Nutzeffekt und ein dementsprechendes hohes Niveau der wissenschaftlich-technischen Aufgabenstellung. Das Niveau der schöpferischen Initiative in dieser Phase drückt sieh vor allem in der Qualität der wissenschaftlich-technischen Aufgabe aus (bezogen auf den ökonomischen Nutzen, den ihre Lösung bringt) und in der Art und Weise, wie die Aufgabenstellung zustande gekommen ist (Ideenwettbewerbe, wissenschaftlicher Meinungsstreit, Weltstandsvergleiche, Anstreben von Patenten u. a.). Die Eröffnungsverteidigung ist eng mit der Wettbewerbszielstellung zu verbinden. Das schließt ein, das Ringen um die Überbietung der Pflichtenheftparameter und Aussagen über Formen und Methoden wie diese Wettbewerbsziele erreicht werden sollen. Zwischenverteidigungen und Abschlußverteidigungen dienen zur Kontrolle über die Erfüllung der in der Eröffnungsverteidigung gestellten Ziele und bieten Möglichkeiten für operative und flexible Reaktionen auf neue Erkenntnisse und Erfordernisse, die sich aus dem Verlauf und der Erfüllung der Pflichtenheftaufgaben ergeben. Diese operative und flexible Reaktion sollte sich in der Übernahme persönlicher Verpflichtungen zur Überbietung der Pflichtenheftparameter widerspiegeln.

Eine schwierige und noch nicht in jedem Falle zu beantwortende Frage der Entfaltung des sozialistischen Wettbewerbs in den Forschungs- und Entwicklungskollektiven ist die nach der notwendigen Vergleichbarkeit der Arbeits- und Wettbewerbsergebnisse. Der Leistungsvergleich zwischen Forschungs- und Entwicklungskollektiven auf der Grundlage von Pflichtenheften ist unter den Bedingungen der umfassenden Intensivierung eine objektive Notwendigkeit. Er ist eine wesentliche Bedingung für die Überbietung der hochgestellten Ziele des Pflichtenheftes.

Wenn der Leistungsvergleich heute noch nicht überall die notwendige Beachtung gefunden hat, so gibt es dafür eine Reihe von Ursachen; so z. B. die ungenügende theoretische Fundierung, Vorbehalte in den Betrieben, zu geringe Orientierungen für diese spezielle Form der Initiative und des Wetteiferns durch die staatlichen Leiter und die gewerkschaftlichen Leitungen und Vorstände. Natürlich darf dieser Leistungsvergleich nicht formal übernommen werden von dem Leistungsvergleich in produzierenden Kollektiven. Er hat in bezug auf seine Vorbereitung und Durchführung und Auswertung seine Besonderheiten. Im Rahmen dieses Beitrages kann nur auf eingie Aspekte hingewiesen werden.

Ein erster ist die Vorbereitung des Leistungsvergleiches. Dazu gehört die Bestimmung seines Gegenstandes, die Auswahl der zu vergleichenden Kollektive und Kennziffern. Der Gegenstand des Leistungsvergleiches zwischen Forschungs- und Entwicklungskollektiven, die an einer Pflichtenheftaufgabe arbeiten, könnte folgendes umfassen:

- den Vergleich und den Erfahrungsaustausch ausgewählter Aspekte der Tätigkeit der Themenleiter im Prozeß der Vorbereitung und Realisierung der Forschungs- und Entwicklungsarbeit, von ihren Fähigkeiten zur Leitung hoher qualifizierter Kollektive hängen maßgeblich die Erfolge ab, die das ganze Kollektiv erzielt;
- den Erfahrungsaustausch über die Methoden der wissenschaftlichen Arbeit;
- den Vergleich weniger ausgewählter beeinflußbarer und meßbarer Kennziffern als eine Grundlage der Leistungsbewertung des Leiters und der Kollektivmitglieder.

Bei der Durchführung des Leistungsvergleiches und Erfahrungsaustausches ist es möglich, solche Aktivitäten zu vergleichen, wie

- den Zeitpunkt und die Tiefe der Aufschlüsselung der Gesamtaufgabe auf die einzelnen Mitarbeiter;
- den Zeitpunkt, wann durch den Themenleiter eine Orientierung für die Übernahme von Wettbewerbsverpflichtungen zur Überbietung der Ziele erfolgte;
- die Einhaltung der geplanten Leistungsstufen nach Anzahl, Aufgaben, Termine und Aufwand;
- die Organisierung der sozialistischen Gemeinschaftsarbeit von der Forschung bis zur Überleitung;
- die Methodik der schöpferischen Arbeit, die sich bei ausgewählten Gruppen des ingenieurtechnischen Personals bewährt hat und
- fördernde und hemmende Faktoren im Forschungs- und Entwicklungsprozeß.

Zur Auswertung des Leistungsvergleiches: Im Mittelpunkt der Auswertung sollten die im sozialistischen

Wettbewerb erreichten Bestwerte stehen. Wie sie, bezogen auf individuelle Fähigkeiten und Fertigkeiten im Leistungs-, Forschungs- und Entwicklungsprozeß sowie auf die angewandten Kennziffern erreicht wurden, sollte Gegenstand eines Erfahrungsaustausches mit allen Mitarbeitern des Forschungs- und Entwicklungsbereiches sein. Die gewonnenen Erfahrungen zu verbreitern schließt mit ein, die politischen Motive für außergewöhnliche Leistungen darzustellen und zu würdigen.

Für die Wirksamkeit von Wissenschaft und Technik ist eine Zunahme erfinderischer Leistungen notwendig. Dies erfordert, die Werktätigen auf die Lösung anspruchsvoller Aufgaben zu orientieren und die staatlichen Leiter zu befähigen, notwendige Voraussetzungen für das Hervorbringen hoher wissenschaftlicher und erfinderischer Leistungen zu schaffen.

Damit sind hohe Ansprüche an die Forschung zu Fragen des sozialsitischen Wettbewerbs in den produktionsvorbereitenden Bereichen und seiner Leitung, Planung und Stimulierung selbst gestellt.

Anmerkungen

[1] Vgl. Programm der Sozialistischen Einheitspartei Deutschlands, Berlin 1976, S. 27.

FSC
www.fsc.org
MIX
Papier | Fördert gute Waldnutzung
FSC® C083411

Kolibri 360 GmbH
Ferdinand-Jühlke-Straße 7
99095 Erfurt, Deutschland
produktsicherheit@kolibri360.de